北京市哲学社会科学规划项目
北京市教育委员会专项资助

2013北京市哲学社会科学研究基地建设报告集

2013 bei jingshi zhexue shehui kexue yanjiu jidi jianshe baogaoji

北京市哲学社会科学规划办公室
北京市教育委员会 编

首都师范大学出版社
CAPITAL NORMAL UNIVERSITY PRESS

图书在版编目（CIP）数据

2013北京市哲学社会科学研究基地建设报告集/北京市哲学社会科学规划办公室，北京市教育委员会编. —北京：首都师范大学出版社，2014.1

ISBN 978-7-5656-1759-1

Ⅰ.①2… Ⅱ.①北… ②北… Ⅲ.①哲学社会科学—研究报告—北京市—2013 Ⅳ.①C121

中国版本图书馆CIP数据核字（2014）第010536号

2013BEIJINGSHI ZHEXUE SHEHUI KEXUE YANJIU JIDI JIANSHE BAOGAO JI

2013北京市哲学社会科学研究基地建设报告集

北京市哲学社会科学规划办公室
北京市教育委员会　编

责任编辑　欧家作

首都师范大学出版社出版发行

地　址　北京西三环北路105号

邮　编　100048

电　话　68418523（总编室）　68982468（发行部）

网　址　www.cnupn.com.cn

印　刷　北京泽明印刷有限责任公司

全国新华书店发行

版　次　2014年3月第1版

印　次　2014年3月第1次印刷

开　本　787mm×1092mm　1/16

印　张　19.75

字　数　346千

定　价　46.00元

前 言

为加强首都智库建设、繁荣发展首都哲学社会科学，在更高水平上实现首都科学发展，在市委、市政府的高度重视和市委宣传部的大力支持下，北京市哲学社会科学规划办公室（以下简称“市社科规划办”）、北京市教育委员会（以下简称“市教委”）本着科学规划、合理布局、突出优势、整合资源、集成创新的原则，自2004年起，先后在首都高校和科研院所建立了一批北京市哲学社会科学研究基地（以下简称“研究基地”）。截至目前，研究基地数量已达67家，基本涵盖了首都哲学社会科学研究的重点学科、优势领域和主要机构，初步实现了布局的科学化、合理化、规模化。这些研究基地在首都的经济社会发展中越来越发挥出人才“大本营”、成果“主产区”、政策“孵化器”和体制“试验田”的智库作用。最近，中共北京市委颁发了《关于进一步繁荣发展首都哲学社会科学的意见》，明确把研究基地纳入首都智库序列中，提出要“打造新型高端智库”，这为新时期进一步加强研究基地建设指明了方向。

在研究基地建设机制上，市社科规划办对研究基地以项目资助，市教委对研究基地实施专项经费投入，通过规划引导社科研究优势资源的整合，在经济发展的重点行业和城市发展的重点领域形成科学布局；研究基地依托单位提供财力、物力和人力支持，研究基地自主筹集社会资金，各方合力将研究基地建设为专业特色鲜明、功能综合、开放协作的社科研究平台。

在研究基地建设周期上，依据“分期建设—检查验收—滚动发展”的思路，确定每个基地建设周期为三年。第一批、第二批、第三批研究基地都已经完成了一、二期建设周期。结果表明，这些研究基地经过一、二期建设，取得如下显著的建设成效：整合了优势资源，形成了专业特色，实现了组团式发展，推动了“政产学研”结合，培育了研究基地品牌，为北京城市发展提供了全面、持续的智力支撑。

研究基地建设是北京市哲学社会科学研究机制及管理机制的一项创新举措，经过第一个建设周期的开拓探索和第二个建设周期的巩固发展，研究基地在拓展研究资源、形成专业特色、服务首都发展、搭建交流平台等方面取得了明显成效。研究基地建设所取得的成绩是各级领导和有关部门大力支持的结果，是各依托单位高度重视和全力支持的结果，也是研究基地全体人员不懈努力的结果。

进入新的发展阶段，北京提出建成中国特色世界城市和建设社会主义先进文化之都的新目标，对哲学社会科学提出更高、更新的要求。今后，研究基地建设要突出北京建成中国特色世界城市提出的任务，进一步加强理论研究，占领国际学术前沿，产生世界一流成果，使研究基地发展的基础更加坚实，建立大规模、高规格的思想库，与实际部门共享研究基地思想成果，通过交流合作，让更多优秀项目、成果和人才走向世界。

回顾过去，总结经验，可以更好地面向未来。自2008年以来，在连续五年出版《北京市哲学社会科学研究基地建设报告集》基础上，本次将第三批研究基地二期建设验收调研的总报告和11个研究基地的自评报告汇编成册，以加强研究基地之间的交流，促进研究基地继往开来，以创造后续建设的新局面。参加验收的专家有：中国人民大学校长助理贺耀敏教授，中央财经大学科研处处长孙宝文教授，当代中国研究所当代中国文化建设与发展研究中心主任刘国新研究员，市社科规划办和市教委的有关同志也参与了此次调研。在此，对专家组成员给予的精心指导以及首都师范大学出版社给予的大力支持一并表示感谢！

目 录

北京市哲学社会科学第三批研究基地二期建设报告

为了贯彻中共中央和北京市委《关于进一步繁荣发展哲学社会科学的意见》，充分发挥北京市哲学社会科学研究优势，市社科规划办和市教委分别于2004年、2005年和2006年分三批集中建立了北京市哲学社会科学研究基地（以下简称“研究基地”），并确定每个研究基地的建设周期为三年。之后陆续建立的研究基地按成立时间，分别计入集中建立的第一、二、三批研究基地之中。2013年年初市社科规划办和市教委作为主管单位认真组织了第三批研究基地建设情况的调查与验收，总结经验，查找问题，进一步推动研究基地健康发展。

一、第三批研究基地二期建设验收情况

（一）第三批研究基地二期建设验收工作

第三批研究基地第一期建设在2009年完成验收。到2012年年底，第三批11个研究基地第二个建设周期结束。为了详细把握第三批研究基地二期建设情况、认真总结二期建设经验，2013年1月市社科规划办、市教委组织专家组对第三批11个研究基地二期建设情况进行了一次全面考核验收。

为了保证考核验收工作的有序性，并有利于开展同批研究基地建设情况的评比，本次考核验收组要求各研究基地按照统一的验收要求和考核指标体系填写“总结报告书”和“自评报告”，再由专家组对研究基地进行实地考察和综合评议，进行研究基地建设的“合格”与“优秀”评比。由专家组对研究基地建设的整体情况进行综合分析，最终形成第三批研究基地二期建设报告。

（二）第三批研究基地二期建设情况概要

到2012年年底，第三批11个研究基地二期建设成效主要表现如下：

(1)科研条件有改善，同时办公设备需要更新。研究基地拥有房屋面积

2645 平方米，图书超过 10 万册，相比一期分别增长了 42.82%、85.39%。研究、办公设备总值 693.70 万元，相比一期下降了 8.23%，下期建设需要加大研究、办公设备更新力度。具体情况见表 1。

表 1　第三批研究基地二期建设：科研条件

分项	一期建设期末情况	二期建设分年度情况			二期建设期末情况		二期相对于一期的增长	
	三年合计	2010 年	2011 年	2012 年	三年合计	三年增量	增长率（%）	增比（倍）
研究基地拥有的房屋面积（m^2）	1852	2302	2092	2645	2645	793	42.82	1.43
研究、办公设备总值（万元）	755.90	601	625.90	693.70	693.70	−62.20	−8.23	0.92
图书资料（册）	61138	65619	72850	113346	113346	52208	85.39	1.85

资料来源：第三批研究基地建设调研，北京市社科规划办与市教委，2013 年 1 月

（2）科研经费总体增加，累计超过 5496 万元。市教委经费 1069.54 万元、市社科规划办经费 552.84 万元、依托单位配套经费 633.50 万元和自筹到位经费 3240.94 万元，相比一期的增长率为 −17.34%、303.53%、56.35%和 214.35%。其中，来自市教委的经费是负增长，市社科规划办经费增长显著，自筹到位经费占总经费比例超过 58%。具体情况见表 2。

表 2　第三批研究基地二期建设：科研经费　　（单位：万元）

分项	一期建设期末情况	二期建设分年度情况			二期建设期末情况		二期相对于一期的增长	
	三年合计	2010 年	2011 年	2012 年	三年合计	三年增量	增长率（%）	增比（倍）
合计	2867.01	1323.34	2123.00	2050.48	5496.82	2629.81	91.73	1.92
市教委	1293.83	316.50	351.66	401.38	1069.54	−224.29	−17.34	0.83
市社科规划办	137.00	216.84	161.00	175.00	552.84	415.84	303.53	4.04
依托单位配套	405.18	142.50	248.50	242.50	633.50	228.32	56.35	1.56
自筹到位经费	1031.00	647.50	1361.84	1231.60	3240.94	2209.94	214.35	3.14

资料来源：第三批研究基地建设调研，北京市社科规划办与市教委，2013 年 1 月

（3）各类科研项目数均平稳增长，共有 1083 项。国家级课题、省部级课题、横向课题和自设课题分别为 60 项、313 项、517 项和 193 项，相比一期分别增加 30.43%、47.64%、36.05% 和 26.97%，总项目数增加了

33.37%。其中，二期建设期间省部级项目中，接近 1/3 的项目为社科规划项目；横向课题在总项目数中的占比接近 1/2，也是各类项目中增长最快的。具体情况见表 3。

表 3　第三批研究基地二期建设：科研项目　（单位：项）

分项	一期建设期末情况	二期建设分年度情况			二期建设期末情况		二期相对于一期的增长	
	三年合计	2010 年	2011 年	2012 年	三年合计	三年增量	增长率（%）	增比（倍）
合计	790	355	392	336	1083	293	37.01	1.33
国家级	46	24	13	23	60	14	30.43	1.30
省部级	212	118	99	96	313	101	47.64	1.48
横向课题	380	156	188	173	517	137	36.05	1.36
自设课题	152	57	92	44	193	41	26.97	1.27

资料来源：第三批研究基地建设调研，北京市社科规划办与市教委，2013 年 1 月

（4）不同类型科研成果数有增有减。出版专著 172 部，全国核心期刊上发表论文 740 篇，撰写了咨询（调研）报告 654 部，获得省部级以上奖励 64 项。相比一期，出版专著数、咨询（调研）报告数、获得省部级以上奖励数增长率分别为 2.38%、15.55%、30.61%。在全国核心刊物发表论文数均出现下降，增长率为−4.15%，这应当引起注意。具体情况见表 4。

表 4　第三批研究基地二期建设：科研成果　（单位：项）

分项	一期建设期末情况	二期建设分年度情况			二期建设期末情况		二期相对于一期的增长	
	三年合计	2010 年	2011 年	2012 年	三年合计	三年增量	增长率（%）	增比（倍）
出版专著数（部）	168	49	59	64	172	4	2.38	1.02
全国核心刊物发表论文数（篇）	772	239	277	224	740	−32	−4.15	0.96
咨询（调研）报告（部）	566	214	220	220	654	88	15.55	1.16
获省部级及以上奖励	49	25	25	14	64	15	30.61	1.31

资料来源：第三批研究基地建设调研，北京市社科规划办与市教委，2013 年 1 月

(5) 在科研成果应用上，多数指标表现良好。被引用数(根据 CSSCI 统计)610 项，向有关单位提交成果 351 项，成果获领导肯定性批示 47 项，相比一期的增长率分别为 61.80%、29.52%、104.35%。而成果被实际部门采纳 90 项，相比一期出现下降，增长率为－21.05%，值得注意。具体情况见表 5。

表 5 第三批研究基地二期建设：科研成果应用 (单位：项)

分项	一期建设期末情况	二期建设分年度情况			二期建设期末情况		二期相对于一期的增长	
	三年合计	2010 年	2011 年	2012 年	三年合计	三年增量	增长率(%)	增比(倍)
被引用数(根据 CSSCI 统计)(项)	377	285	180	145	610	233	61.80	1.62
成果提交情况(项)	271	109	130	112	351	80	29.52	1.30
成果获领导肯定性批示(项)	23	19	13	15	47	24	104.35	2.04
成果被实际部门采纳(项)	114	27	29	34	90	－24	－21.05	0.79

资料来源：第三批研究基地建设调研，北京市社科规划办与市教委，2013 年 1 月

(6) 在队伍建设和人才培养上出现调整。研究基地拥有正高职称人员 138 人，相比一期略有增加，增长率为 1.47%；副高职称人员 152 人，增长了 47.57%。培养的毕业博士生 193 人、毕业硕士生 747 人，相比一期都出现了零增长和负增长，增长率为 0 和－11.6%。具体情况见表 6。

表 6 第三批研究基地二期建设：队伍建设与人才培养

分项	一期建设期末情况	二期建设分年度情况			二期建设期末情况		二期相对于一期的增长	
	三年合计	2010 年	2011 年	2012 年	三年合计	三年增量	增长率(%)	增比(倍)
具有正高职称人数(人)	136	117	125	138	138	2	1.47	1.01
具有副高职称人数(人)	103	120	130	152	152	49	47.57	1.48
毕业博士(人)	193	63	61	69	193	0	0	1
毕业硕士(人)	845	206	262	279	747	－98	－11.60	0.88

资料来源：第三批研究基地建设调研，北京市社科规划办与市教委，2013 年 1 月

(7) 举办国内外学术会议，活跃学术气氛。二期建设期间举办了全国学术会议 66 次，国际学术会议 36 次，相比一期分别增加了 78.38%、71.43%，推动了首都哲学社会科学的繁荣发展。具体情况见表 7。

表 7　第三批研究基地二期建设：学术交流

分项	一期建设期末情况	二期建设分年度情况			二期建设期末情况		二期相对于一期的增长	
	三年合计	2010 年	2011 年	2012 年	三年合计	三年增量	增长率(%)	增比(倍)
全国性学术会议(次)	37	16	23	27	66	29	78.38	1.78
国际学术会议(次)	21	10	11	15	36	15	71.43	1.71

资料来源：第三批研究基地建设调研，北京市社科规划办与市教委，2013 年 1 月

(8)出国访问人次微增，来华访问人次略有下降。二期建设期间，研究基地派出国外访问 167 人次，接待来华人员 106 人次，相比一期的增长率分别为 34.68%、－1.85%，来华进行学术访问的人次出现下降。具体情况见表 8。

表 8　第三批研究基地二期建设：国际交往

分项	一期建设期末情况	二期建设分年度情况			二期建设期末情况		二期相对于一期的增长	
	三年合计	2010 年	2011 年	2012 年	三年合计	三年增量	增长率(%)	增比(倍)
派出(人次)	124	48	61	58	167	43	34.68	1.35
来华(人次)	108	24	29	53	106	－2	－1.85	0.98

资料来源：第三批研究基地建设调研，北京市社科规划办与市教委，2013 年 1 月

(三)第三批研究基地二期建设绩效评价

第三批 11 个研究基地通过总结报告和自评报告，对研究基地建设情况进行介绍和自我评价，验收专家组在研究基地自评的基础上，依据“附件 1”的打分标准，根据会议验收及现场考察对研究基地建设情况进行打分评比，出具了专家验收意见。最终验收结果是：7 个研究基地“优秀”，4 个研究基地“合格”。具体情况见表 9。

表 9　第三批 11 个研究基地验收结果

序号	研究基地	依托单位	验收结果
1	北京市知识管理研究基地	北京信息科技大学	优秀
2	北京知识产权研究基地	北京化工大学	优秀
3	首都大学生思想政治教育研究基地	北京交通大学	优秀
4	北京能源发展研究基地	华北电力大学	优秀
5	北京新农村建设研究基地	北京农学院	优秀
6	北京市经济社会发展政策研究基地	首都经济贸易大学	优秀
7	北京马克思主义理论研究与传播基地	北京市社会科学院	优秀
8	马克思主义研究基地	中国人民大学	合格
9	首都高校党建研究基地	北京航空航天大学	合格
10	北京市政治文明建设研究中心	北京联合大学	合格
11	北京市经济社会数据分析与监测评价研究基地	北京市统计局、国家统计局北京调查总队	合格

资料来源：第三批研究基地建设调研，北京市社科规划办与市教委，2013 年 1 月

专家组对第三批 11 个研究基地建设绩效的总体评价是：经过二期建设，研究基地的整体质量和水平得到巩固提升，成果质量比第一期有显著进步，评优的基地多。二期建设绩效体现为：项目多、级别高；获奖多、质量好；领导批示多、层次高；成果转化显著，为社会服务的横向项目多，为政府决策服务突出。同时，在建设发展中也出现了一些新问题，需要在下一步建设中予以解决。

二、第三批研究基地二期建设取得的成绩

专家组对第三批研究基地二期建设情况进行了实地考察和考核评价，一致认为二期建设的成果水分少了，成果质量显著提升，相比一期进步明显。通过二期建设取得的成绩如下：

(一)项目多、级别高

第三批研究基地在二期建设中，开展项目研究 1083 项，完成了一批高级别的科研项目，承担国家重大项目的能力明显增强，一些研究基地满足社会

重大科研需求的能力得到提升。

北京能源发展研究基地3年承接了国家级项目14项。其中的亮点是承担了科技部“973”计划项目“大型燃煤发电机组过程节能的基础研究”，项目经费达到1600万，项目研究预期推动我国洁净煤发电系统的发展。正在承担的国家“863计划”重点项目“太阳能热与常规燃料互补发电技术”，将实施国内第一个太阳能辅助燃煤发电技术示范项目，为我国太阳能热发电及燃煤电站节能开辟新的发展途径。

北京市知识管理研究基地3年承接国家级项目14项。其中，最受瞩目的是承担了国家科技支撑计划项目2项——“制造业产业集群协同服务的空间信息采集与数据库优化”、“循环经济试验区产业集群服务平台关键技术研究”，对推动我国新型工业化发展具有积极意义。

马克思主义研究基地3年获得国家级项目16项。显著特点是承担了教育部人文社科研究项目8项，其中重点项目6项、特别委托项目1项、一般项目1项，“全球金融危机与当代资本主义新变化研究”、“全球金融危机背景下的马克思主义时代化问题研究”对深化马克思主义研究具有积极作用。

第三批研究基地承担国家级基金项目的能力明显增强。北京能源发展研究基地承担国家自然科学基金项目6项、国家杰出青年科学基金项目1项，北京市知识管理研究基地获得国家自然科学基金项目5项。其他还有北京知识产权研究基地、北京新农村建设研究基地、首都大学生思想政治教育研究基地等7个研究基地都承担了国家级项目。

（二）获奖多、质量好

第三批研究基地在二期建设中，获得一批高质量的标志性成果，共获得省部级以上奖励64项。从11个研究基地的获奖情况来看，具有“获奖多、质量好”的显著特点，研究基地成果得到社会认同。

北京能源发展研究基地3年共获得省部级以上奖励14项。“大型火电机组空冷系统优化设计与运行关键技术及应用”项目成果，为我国电站空冷领域的技术创新做出了重要贡献，不仅获得教育部科学技术进步奖一等奖，还获得国家科技进步奖二等奖。课题“面向节能减排目标的需求侧管理与响应理论及其在我国的应用研究”荣获2011年国家能源局软科学研究优秀成果奖一等奖。

北京新农村建设研究基地3年获得省部级奖励7项。获得国家科技进步奖2项——“大型矿山排土场安全控制关键技术”、“枣林高效生态调控关键技术的研究与示范”，另外有“京津风沙源区生态林修复关键技术的研究与示范”获得北京市科技进步奖一等奖、“季节性裸露农田综合治理技术集成与示范推广”获得了北京市农业技术推广奖一等奖。

北京市知识管理研究基地 3 年获得了省部级以上奖励 7 项。研究基地围绕信息化研究取得一系列成果得到社会认可，如“知识管理服务平台研究与应用”获得了北京市科学技术奖二等奖，“电子商务服务质量评价与交易规范”获得中国商业联合会服务业科技创新奖二等奖，“基于 GIS 的制造产业集群支撑技术服务系统研发与示范”获得中国机械工业科学技术奖二等奖，“动物源性食品质量检测方法和可追溯技术研究与集成示范”获得教育部科学技术奖二等奖。

马克思主义研究基地 3 年获得了省部级以上奖励 11 项。“20 世纪国外马克思主义经济思想史”、“中国特色社会主义史”分别获得第六届吴玉章人文社会科学优秀成果奖一等奖和优秀奖，“马克思逝世周年纪念性话语及其启示”、“马克思主义理论学科体系建构与建设研究”分别获得北京市第十一届哲学社会科学优秀成果奖二等奖和北京市第十二届哲学社会科学优秀成果奖一等奖。

北京市经济社会数据分析与监测评价研究基地成果得到同行业高度认可，获得第十届全国统计科学研究优秀成果奖 4 项。除了 1 家研究基地外，其他研究基地都获得了省部级以上奖励。

(三)领导批示多、层次高

从 2010 年以来，第三批研究基地以科研成果为基础，积极为政府决策提供参考。一批政策建议得到中央领导和市级领导的批示，展示了科研成果对政策的影响力，成果层次高、影响大。

首都大学生思想政治教育研究基地聚焦北京精神建设，以北京市哲学社会科学重点项目“社会主义核心价值体系问题研究”和“北京精神与社会主义核心价值体系研究”成果为基础，提出《关于设立北京精神研究中心、展示和交流中心的建议》得到领导的批示。

北京市知识管理研究基地以北京市哲学社会科学重点项目“城市生活垃圾减量化对策研究”成果为基础，向北京市政府提出“提高生活垃圾减量化水平的建议”，该建议得到北京市委领导的批示。另有研究基地成员参与的《上海浦东新区建立自由贸易园区研究》报告及向中央的建议，得到总理批示，项目成果获得第七届全国先进生产力理论与实践成果奖、发展生产力杰出贡献奖特等奖。

北京市经济社会发展政策研究基地有9项成果与政策建议得到北京市委、市政府领导的批示。在承担的北京市发改委“十二五”规划项目“提升北京首都国际化水平的目标、重点及对策研究”和北京市社科联招标项目“北京建设世界城市的指标体系和努力方向研究”的基础上，形成了学术论文《基于全景观察的世界城市指标体系研究》，该研究成果获得北京市委书记批示，并获得北京市优秀调研成果奖二等奖。

北京马克思主义理论研究与传播基地提出提炼“北京精神”的设想，为市政府决策发挥了重要的智囊作用，是该基地近年工作的重要内容之一。2009年组织研究北京市社科院重大课题“实现‘人文北京’发展战略的思考”首次提出了“北京精神”与建设“人文北京”的关系问题。2010年发表了论文《“北京精神”的内涵及其创建》、《加强北京城市核心价值建设的政策建议》，就提炼“北京精神”的原则以及“北京精神”的内涵等做了初步的概括，报市委、市政府后很快得到多位市委领导的肯定性批示。

（四）成果转化显著

第三批研究基地成果转化意识和能力不断提高，北京新农村建设研究基地、北京能源发展研究基地、北京市知识管理研究基地等通过多种形式积极推动成果，成效十分显著。

北京新农村建设研究基地紧密围绕都市型现代农业和新农村建设，开展规划咨询服务、新型农业推广和示范研究基地建设。2010年以来完成了农业农村规划8项，如全国休闲农业“十二五”发展规划、房山区城关镇都市农业园区规划和新疆喀什“深喀现代农业示范园区”发展规划等。研究基地积极开展了首都都市型现代农业（都市农业、创意农业、会展农业、品牌农业等）发展培训，3年共主办培训32次、受政府邀请开展培训100期、赴京外开展相关培训80余次，共计培训3万余人。研究基地在怀柔区、延庆县、房山区、密云县等共5镇1企业建立了沟域经济、现代农业、产学研结合等示范研究基地。

北京能源发展研究基地研究成果《大型火电机组建设后评价的环境－社会－经济－安全协调智能权重优选的综合评价方法》提交给国务院、国家发改委、财政部、国家电网公司、中国大唐集团公司、中国华能集团公司、中国电力投资集团公司、世界银行全球环境基金会等多家决策单位参考。“电力行业低碳发展研究”课题相关研究成果为中电投集团公司和国家能源局所吸收和采纳，研究成果《发电集团法律管控研究》获得中电投集团公司的高度评价。

自 2012 年起，中电投集团领导特别指示委托能源研究基地提供“法律法规影响分析评价”专项法律服务。

北京市知识管理研究基地人员参与了《国家大学科技园评价指导意见》研制工作，负责制定“国家大学科技园评价指标体系”，这一指标体系得到科技部和教育部的肯定，并于 2010 年 12 月由两部委联合发文，用于指导国家大学科技园评价工作。研究基地参与研制起草国家标准 GB/T23703.2－2010《知识管理 第 2 部分 术语》、GB/T23703.3－2010《知识管理 第 3 部分 组织文化》、GB/T23703.4－2010《知识管理 第 4 部分 知识活动》，引导知识管理领域中的理论发展和实践工作。研究基地承担了科技支撑项目“试点行业工业企业碳排放数据处理及不确定性分析研究”，研制的“工业企业碳排放计量系统”在企业的碳排放计量中发挥了很大作用。

马克思主义研究基地杨凤城教授于 2011 年 6 月 28 日参加了中共中央政治局第三十次集体学习。该研究基地先后有 10 多位同志参与中央马克思主义理论研究与建设工程，有多人参与中宣部组织的通俗理论读物等重要工作。配合马克思主义学科建设、马克思主义大众化、中国特色社会主义理论体系研究、纪念中国共产党成立 90 周年，研究基地开展了系列研究，发表大量学术论文，并举办了系列学术活动，如“社会主义妇女运动与西方女性主义之区别：理论与实践”国际学术研讨会、“马克思主义理论研究前沿学术讨论会”等，社会反响良好。

北京市经济社会数据分析与监测评价研究基地配合依托单位按年度开展的“北京建设小康社会监测评价”工作连续 4 年被评为全国先进，相关监测结果及建议以《统计报告》的形式向市委、市政府和国家统计局等党政部门报送，为相关部门及时了解北京小康建设进程提供了重要依据。2010—2011 年，研究基地完成的“北京市‘十二五’时期统计发展规划研究”课题成果已转化为《北京市“十二五”时期统计发展规划》文本，正式向社会发布，对“十二五”期间北京市统计事业发展将产生重大影响。

北京知识产权研究基地承担了科技部的政策引导计划项目“科研事业单位的技术转移体系研究”，起草了《加强事业单位技术转移的指导意见(草案)》并提交科技部。研究基地还承担了“知识产权侵权惩罚性赔偿制度研究”，及时地为国家知识产权局起草《专利法》修改草案发挥了决策咨询作用，课题报告中的建议被融入《专利法修改草案(征求意见稿)》中。

其他研究基地如首都高校党建研究基地、首都大学生思想政治教育研究基地等在成果转化上，相对一期也都有进步。

（五）为政府决策服务突出

积极为政府决策服务是第三批研究基地二期建设的突出特点。3年来，研究基地在能源发展、现代农业发展、北京精神与文化发展、马克思主义与思想政治发展、统计发展等领域积极为政府决策服务，提供智力支持。

北京能源发展研究基地研究招标课题“北京市可再生能源标准体系研究”建立了北京市新能源产业标准体系总框架，以及太阳能光热标准、太阳能光伏标准、生物质能标准、地热标准、风能标准和其他新能源产业分体系框架，课题成果得到了北京市发改委的采纳，对北京市发改委的新能源标准工作起到了较好的支撑作用。

北京新农村建设研究基地承担并完成了北京市农委、科委、教委、民委等部门多项调研项目，涉及北京沟域经济发展、北京都市型现代农业规模化经营、郊区“一村一品”、都市型新农村科技人才队伍建设、农业龙头企业、会展农业等领域，有11项政策建议被政府部门采纳，为政府决策提供了重要参考。

首都高校党建研究基地在做好教育部、北京市各级各类项目科研工作的同时，也积极为其他国家机关提供服务。2011年上半年研究基地接受北京市委教育工委委托，承办了“北京高校纪念中国共产党建党90周年展览”系列活动大型主题展览、党建理论征文和党建理论研讨会，推动高校党建发展。

北京知识产权研究基地于2012年2月承担了国家知识产权局“知识产权侵权惩罚性赔偿制度研究”课题，为国家知识产权局关于《专利法修改草案（征求意见稿）》的起草工作发挥了决策咨询作用。研究基地承担了科技部的政策引导计划项目“科研事业单位的技术转移体系研究”，不仅完成了内容翔实的调研报告，而且起草了《加强事业单位技术转移的指导意见（草案）》提交科技部。研究基地承办了由北京知识产权局主办的多次知识产权论坛和面向企事业单位的知识产权培训，如2012年10月17—18日的北京市企业知识产权管理规范工作推进暨培训大会，推动北京市企业知识产权管理工作的发展。

马克思主义研究基地在党的十八大召开前，研究基地的研究人员广泛参与了中央各部门组织的各项调研，就十八大报告的起草工作发表了相关意见。研究基地的研究人员还广泛开展了马克思主义大众化和党的方针政策的普及活动，在党的十七届六中全会、党的十八大召开后，多名成员参加北京市宣讲团、团中央宣讲团，开展党的路线方针政策的宣讲工作。

三、第三批研究基地二期建设的成功经验

考核验收表明，各依托单位对研究基地建设给予了高度重视，第三批研究基地二期建设更突出学科优势和发展的可持续性，更加重视研究的质量，挤出了成果的水分，改变了单一论文评价的方式，突出成果转化和为政府服务。从第三批 11 个研究基地二期建设的共同经验来看，主要有如下四个方面的成功经验。

(一)突出学科特色，注重跨学科研究

第三批 11 个研究基地通过一期和二期建设，都积极开展自我评估，总结建设经验，注重发挥依托单位的学科优势，立足研究基地学术基础，结合外部需求，与国际学术前沿对接，突出学科建设特色。具体表现如下：

一是各研究基地都积极发挥依托单位的学科优势。北京市知识管理研究基地积极发挥依托单位北京信息科技大学的学科优势，突出了信息化的学科特色。北京新农村建设研究基地的建设高度彰显了其依托单位北京农学院的学科特点，紧密围绕北京“三农”发展，开展都市型现代农业、新农村建设和新型农民发展研究。北京能源发展研究基地依托华北电力大学优势资源，秉持“聚能会源、咨政立言”理念，为国家和北京市制定能源战略、能源规划、能源政策和能源法规提供理论研究成果和专家智力支持。马克思主义研究基地依托中国人民大学，以重大研究课题为纽带，整合校内外研究力量，建设具有国际先进水平的马克思主义学科群。北京市经济社会数据分析与监测评价研究基地配合依托单位北京市统计局和国家统计局北京调查总队工作，取得了一系列研究成果，对“十二五”期间北京统计事业发展将产生重大影响。北京市经济社会发展政策研究基地依托首都经济贸易大学和北京市经济社会发展研究中心，联合市发改委、市社科院、市统计局、中国人民大学等多方参与，共同研究北京经济社会发展中的重大理论和现实问题。其他研究基地在二期建设中也都十分强调依托单位的学科优势。

二是针对北京发展的重大需求，积极开展跨学科研究。在学科主线鲜明的基础上，各研究基地积极面向北京发展的重大需求、热点与难点问题开展跨学科研究。北京市知识管理研究基地以信息化研究为主线，抓住北京市建设创新型城市和城市发展模式转型的重大需求，重点开展“知识管理与信息化”、“科技政策与科技管理”、“资源循环管理工程”和“博弈论与实验经济学”

的跨学科研究。北京新农村建设研究基地紧密围绕北京“三农”发展，开展北京山区新农村建设和北京城乡统筹发展，沟域经济、创意农业、都市型现代农业文化，以及农村社区等跨学科研究。北京市政治文明建设研究中心依托北京联合大学人大制度研究所，不断拓展学术活动，把社会调查、信息收集、学术研究和社会服务有机地结合起来，将中心建设成政治文明研究的重要科研基地。其他研究基地的课题也都具有明显的跨学科研究的特点。

三是以多种形式，组织跨学科研究力量联合开展科技攻关。北京新农村建设研究基地与北京农学院植物科学技术学院、城乡发展学院等校内多个系所，以及中国农业大学、北京林业大学、中国农科院、北京农科院等多所校外科研院所积极开展多层次、全方位的跨学科合作，共同开展人才培养，取得了显著成效。北京能源发展研究基地以各种研讨会为契机，与各级政府相关部门、各种能源企业以及国内大学相关院系建立了各种合作关系，根据选题需要联合国内外著名能源专家参加课题申报和投标，以课题研究引领学术队伍建设，保证了学术的原创力和决策的影响力。北京马克思主义理论研究与传播研究基地聚集了一批有深厚学术造诣、在国内外有广泛影响力的马克思主义理论人才，多借用外力，联合攻关，推动研究基地研究人员与特约研究员的密切配合，加强与平面媒体、电视台、电台、网络等各类媒体的密切合作，推动研究成果的效益转化。

(二)强调社会评价，改变单一靠论文的评价方式

第三批 11 个研究基地通过一期和二期建设，都积极开展自我评估，对研究基地的建设更多注重是否获得社会的良好评价，改变了单一靠论文的评价方式，因此研究成果水分少了，特别是追求论文数量的现象明显减少。具体表现如下：

一是更加重视论文质量。在市社科规划办论文考核指标的引导下，各研究基地十分重视学术论文的质量，走出了以往片面追求论文数量的局限。从研究基地发表的重要论文这一考核指标来看，北京能源发展研究基地也有 SCI 检索论文 10 篇，论文质量最高；北京市知识管理研究基地有外文论文 4 篇(其中 SCI 检索论文 2 篇)，并在《中国社会科学报》、《数量经济技术经济研究》等重要刊物上发表论文 6 篇。其他研究基地在行业顶级刊物上也都有不少论文发表。

二是重视为政府决策提供支持。北京市经济社会数据分析与监测评价研究基地自 2010 年以来，研究人员累计发布 30 余篇关于宏观经济监测预警的

《统计报告》，研究成果准确判断了未来经济走势，为市委、市政府决策提供了重要依据。北京马克思主义理论研究与传播研究基地成员承担了《“十二五”时期“人文北京”发展建设规划》的起草和修订工作，为“人文北京”发展建设规划的顺利发布、实施做出了重要贡献。

三是重视获得政府奖励与社会奖励。在政府奖励和社会奖励日趋规范化的背景下，获得政府奖励和社会奖励是反映学术成果得到政府和社会认同的重要指标。各研究基地在二期建设中十分重视获得政府奖励与社会奖励。第三批 11 个研究基地在二期建设中，共获得省部级以上奖励 59 项，相对一期获得省部级以上奖励增长了 13.46％，而且具有“获奖多、质量好”的显著特点。这以北京能源发展研究基地、北京市知识管理研究基地为典型代表，分别获得国家科技进步奖二等奖、北京市科学技术奖二等奖各 1 项。

四是重视研究成果得到政府领导的认同。自 2010 年以来，各研究基地基于研究成果，积极为国家部委和北京市决策提供智力支持。其中，获得政府领导的认同是政策建议转化为政策决策的关键环节。首都大学生思想政治教育研究基地、北京市知识管理研究基地、北京市经济社会发展政策研究基地、马克思主义研究基地是典型代表，提出的政策建议得到中央领导和市级领导的批示。北京马克思主义理论研究与传播研究基地提出、提炼“北京精神”的设想，短文《“北京精神”的内涵及其创建》报市委、市政府后很快得到市委领导的肯定性批示。

五是重视得到企业和社会的认可。在二期建设中，研究基地十分重视与企业和社会的合作，很多课题直接服务于企业和社会。除了北京能源发展研究基地、北京新农村建设研究基地和北京市知识管理研究基地受到企事业单位高度认可外，其他研究基地积极开展横向课题研究与服务工作，受到企事业单位的肯定。首都高校党建研究基地先后与 7 家国家机关及企事业单位以横向课题或委托课题形式展开合作研究，为其党建及文化建设工作的开展提出合理化的分析论证与对策建议，且均得到委托方的肯定。北京知识产权研究基地接受了中关村管委会的课题委托，为中关村战略性新兴产业企业提供知识产权工作指引。

（三）强调成果转化应用，注重为政府决策服务

第三批 11 个研究基地在二期建设中，以科研为核心，通过向首都有关部门开展咨询工作，为政府、企业和社会提供服务。而且，随着研究基地建设评价方式的改变，更加重视社会评价，各研究基地紧密联系北京市经济社会

发展中的重点问题，开展科学研究，推动成果转化应用，开展培训和咨询工作，为企业和政府决策提供服务。具体表现在如下方面：

一是鼓励承接横向课题。2010—2012年，横向课题在总项目数中的占比超过1/3，也是各类项目中增速最快的。其中，北京能源发展研究基地、北京新农村建设研究基地和北京市知识管理研究基地通过科研编制、科研奖励、科研计分等制度鼓励成员积极承担横向课题，二期建设期间上述三个研究基地承接横向课题分别为115项、134项、68项，是第三批二期建设中的佼佼者。

二是十分重视成果转化应用。随着市场化和社会化能力的增强，研究基地越来越重视成果转化应用。北京新农村建设研究基地通过多种方式推动成果转化：与北京首都农业集团有限公司、北京顺鑫农业股份有限公司等龙头企业建立战略合作关系，为中国合作经济学会、平谷区政府、北京农学院三方共建合作社发展学院提供了重要支撑。北京市知识管理研究基地国家科技支撑计划课题“典型工业企业碳排放核查与认证关键技术研究与示范”成果成功在中青国能(北京)科技发展有限公司、山东同方能源工程技术有限公司、北京北水食品工业有限公司等公司进行应用。北京市经济社会发展政策研究基地在天津滨海新区建立了首都经济贸易大学“产学研(滨海)基地”暨“都市圈研究(滨海)基地”，在北京近郊如门头沟、延庆、昌平以及上海崇明前卫生态村等建立调研基地，积极推动成果转化。

三是注重为政府决策提供各种形式的服务。为政府决策服务是第三批11个研究基地二期建设的共同特点。除了首都大学生思想政治教育研究基地、北京市知识管理研究基地、北京马克思主义理论研究与传播研究基地、北京市经济社会发展政策研究基地为典型代表外，其他研究基地如北京市政治文明建设研究中心、北京能源发展研究基地、北京新农村建设研究基地都在各自的领域为北京相关法规政策的出台提供科学的决策参考依据。

(四)注重科研、咨询与人才培养结合

第三批11个研究基地围绕发展定位，以跨学科、多部门参与、跨行业协作方式，积极建设科研、培训、咨询三位一体的综合性功能机构。

一是推动科研与人才培养的结合。北京知识产权研究基地通过吸收研究生参与课题研究、工程硕士班办学、知识产权双学位学生的培养、承办北京知识产权局面向企事业单位的知识产权培训等多种方式，培养一批熟练掌握企业知识产权管理规范和运作技巧的高素质管理人才。马克思主义研究基地

建立之后，加强了马克思主义相关专业的博士研究生培养，加大对青年人才的培养，加强相关专业的博士后流动站建设，为社会培养了一批高素质人才。北京市经济社会发展政策研究基地通过多种方式广泛吸引了来自全国各地的一批高素质的学术带头人和中青年学术骨干，通过“以课题汇聚人才”，以国家社科基金项目、北京市社科规划项目、政府委托项目及研究基地自设项目为纽带，考察和吸收了优秀科研人才到研究基地进行研究。

二是决策咨询过程也是人才培养的过程。北京新农村建设研究基地与首农集团、顺鑫农业等龙头企业建立战略合作关系，在提供决策咨询服务的同时，也在人才培养、技术服务等方面提供支撑。北京能源发展研究基地的突出特色是有一批能源政策法规专家带领研究团队为政府决策服务，在此过程中培养了一批专业知识系统、治学态度严谨、科研成果新颖的中青年科研骨干人才。北京市政治文明建设研究中心通过参与北京市人大常委会立法调研、和北京市基层政府协作共建、参加国内外高水平的学术交流等途径，锤炼人才队伍，积极为北京市民主法治建设和社会发展服务。

（五）专业化管理，规范化运作、专项支持有力

第三批 11 个研究基地的依托单位十分重视提升研究基地的管理水平，经过第二期 3 年的建设，研究基地专业化管理水平与规范化运作水平不断提升，科研经费得到有效的保障。

一是配备专业管理力量。首都经济贸易大学作为依托单位给予北京市经济社会发展政策研究基地独立建制，华北电力大学作为北京能源发展研究基地依托单位专门给予研究基地独立的建制，北京市经济社会数据分析与监测评价研究基地也有相对独立的建制。首都大学生思想政治教育研究基地设立了研究基地学术委员会，实行了主任负责制。北京马克思主义理论研究与传播研究基地建立秘书长联席会，负责每年工作计划以及学术规范管理工作。其他研究基地也都建立了学术委员会和主任负责制。

二是建章立制，规范运作。北京新农村建设研究基地完善项目招标机制，实施项目动态管理，出台项目管理办法，实现全程跟踪管理。北京能源发展研究基地共制定了 24 项规章制度，如《聘任人员管理规定》、《论著管理办法》等。北京市经济社会数据分析与监测评价研究基地办公室统一负责研究基地研究项目的申报、中期检查以及结项组织工作，配合北京市统计应用研究所统一组织北京市政府统计系统优秀成果评选工作。这些规章与制度的建立与实施，保证了研究基地的规范运作。

三是专项支持有力。首都大学生思想政治教育研究基地除了市教委和市社科规划办的专项经费支持外，还得到依托单位1∶1配套经费。高水平获奖项目及论文和专著还获得依托单位给予的奖励。中国人民大学在“211工程”三期建设中专门设有马克思主义理论研究课题，每年专门拨付10万元经费。华北电力大学作为北京能源发展研究基地的依托单位，安排了约250平方米的办公用房，在重大专项经费方面也给予了相应的奖励支持。首都高校党建研究基地自2010年6月研究基地建立以来，北京市教委和市社科规划办投入经费约69万元，北京航空航天大学作为依托单位按照相关要求向研究基地拨付了配套建设经费27万元。这些支持是研究基地二期建设取得成效的有力保障。

四、二期建设中存在的问题与解决办法

此次检查验收的主要目的是通过研究基地自查和专家评审相结合及时发现和剖析研究基地建设和管理过程中的问题，以便使研究基地在以后的建设中更好地开展工作。总结研究基地建设存在的问题，主要有以下几方面。

（一）研究基地之间发展不平衡

专家组在验收调研中发现，11个研究基地在二期建设中呈现一定差异性。一些研究基地二期建设成绩突出，例如北京能源发展研究基地、北京新农村建设研究基地、北京市知识管理研究基地等在二期建设中成效显著。但是，还有个别研究基地建设成效不明显，在基础条件投入力度、体制架构差异、人才引进力度、对外合作交流等指标上存在差距，落后于优秀的研究基地。

这种情况必须引起依托单位及研究基地的高度重视。在下一期建设中，依托单位要高度重视研究基地的发展，理顺研究基地与依托单位的关系，将研究基地纳入到依托单位整个科研及管理体系之中，在人员、经费和制度上给予切实支持。

（二）科研团队合作机制还有待创新

研究基地一般都以课题为纽带组建科研团队，而缺少专职研究人员编制，往往是聘用兼职研究人员。兼职研究人员基本是教育系统、事业单位和政府

机构从事相关研究的教师、学者和工作人员，因其还需顾及本职工作的职称、聘岗、授课、专业归属等问题，很难全身心投入到研究基地工作中。

未来需要探索课题组“合作共享”制度，探索解决知识产权共享、团队绩效量化个人等一系列问题，提高科研人员开展课题研究和参加团队的积极性。例如：要创新委托单位和研究基地的科研评价方式，解决研究基地科研成果的标注与兼职研究人员的职称评判标准的冲突问题。

（三）国际合作研究有待进一步加强

目前，研究基地参与国际学术交流逐渐增加，但是研究基地开展国际合作研究还较少、合作研究的深度和广度还需拓展，不利于研究基地把握国际学术前沿、掌握学科发展动态和促进人才培养。

未来研究基地的发展首先要有国际化视野，加强国际学术交流，与国外的已有学术交流要进一步深化。各研究基地应当利用国际化和大型的学术研讨活动，创造和抓住国际合作研究的机会，积极把握国际学术前沿、掌握学科发展动态，促进人才交流和培养。

（四）自设课题还应加大力度

第三批研究基地二期建设中自设课题151项，相比一期建设，二期自设课题减少了2.58%，由于研究经费有限，一些研究基地还没有自设课题。目前有自设课题的研究基地自设课题也主要针对研究基地内部人员，一般不对外招标，因此自设课题招标评审也往往流于形式。

为了培养、稳定、选拔研究基地科研人员，同时为争取大项目做前期预研，研究基地应加大自设课题项目设计，并将自设课题公开招标形成一种制度，自设课题不仅对内招标，还应对外招标，以吸引更多的科研人才到研究基地，开拓更广泛的研究领域。未来要建立和实施研究基地课题对外公开招标机制，由研究基地学术委员会参与自设课题招标评审工作。

（五）日常管理有待规范化

验收工作中发现，一些研究基地很多制度沿袭传统科研机构模式，研究基地负责人往往是依托单位领导或二级单位领导兼任，难以投入很多时间用于研究基地管理。在此背景下，由于大多数研究基地还没有独立建制，缺少稳定的专职管理人员，日常管理面临着一系列问题。

在下一期建设中，依托单位要强化研究基地负责人的职责建设，研究基地负责人要主抓研究基地管理规范化并加强制度的落实。研究基地要争取有稳定的专职管理人员和编制，负责研究基地的日常管理，保证研究基地与各方面的联系信息畅通。

五、研究基地建设下一阶段的设想与工作任务

当前，伴随着改革深化、开放扩大，国情、市情继续发生深刻变化，研究基地下一阶段建设要符合党的十八大提出的新要求，将研究基地建设提升到新的高度。以党的十八大精神为指引，基于第三批研究基地二期建设的成绩和存在的问题，为进一步促进第三批研究基地第三期建设，专家组提出下一阶段的工作设想与工作任务。

（一）贯彻党的十八大精神，开创建设新局面

一是深入研究十八大提出的重大问题。十八大报告有许多新论述、新表述、新判断和新提法，如“坚持走中国特色社会主义道路自信、制度自信、理论自信”、“马克思主义中国化、科学化、大众化”，中国精神、中国力量、中国梦，以及“协商民主制度”、“创新驱动战略”、“美丽中国”等，涉及持续发展经济、不断改善民生、促进社会公平公正等。第三批 11 个研究基地要积极面对当前世情、国情、市情的深刻变化，充分发挥研究基地科研平台优势，对这些新论述开展跨学科、综合性研究，深入研究影响和制约科学发展的突出问题，深入研究人民群众反映强烈的热点、难点问题，深入研究当今世界政治、经济等领域的重大问题，力争拿出有特色、有深度、有分量、有说服力的研究成果。

二是以十八大精神为指导，实施创新工程。十八大报告指出，必须把科学发展观贯彻到我国现代化建设全过程，着力把握发展规律、创新发展理念、破解发展难题，深入实施科教兴国战略、人才强国战略、可持续发展战略。以十八大精神为指导，北京市哲学社会科学研究基地要实施创新驱动发展战略，第三批研究基地在下一阶段的建设中，要进一步解放思想、与时俱进，求真务实，力求创新突破、谋求更大发展。为此各研究基地要实施创新工程，明确创新工程的指导思想、目标任务、重要举措、实施步骤等，把创新驱动战略落到实处，将研究基地下一阶段的建设提升到更高的水平。

(二)围绕打造智库和学术高地，开展重点攻关

围绕打造首都智库和哲学社会科学研究学术高地，鼓励研究基地围绕研究领域和方向深度挖掘潜力，出有质量、有深度、有影响力的科研成果，提升研究基地的影响力和话语权。

一是积极响应时代发展新要求。当前，世界政治、经济格局正在发生深刻变化，面对新的历史时期带来的新的机遇和挑战，如第三次工业革命、低排放绿色发展，北京市哲学社会科学研究基地需要以全球视野，从国际视角来分析北京城市化升级发展的新课题，面向首都解决国民经济重点行业和社会发展重点领域发展问题，以首都发展战略布局与规划、重点问题研究、基础理论与重大应用研究为内容，服务于北京建设中国特色的世界城市和北京现代服务业发展，为北京建设“世界城市”、“创新型城市”，以及国家政治、文化等中心提供智库支持。

二是开展重点攻关。围绕北京建成中国特色的世界城市提出的任务，第三批 11 个研究基地应根据各自的“目标定位”明确重点研究领域。着眼于第十二个五年发展规划期的发展需要，对研究领域和研究方向及时做出调整与更新，提前开展调查研究，通过研究方向的凝练聚集资源开展深度研究、滚动研究和关键课题研究。从全球着眼探索解决新时期首都国民经济重点行业和城市社会发展重点领域的重大理论和突出实践问题，突出重点，实现研究方向的高度凝练，有效整合单位内外研究力量，体现特色与专业优势。

(三)推动开放合作，建设社科创新平台

一是推动开放合作。服务首都经济社会发展，研究基地必须“走出去”，与首都各系统、各部门不断强化合作关系。按领域加强协作以集成社会智慧，与政府部门建立成果共享机制，与企业建立战略合作伙伴关系，向社会提供专业的信息咨询服务。研究基地还应加强对外交流与合作，加强与国内外同行的交流与合作，可以通过采取与高水平研究基地共同申请重大项目、共同开发项目、互派研究人员等方式进行交流与合作，将研究基地构建为一个更加社会化、国际化的开放式平台。通过与政府、企业建立长期、发展的合作关系和成果信息共享机制，加速研究成果的转化，为政府部门、企业、机构、个人决策提供更为及时的支持。

二是建设全国社科中心。经过第二期三年的建设，11 个研究基地初具发

展条件，下一个建设周期要有更高的发展目标——努力建成国内一流、国际上有影响力的学术研究和交流中心，努力建成本学科领域全国种类齐全、设备先进的现代化图书资料库，建成全国性的信息交流中心。同时，以服务新时期国民经济发展与城市社会发展为宗旨，以科研项目与科研活动为载体，将研究基地建设成为全国有重大影响力的理论研究中心、成果转化中心、咨询服务中心、信息交流中心和学科思想库和人才库，为全国发展提供高水平的理论研究成果和问题解决方案。

（四）明确下一个建设周期目标定位和建设需求

一是明确下一个周期发展的目标定位。根据上述要求，第三批 11 个研究基地在下一个建设周期，要明确目标定位。各研究基地要从十八大报告提出的重大理论和现实问题中选择各自科研主攻领域，实施相应的创新工程，力争拿出有特色、有深度、有分量、有说服力的研究成果，推动科学发展，促进改革深化，努力将研究基地建设为行业认可、市场认可、人民认可、政府认可的社科研究中心。

二是明确下一个周期的建设需求。围绕目标定位，各研究基地要制订下一期建设计划，明确建设需求。各依托单位要进一步提高对建设研究基地的认识，将研究基地建设纳入到依托单位的总体发展中。研究基地需要根据自身情况，进一步改革开放，将常设机构、任务小组与项目制灵活结合起来，建立研究成果分级评审制度、知识产权分享制度和研究人员综合绩效考核制度，达到稳定性与开放性兼顾的组织建设目标。市社科规划办和市教委将探索北京市社科研究基地之间的协调机制，推动研究基地之间的互助互学，未来将继续加强考核评价，并进行必要的整合。对已经不太切合当前实际或学科专业方向的研究基地要做适当调整。

（五）研究基地建设要求真务实，促进改革深化

一是响应十八大号召，开展“走转改”活动。北京市哲学社会科学研究基地作为市委、市政府的思想库和智囊团，要开展“走基层、转作风、改文风”活动，组织科研人员深入基层、深入群众开展调查研究，坚持学术研究为人民服务、为社会主义服务的方向，弘扬理论联系实际、严谨治学的优良学风，进一步改进文风，增强哲学社会科学工作者的社会责任感和使命感。在下一阶段的建设中，第三批 11 个研究基地要深入基层和一线蹲点调研，在贴近基

层实际、反映群众意愿和企业发展要求上要采取切实措施，要有具体行动，要有评价。

二是落实十八大精神，促进改革深化。十八大精神的一个重要方面就是要进一步推进改革，把改革开放作为经济社会发展进步的不竭动力。北京市哲学社会科学研究基地要真正发挥思想库和智囊团的作用，就要直面问题，揭示体制性障碍、制度性缺陷和管理漏洞，并积极向北京市各级政府提出建设性的改革建议。第三批研究基地要落实十八大精神，坚持一切从实际出发，在中央政府和北京市、区县以及企事业单位等多个层面，参与能源发展、新农村建设、知识产权发展等领域的改革开放，促进改革深化。

附件1　北京市哲学社会科学研究基地建设项目验收指标

研究基地名称：

依托单位名称：

一级指标			二级指标			评定得分（百分制）
指标代码	指标内容	权重	指标代码	指标内容	权重	
A	研究方向	0.10	A1	研究方向和目标	1.0	
B	研究水平与贡献	0.30	B1	已承担的科研任务	0.3	
			B2	科研成果水平	0.3	
			B3	成果转化、采纳情况	0.2	
			B4	为首都服务水平	0.2	
C	人才培养与队伍建设	0.15	C1	人才培养质量	0.5	
			C2	队伍建设情况	0.5	
D	运行与管理	0.25	D1	研究基地条件	0.2	
			D2	学校配套经费到位及支持程度	0.3	
			D3	学术委员会作用	0.2	
			D4	科研成果标注	0.3	
E	发展思路与潜力	0.20	E1	发展思路与潜力	0.6	
			E2	学术会议、学术交流	0.4	
总　分						

附件 2　第三批研究基地二期建设指标及完成情况

北京市哲学社会科学第三批研究基地二期建设情况一览表

项目	分　　项	建设前情况	二期建设期末情况*	二期相对一期的增长率(%)
科研条件	研究基地拥有的房屋面积(m^2)	1852	2645	42.82
	研究、办公设备总值(万元)	755.90	693.70	－8.23
	图书资料(册)	61138	113346	85.39
科研经费(万元)	合计	2867.01	5496.82	91.73
	市教委	1293.83	1069.54	－17.34
	市社科规划办	137	552.84	303.53
	学校配套	405.18	633.50	56.35
	自筹到位经费	1031	3240.94	214.35
科研项目(项)	合计	812	1083	33.37
	国家级	46	60	30.43
	省部级(注明社科规划项目数)	212	313(109)	47.64
	横向课题	380	517	36.05
	自设课题	152	193	26.97
科研成果(项)	出版专著数(部)	168	172	2.38
	全国核心刊物发表论文数	772	740	－4.15
	咨询(调研)报告(部)	566	654	15.55
	获省部级及以上奖励	49	64	30.61
科研成果应用(项)	被引用数(根据 CSSCI 统计)	377	610	61.80
	成果提交情况	271	351	29.52
	成果获领导肯定性批示	23	47	104.35
	成果被实际部门采纳	114	90	－21.05
队伍建设与人才培养(人)	具有正高职称人数	136	138	1.47
	具有副高职称人数	103	152	47.57
	毕业博士	193	193	0
	毕业硕士	845	747	－11.6

续表

项目	分　　项	建设前情况	二期建设期末情况*	二期相对一期的增长率(%)
学术会议（次）	全国性学术会议	37	66	78.38
	国际学术会议	21	36	71.43
人才交流（人次）	派出	124	167	34.68
	来华	108	106	－1.85

资料来源：第三批研究基地建设调研，北京市社科规划办与市教委，2013年1月

注：* 为三年合并数

马克思主义研究基地二期建设报告

马克思主义研究基地(以下简称“研究基地”)依托中国人民大学马克思主义学院，正式成立于2006年12月。经过6年两个阶段的建设，研究基地建设初见成效，为未来发展奠定了比较扎实的基础。

一、研究基地建设的基本情况

(一)研究领域、研究方向定位、发展建设目标

马克思主义研究基地总体定位：本研究基地是为贯彻《中共中央关于进一步繁荣发展哲学社会科学的意见》、《中共北京市委关于进一步繁荣发展首都哲学社会科学的意见》以及北京教育大会的精神而组建的，属北京市教委、北京市社科规划办与中国人民大学共建的科研平台。

研究基地研究领域：(1)加强马克思主义基础理论研究，探索马克思主义理论体系及其逻辑结构；既从马克思主义哲学、政治经济学、科学社会主义等领域研究马克思主义重大理论问题，也从整体上研究马克思主义理论体系。(2)加强马克思主义发展史及其发展规律的研究；加强国外马克思主义的跟踪研究，吸收和借鉴国外马克思主义研究成果，丰富和发展马克思主义。(3)加强马克思主义中国化的历史进程和基本经验研究；加强马克思主义中国化的最新理论成果的研究。(4)加强马克思主义学科建设和教材建设，建设具有国际先进水平的马克思主义学科群。

本研究基地主要研究方向和研究目标是：

第一，以重大研究课题为纽带，整合校内外研究力量，创新管理机制，促进马克思主义内部不同学科研究者之间的合作，为加强马克思主义理论研究提供新的平台。

第二，加强对马克思主义理论中一些重大的前沿性问题的研究，在当前，重点要对科学发展观、构建社会主义和谐社会中的一些基本理论从哲学、经济学、政治学等多学科进行深层次的探讨。

第三，立足当代中国现实，服务于党和国家的工作大局，运用马克思主

义的立场、观点和方法，深入研究社会主义经济社会发展中的重大现实问题，特别是北京经济社会发展中的一些重大现实问题，为党和国家的政策制定提供理论依据。

第四，重点加强马克思主义理论一级学科之下的五个二级学科建设，为加强和改进思想政治理论课教学提供学科支撑。

第五，培养一支具有国际水平的老中青相结合的马克思主义理论研究和教学队伍，形成学术创新团队。

第六，加强图书资料和信息平台建设，为理论创新提供条件支撑；建立马克思主义理论研究网页，通报国内马克思主义研究现状，展示研究基地研究成果。

第七，采取走出去和引进来相结合的方式，积极开展国际交流与合作，提升马克思主义研究的国际地位。

（二）组织机构状况、学术委员会作用发挥、科研力量配备以及外部有关科研力量的整合利用情况

研究基地设有办公室、学术委员会、资料室及研究室等机构。

研究基地学术委员会是研究基地最高决策机构，每年不定期召开 2～3 次会议，讨论决定研究基地重大事项，主要包括研究基地发展方向、每年课题申报、财务预算、每年学术活动及资助出版等事宜。

研究基地研究人员共 26 人，其中校内专职研究人员 21 人，校外兼职人员 5 人。在校内专职研究人员中，具有正高职称者 20 人，副高职称 1 人；其中有博士学位者 17 人，硕士学位者 4 人。校外兼职人员中，有教授 3 人，研究员 2 人。经过近 3 年的建设，研究基地已经形成了职称结构、年龄结构、专业结构比较合理的科研队伍。

研究基地运作采取项目负责制，各个项目负责人根据项目研究需要，在研究基地内部整合并适当吸收研究基地外的科研力量，展开课题研究。研究基地各专兼职研究人员，也可以自带项目进入本研究基地工作。

（三）承担国家项目、市社科规划项目、研究基地自设项目以及承担其他项目情况

近 3 年来，本研究基地先后承担了 80 多个科研项目，不包括中国人民大学“985 工程”和“211 工程”建设项目中自设的 30 多个项目。其中国家级科研

项目16个，省部级项目51个，其他项目16个，研究经费突破500万元。

（四）开展学术活动与学术交流情况

近3年来，研究基地开展的主要学术活动有：

主要活动一："社会主义妇女运动与西方女性主义之区别：理论与实践"国际学术研讨会。2010年7月14日，由研究基地和"妇女/社会性别学学科发展网络政治学子网络"在中国人民大学共同举办的"社会主义妇女运动与西方女性主义之区别：理论与实践"国际学术研讨会，来自美国高校、中国香港地区高校及内地高校的30名学者参加了会议。部分研究生旁听了会议并参与了讨论和发言。

主要活动之二："住房理论与政策——中国经济社会发展智库第4届高层论坛"。2011年3月2日，研究院与中国经济社会发展智库理事会、中国社会科学院经济社会发展研究中心在中国人民大学举行"住房理论与政策——中国经济社会发展智库第4届高层论坛"。来自全国各研究机构、高校和政府部门的100多位专家学者围绕论坛中心议题——"住房理论与政策"进行了广泛深入的研讨。中国社科院副院长、学部委员李扬，中国人民大学副校长林岗出席论坛并致词，住房与建设部原副部长宋春华，全国人大代表、中国社科院马研院院长程恩富，住房与建设部政策研究中心主任陈淮，全国政协委员、中国社科院学部委员李崇富，国务院参事任玉岭，中国社科院学部委员、财贸所原所长杨圣明，国务院国资委研究局副局长楚序平，国务院发展研究中心社会发展部原部长丁宁宁，国家信息中心经济预测部副主任步德迎等出席论坛并发表演讲。

主要活动之三："自然辩证法与科学发展"高阶研讨会。2011年5月26—28日，研究院与中国人民大学哲学院、中国自然辩证法研究会自然辩证法史专业委员会在中国人民大学逸大会议中心联合主办了"自然辩证法与科学发展"高阶研讨会。来自中国人民大学、清华大学、北京大学、美国加州圣何塞州立大学等四十余所高校、科研机构的专家学者近百人参加了此次会议。

主要活动之四："马克思主义理论研究前沿学术讨论会"。2011年12月29日，研究基地联合《教学与研究》杂志社召开了一次"马克思主义理论研究前沿学术讨论会"，来自北京大学、中国人民大学、清华大学、中共中央党校、中国社会科学院、北京市委党校的近20位专家学者参加了此次研讨会。

主要活动之五："从《共产党宣言》到改革开放"中德文化交流与经济合作（大王）国际研讨会。2012年5月24—26日，研究基地与中国德国友好协会和广饶县大王镇人民政府在东营市广饶县联合举办了“从《共产党宣言》到改革开放”中德文化交流与经济合作(大王)国际研讨会，来自中德友好协会、中国社科院、中央编译局、北京大学、中国人民大学等单位和团体的30余位马克思主义研究专家、经济学家参加了研讨会。

研究基地成立以来，除主办以上五次大型学术活动外，研究基地成员还参加了以下一些活动：第一，积极参加北京市社科联名下的各个社团活动，林岗教授作为社科联副主席，秦宣教授作为社科联常务理事，积极参加了北京市社科联的活动，其他教授还积极参加了各个社团活动，如每年参加北京市举办的学术前沿论坛，并发表演讲。第二，积极参加北京市委宣传部、北京市社科联、北京市中国特色社会主义理论体系研究中心举办的各类学术活动，如纪念中国共产党成立90周年理论研讨会、学习党的十八大精神理论研讨会，为这些活动的成功举办做出了积极的贡献。

在对外交流方面，近几年先后邀请了10多位国外马克思主义研究者到学校进行学术交流和学术讲座。与此同时，研究基地还派出了30多人次参加了一系列国际学术会议和到国外进行考察。

(五)科研队伍建设与人才培养情况

研究基地自建立以来，加强了中青年人才培养和人才引进工作，先后吸收了陶文昭、刘建军、王易、王向明、陈崎等学者进入研究基地工作，其中陶文昭、刘建军为教育部新世纪人才培养人选，刘建军在2008年被增补为中央马克思主义理论研究与建设工程首席专家。王易为马克思主义理论研究与建设工程“思想道德修养与法律基础”课题组重要成员，多次参与教育部有关思想政治理论课教育教学改革文件的起草工作。

此外，研究基地建立之后，加强了马克思主义相关专业的博士研究生培养，并加强了相关专业的博士后流动站建设，为其他科研和教学单位培养了一批高素质人才。

(六)科研信息数据平台建设、网页建设情况

中国人民大学是国内马克思主义理论研究重镇，有研究、传播马克思主义的光荣传统，也积累了丰富的研究资料。研究基地挂靠的马克思主义学院图书资料室，已建设了50多年，目前拥有马克思主义经典著作，马克思主义研究资料，国外马克思主义研究资料，中国共产党历次代表大会文献资料，

毛泽东思想研究资料、邓小平理论和“三个代表”重要思想研究资料，有关马克思主义理论研究的报纸杂志等，共有图书3万余册，期刊一百多种。哲学院拥有马克思主义哲学研究、中国哲学史及当代西方哲学方面的图书资料，经济学院拥有马克思主义经济学方面的研究资料，国际关系学院拥有世界社会主义的研究资料。研究基地自建设以来，共投入近20万元购置了有关马克思主义研究的图书资料。学校“985”工程、“211”工程也配套了部分资金用于图书资料建设。

在科研信息数据平台建设方面，研究基地购买了部分电子影像资料和多媒体教学课件，同时各专职研究人员还在原单位配备了笔记本电脑，主要用于科研和教学工作。下一阶段研究基地将着手进行信息平台的建设。

近3年来，研究基地投入近2万元建立了自己的网页，重点介绍研究基地研究机构、研究人员、承担课题、开展的科研活动等情况。目前，研究基地的网页还在进一步的完善之中。此外，研究基地还与本校马克思主义学院中共党史系共同建设了中国共产党史和当代中国史研究网站，目前网站处于正常运转状态。

（七）研究基地的管理制度

研究基地成立以来，严格按照《普通高等学校北京市哲学社会科学研究基地建设项目管理办法（试行）》进行管理。各个研究项目由中国人民大学科研处和中国人民大学财务处按照国家有关规定和学校自行制定的各项规章制度进行管理。

研究基地实行项目负责制，由各个项目负责人对承担的项目进行管理，并接受各个项目主管单位的日常运行管理，研究基地负责对课题的进展进行监督和考核。

学术委员会负责制定本研究基地的学术研究方向，制定中长期发展规划，确定每年的研究课题，拟定每年举办的各类学术活动，并决定课题资助出版等事宜。

依托单位虽然没有给研究基地独立的建制，但解决了研究基地图书资料、办公室、会议室、工作室的工作用户问题。学校每一个专职研究人员都有自己独立的工作室，研究基地还设有专门的工作室，供兼职研究人员临时使用。

学校在“985工程”中建有马克思主义基础理论创新平台，在“211工程”三期建设中专门设有马克思主义理论研究课题，每年专门拨付10万元经费用于马克思主义理论研究、马克思主义学科建设和马克思主义人才培养；2009年学校从科研经费中又专门拿出一部分资金用于马克思主义理论研究；研究基地每年还自筹经费10万余元，用于补充研究基地的日常工作和科研工作。这些资金与北京市哲学社会科学研究基地建设的投入资金一起，已对研究基地建设产生极为重要的影响。

（八）研究基地合作单位的协作状况

研究基地由中国人民大学与北京市教委、北京市社科规划办联合组建，在研究过程中，除了适当吸收校外部分专家参与研究基地工作之外，主要是同校内单位进行合作，主要合作单位有中国人民大学马克思主义学院、哲学院、经济学院、国际关系学院和中国特色社会主义理论体系研究中心。近几年的多项活动均是同这几个单位合作进行的，研究基地真正发挥了整合力量的作用。

（九）研究基地决策咨询与社会服务情况

第一，经过第二阶段的建设，研究基地在为党和国家服务方面又取得了一些新的成效。其一，研究基地杨凤城教授，在中国共产党成立90周年前夕，于2011年6月28日参加了中共中央政治局第三十次集体学习，与中央党史研究室曲青山教授就中国共产党保持和发展党的先进性研究进行讲解，并提出了思考建议。其二，党的十八大召开前，研究基地的研究人员广泛参与了中央各部门组织的各项调研，就十八大报告的起草工作发表了相关意见。

第二，近3年时间内，研究基地研究人员继续参与中央马克思主义理论研究与建设工程，先后有10多位同志参与工程建设，其中林岗、秦宣、张宇、张雷声、梁树发、洪大用、刘建军等同志成为工程首席专家。这些同志为推进工程建设做出了重要贡献。陶文昭等同志还参与了工程教材的审读工作。秦宣、张雷声、王向明等同志参加了研究生思想政治理论课课程改革和教材建设。

第三，研究基地自成立以来，积极参加中宣部组织的通俗理论读物编写等重要工作。其中，张雷声、秦宣、张宇、刘建军等同志先后多次参与《理论热点面对面》的前期调研、中期撰稿和后期审稿工作，秦宣、吴潜涛参加了《中国社会主义核心价值体系实施纲要》的撰稿工作。

第四，研究基地成立以来，配合马克思主义学科建设、马克思主义大众化、中国特色社会主义理论体系研究、纪念中国共产党成立90周年，展开了系列研究，发表大量学术论文，并举办了系列学术活动，产生了良好的社会反响，进一步扩大了研究基地的影响。

第五，研究基地的研究人员广泛开展了马克思主义大众化和党的方针政策的宣传普及活动，在党的十七届六中全会、党的十八大召开后，多名成员参加北京市宣讲团、团中央宣讲团，开展党的路线方针政策的宣讲工作。

二、研究基地科研水平和科研能力情况

（一）开展的重要问题研究及取得的有影响力的研究成果

近3年来，研究基地研究人员除了开展承担的课题研究之外，平均每个研究人员发表了约10篇文章，独立撰写或主编了1部著作或教材。其中，以研究基地名义出版的科研成果主要有：

《当代大学生热点问题调查报告》，由研究基地成员王易教授主编，中共党史出版社2010年4月出版。该书是继《当代大学生价值观调查报告》之后推出的又一本关于大学生思想理论热点问题的调研报告。全书共包括5个分报告：当代大学生诚信意识调查报告、当代大学生人际关系调查报告、当代大学生恋爱问题调查报告、当代大学生求职取向调查报告、当代大学生法律意识调查报告。这本由大学生组织实践并且以大学生为调查对象的调查报告，是高校思想政治理论课之一——“思想道德修养与法律基础”课的实践教学成果。

《历史主义与现代价值危机》，宋友文著。该书是由研究基地资助出版的一本学术专著，由人民出版社2012年6月出版。该书遵循“以问题为中心”的思想史与哲学史研究相结合的独特方法，通过研究历史主义在人类思想史上的发展和嬗变，探讨价值相对主义与虚无主义产生的历史观根源。全书不仅系统研究了历史主义的兴起与发展的内在理路及其危机，而且批判性地考察了西方学者克服历史主义价值危机的方案，并从哲学层面给出了克服历史主义价值危机的出路——“走向公共性的价值秩序”。该书论题重大，论述深入，对于我们反思历史主义思潮、克服价值虚无主义具有重要的参考价值。该书是中国大陆第一部直接以历史主义为论题的哲学专著。

《当代大学生社会化探析》，陈锡敏著，首都经贸大学出版社2012年3月出版。该书运用社会学、心理学、教育学、伦理学、思想政治教育学等的理论和方法，引导大学生在面对价值追求多元化、道德多样性与法律局限性的社会现实时，努力提升自己的社会情感，深化爱国主义精神，秉承诚信的价

值，与老师、同学、父母融洽地相处，认真负责地寻求爱情、处理好恋爱中的相关问题，积极探索自己未来的就业方向和可能投身的事业领域。通过促进大学生认知、情感、心理、道德、法律、思想、人际关系的社会化，帮助大学生树立正确的世界观、人生观、价值观、道德观、法律观，以使他们形成健全的人格，促进大学生更好地适应大学生活，引导他们为将来的职业生活和婚姻家庭生活奠定良好的基础，并促使他们最终能成为社会所期许的人。

(二)科研工作的深入性、拓展性、可持续性

近 3 年来，科研工作的深入性、拓展性和可持续性所取得的主要进展如下：

第一，在马克思主义基础理论研究方面，主要取得了两个方面的进展：一是对中国特色经济学体系做了探索，产生了一些阶段性成果。如张宇教授发表的《中国政治经济学发展报告(2010 年)》(载《政治经济学评论》2011 年第 1 期)和《中国经济模式的政治经济学分析》(载《中国社会科学》2011 年第 3 期)，在国内学术界均产生了较大的影响。二是对马克思主义的整体研究有了新的进展。对马克思主义进行整体性研究，是马克思主义理论学科建立以来着手展开的工作，近 3 年来，这一研究又取得了一些新成果，如《马克思主义理论整体性的研究视角》(载《思想理论教育导刊》2010 年第 5 期)、《从整体性角度推进马克思主义大众化》(载《学术界》2010 年第 6 期)、《从整体性角度把握马克思主义》(载《甘肃社会科学》2010 年第 6 期)、《世界观、方法论与马克思主义基本原理的整体性》(载《教学与研究》2011 年第 12 期)、《整体性与马克思主义基本原理体系》(载《思想理论教育导刊》2011 年第 6 期)等学术论文，在学术界也产生了较大的影响。

第二，在当代中国的马克思主义——中国特色社会主义理论体系研究方面，取得了新进展。2010 年以来，研究基地的同志集中力量继续开展中国特色社会主义理论体系研究，先后发表了几十篇学术论文，有的是从整体上研究中国特色社会主义理论体系，有的是关注邓小平理论、“三个代表”重要思想、科学发展观的研究，还有的是研究中国特色社会主义经济、政治、文化、社会和党的建设方面的内容。由秦宣教授主编的《中国特色社会主义史》，近百万字，已于 2009 年 9 月由高等教育出版社出版，此书于 2012 年获得第六届吴玉章人文社会科学优秀成果奖。

第三，在马克思主义理论学科建设方面取得了新进展。自 2005 年设立马克思主义理论一级学科以来，中国人民大学先后取得了一级学科授予权，并

很快将此学科建设成为全国高校唯一的国家级一级重点学科。在2008年的一级学科评估过程中，中国人民大学的马克思主义理论一级学科排在全国第一位。在学科建设过程中，研究基地加强了对马克思主义理论学科的研究，由张雷声教授组织编写的《马克思主义理论学科体系建构与建设研究》一书，于2011年3月在中国经济出版社出版。此书由研究基地专职研究人员张雷声、梁树发、张新、秦宣、刘建军、张云飞、杨凤城、齐鹏飞等合作完成。此专著从马克思主义理论学科形成的基础分析入手，运用历史、理论与现实相结合的研究方法，逻辑与历史相统一的方法，以及文献梳理、实际调研和理论概括的方法，阐述了马克思主义理论一级学科的内在逻辑体系，以及所属的六个二级学科的研究范围、研究重点和学科建设方向，探讨了马克思主义理论学科的突出特征，讨论了马克思主义理论学科与思想政治理论课课程之间的关系，研究了马克思主义理论学科建设中的师资队伍、人才培养、学术交流等问题，并提出了一些相应的具体的建设性意见和建议。此专著是目前理论界第一部系统、全面研究马克思主义理论学科理论与实践问题的著作，也是中国人民大学在马克思主义理论学科研究上的一个标志性成果。此书获得了北京市第十二届哲学社会科学优秀成果一等奖。

（三）科研的辐射性

第一，研究基地在马克思主义基础理论研究方面取得的成果，已直接应用于马克思主义理论研究与建设工程，有些成果对党和国家决策产生了一定的影响。

第二，研究基地在科研方面的研究成果，直接服务于马克思主义哲学、政治经济学、中共党史、马克思主义理论学科建设，对全国相关学科的建设产生了积极作用。

第三，研究基地在思想政治理论教育研究方面取得的积极成果，对于推进高校思想政治理论课教育教学，培养中国特色社会主义事业建设者和接班人产生了积极作用。

第四，近3年来，研究基地研究人员，先后向教育部、中宣部、中办提交了近20份咨询报告，这些报告就如何深化对社会主义核心价值体系的研究、如何构建具有中国特色的社会主义核心价值体系、如何加强北京市城乡接合部党建工作、如何加强农民工党建工作等问题向党和政府提出了具体的对策和建议，其中有多份报告被采纳。

第五，研究基地近3年来，先后承担了近10项北京市哲学社会科学规划项目，如刘建军教授承担了“中国共产党的信仰建设研究”、齐鹏飞教授承担了“中共党史 90 年关于实现和维护国家统一的理论与实践及其基本经验研究”，杨凤城教授承担了“中国共产党关于‘什么是马克思主义、怎样对待马克思主义’的认识史研究”，陶文昭教授承担了“科学发展观第一要义研究”课题。这些课题的研究对于推进马克思主义理论研究起到了积极的作用。

（四）对本研究领域内学术水平、学科建设、队伍建设与人才培养的影响和作用

研究基地建设过程中，所进行的基础理论研究，尤其是关于马克思主义哲学、政治经济学、中国特色社会主义理论体系的研究所取得的积极成果，对于推进马克思主义理论研究的学术水平，推进相关学科建设，起到了十分重要的作用。

研究基地建立了从硕士生、博士生到博士后流动站的人才培养层次，所培养的人才到工作单位后均发挥了较好的作用。

（五）以科研为核心对科研为社会和企业服务的引领作用发挥的情况

在 2010—2012 年三年期间，研究基地在为首都经济和社会发展服务方面，主要做了以下一些事情：

第一，积极承担北京市哲学社会科学规划项目，近几年来，先后承担了近 10 项科研项目，此外还承担了部分企业委托项目，就北京加强世界城市建设、城乡基层党的组织建设、北京精神的学习与宣传等提出了对策和建设，为北京市经济社会发展做出了应有的贡献。

第二，服务于北京市理论宣传。研究基地成员中，有多名成员属于北京市讲师团成员，张宇、秦宣、梁树发、杨凤城、吴潜涛、刘建军、张新等先后深入北京市有关机关就党的十七届六中全会精神、科学发展观、党的执政能力建设、党的先进性教育、中国特色社会主义理论体系等内容进行宣讲活动，为推动北京市理论宣传活动做出了较大贡献。

第三，服务于北京市思想政治理论课建设。李景治、秦宣、刘建军、张新、王易等教授先后参加北京市思想政治理论课建设。张新教授组建了北京市思想政治理论课——毛泽东思想和中国特色社会主义理论体系工作室，王易教授组建了思想道德修养与法律基础工作室；秦宣教授等组建了北京市思想政治理论课教学团队。

三、以研究项目带动研究基地平台建设情况

（一）对研究基地定位和建设目标实现的自我评价

从近3年研究基地建设情况来看，研究基地定位十分恰当，研究基地建设目标正在逐步实现，而且再经过几年的发展，会形成良好的机制，产生更多的成果。研究基地的运作在基础理论研究与重大现实问题研究、学科建设与人才培养、服务教学与服务社会的结合方面，摸索出了一条成功之路，产生了良好的社会效益。

（二）对研究资源整合发挥作用情况的自我评价

从研究基地运作情况看，研究基地所涉及的几个单位的资源整合较好，在没有建立研究基地之前，我校哲学院、经济学院、国际关系学院及马克思主义学院，虽然都有一部分学者从事马克思主义理论研究，但一直分兵作战，彼此联系较少。研究基地自建立以来，以研究基地为平台，几个单位进行了良好的使用，尤其是合作举办学术讨论会，既整合了力量、提高了整体实力，又减少了资源浪费。通过几年的建设，我们认为，研究基地是一个很好的平台。这一研究平台的建立，对于下一阶段推进哲学社会科学的协同创新，必将产生更大的影响。

（三）研究基地在本研究领域中地位作用的自我评价

研究基地自建立以来，尤其是经过最近3年的建设，在学术领域、决策咨询、信息平台和人才培养方面均取得了一定的成绩，产生了良好的效果。就学术领域来说，在马克思主义哲学、政治经济学、科学社会主义等传统学科和新设立的马克思主义理论一级学科建设方面，均走在全国前列。在决策咨询方面，研究基地提供了一些决策咨询意见，先后受到上级机关的好评；在信息平台建设方面，资料库建设初具规模，网络建设正处在更新上台阶阶段；人才培养方面，已经培养的人才均受到用人单位的好评。

四、研究基地经费使用投入产出绩效分析

(一)研究基地平台条件建设经费投入对实际应用的作用发挥情况

研究基地成立后，经费来源多样化，北京市教委和北京市社科规划办的经费投入带动了学校和各院系的投入，研究人员的办公条件、硬件设备、学术交流等条件得到了明显改善。尤其是研究基地提供的出版资助，已经产生了良好的效果。近 3 年，先后资助出版了三本书，另外两本书也进入出版周期。下一个阶段，还将资助更多有价值的学术著作出版。这对研究基地的研究人员开展更深入的学术研究，具有重要的推动作用。

(二)研究基地科研经费(研究项目经费)投入和使用与研究基地科研成果产出的绩效

在近 3 年的建设过程中，研究基地的科研项目经费主要产生了以下作用：一是有效保证了各类学术活动的开展；二是有效保证了科研项目进行过程中购买图书资料的费用；三是有效保证了学术著作出版资助的费用；四是保证了研究基地运作过程中办公人员的劳务待遇。

(三)研究基地吸引社会资金投入科研所产生的效益情况

与前 3 年相比，研究基础在吸引社会资金进行科学研究方面取得了一定的进展。这主要体现在横向课题的增量上，近 3 年获得横向资助项目 10 余项，获得科研经费 40 多万元。

五、研究基地取得的突出成绩与经验

(一)研究基地建设的特色、成绩

研究基地建设的特色：(1)着眼于基础理论研究，从而有可能遏制基础理论逐步被边缘化的趋势；(2)着眼于马克思主义理论的整体研究，从而有可能遏制马克思主义被逐步肢解的趋势；(3)着眼于当代中国马克思主义的研究，

从而有利于推动马克思主义的中国化、时代化和大众化；(4)着眼于重大现实问题的研究，可以为党和国家的决策提供必要的咨询。

研究基地所取得的主要成绩：(1)初步产生了一系列研究成果；(2)召开学术会议，促进了马克思主义理论研究的学术交流：(3)积累了一部分研究资料，为下一阶段研究打下了良好的基础；(4)在学科建设、人才培养、社会服务方面，创新了机制，积累了一些宝贵的经验。

(二)研究基地的典型经验

经过长达6年两个阶段的建设，研究基地积累的典型经验是：

第一，哲学社会科学需要加强协同创新，只有进行协同创新才能攻克理论热点和难点，产生高质量的研究成果。

第二，理论研究必须与现实问题的研究结合，基础理论的研究有助于解决重大现实问题，现实问题的研究有助于提升理论研究的质量。

第三，学科建设必须与人才培养结合。只有把学科建设中的最新成果体现在人才培养上，学科建设的作用才会体现出来；只有在人才培养过程中加强学科建设，学科建设才能上新的台阶。

第四，“走出去”与“请进来”结合。哲学社会科学研究必须突破狭隘的视角，必须具有国际视野和国际眼光，为此必须让中国学者走出国门，把国外知名学者请进来，让中国学者了解当今世界的发展状况，拓展自己的视野。

六、研究基地建设存在的问题与解决办法

(一)目前研究基地科研平台建设中存在的主要问题

第一，虽然研究基地对校内外的研究力量进行了整合，但整合力度不够，还没有形成实力雄厚的创新团队，也没能产生出集研究基地全体研究力量集体攻关的高质量研究成果。

第二，研究经费使用不够灵活，有些开支难以支出，如出国考察、研究人员的劳务待遇、国外学者的差旅费及劳务费等，很难如实支出。

第三，研究基地缺少稳定的专职管理人员，日常管理面临着一系列问题。

第四，研究基地信息平台建设还比较分散，未形成适度规模，如果能将几个学院的图书资料集中起来，统一到学校图书馆，建立专门的马克思主义

理论研究图书室，可能效果更好。

第五，研究基地的网络建设还处于初始阶段，需要更多的经费投入和人力投入，如果能将几个单位的网络整合到一起，可能会产生更大的影响。

（二）进一步搞好研究基地平台建设的设计和对策

下一个阶段建设思路：第一，根据研究基地建设目标，尤其是根据党的十八大精神，根据党和国家关于繁荣发展哲学社会科学的意见，进一步凝练学科研究方向，明确下一阶段的具体任务。第二，进一步整合研究力量，围绕重大理论与现实问题展开集体攻关，产生对马克思主义理论研究、学科建设和人才培养有促进作用的高质量成果。第三，加强人才队伍建设，在未来3—5年时间内，进一步整合研究力量，适当扩大青年研究人才的规模，并尽可能地吸收国外学者参与研究基地重大课题的研究，逐步形成一支年龄结构、专业结构、职称结合合理的研究队伍，力争在研究基地的专职研究人员中产生出几名全国一流、世界知名的学术带头人和多名具有发展潜力的中青年学术骨干。第四，加强人才培养，利用马克思主义理论一级学科及相关学科的硕士点、博士点和博士后流动站，培养高质量的研究人才。第五，加强国际学术交流与合作，采取“引进来”与“走出去”相结合的方法，邀请国外学者到国内进行学术交流，鼓励研究基地研究人员积极参加国际学术交流，扩大马克思主义研究基地的国际影响。第六，加强图书资料和网络平台建设，为马克思主义理论研究提供条件支撑，同时充分展示研究基地的研究成果，让更多的学者了解研究基地，从而扩大研究基地的影响。第七，聘请专职管理人员，加强研究基地日常工作和网络管理。

七、研究基地建设下一阶段的设想

（一）对研究基地作为科研平台作用的认识和把握

通过近3年的建设，研究基地专兼职人员逐步有了责任意识、研究基地意识、整体意识、合作意识，对研究基地的作用有了更清醒的认识和把握。随着这种认识的加深，研究基地各专兼职人员的精力投入明显增多。这十分有利于下一个阶段的研究基地建设，也有利于产生更多的成果。

（二）研究基地继续建设的思路与目标

研究基地继续建设的需求分析：党的十八大进一步提出了马克思主义中国化、时代化、大众化的新任务，中央马克思主义理论研究与建设工程进入一个新的发展阶段，中国共产党作为执政党正着眼于建立学习型、服务型、创新型政党，中国作为一个逐步崛起的大国正在加强以马克思主义为指导的国家文化软实力建设，继续推进中国特色社会主义事业需要更多的理论创新和更多的创新人才，马克思主义理论学科建设正在进入一个新的以内涵发展为主的阶段。这一切对研究基地继续建设提出了更高的要求。目前，研究基础已经积累了一些经验，有了比较明确的思路；中国人民大学对马克思主义理论研究极为重视，学校“211”工程专门设有“马克思主义在当代的发展与创新”重大研究项目，资助经费近千万元。相信下一个阶段会产生更有影响力的成果，更好地推动经济社会发展。

下一个阶段的研究领域和研究方向，仍然集中在研究基地成立初期的研究领域和研究方向上，同时根据党和国家及中国特色社会主义事业发展的需要，增加马克思主义时代化研究方向，并将此研究方向纳入学校确立的研究项目之中。

下一个建设周期目标定位：在现有基础上，继续加大建设力度，充分发挥北京地区社科研究的人才优势，进一步整合社科研究力量，优化社科资源配置，加强科研管理，促进科研体制和机制创新，促进高校社科理论研究和社科理论队伍建设，以高质量的科研成果为首都的经济发展和社会进步提供智力支持和决策参考，力争再通过 3 年时间，把马克思主义研究基地建设成为全国知名、在国际上有一定影响力的研究基地。

北京能源发展研究基地二期建设报告

为了增强北京市能源发展决策的科学性，充分利用高等院校能源科研机构和平台，汇聚国内外能源行业的专家资源和信息资源，促进北京市能源全面、协调、可持续发展，北京市教育委员会和北京市哲学社会科学规划办公室组织有关专家，经全面考察、综合比较和严格评审，于 2006 年 11 月 1 日，正式批准在华北电力大学设立“北京能源发展研究基地”(以下简称“能源研究基地”)，聘任周凤翱担任研究基地主任、谭忠富担任首席专家，并于 2007 年 1 月 26 日正式授牌。能源研究基地经 2007—2009 年第一期建设，被评估验收为优秀研究基地。

一、研究基地建设基本情况

在 2010—2012 年第二期建设期间，能源研究基地共承担国家级科研项目 14 项，省部(市)级(含国际)科研项目 28 项，企业委托项目 110 项；出版能源类学术著作 16 部；发表能源类国际学术论文 61 篇，能源类国内学术期刊论文 256 篇；获省部级以上奖励 14 项；举办多次小型学术研讨会。能源研究基地达到第二期建设任务书中规定的目标。

(一)总体定位、研究领域、主要研究方向及建设目标

1. 总体定位

能源研究基地依托华北电力大学优势资源，秉持“聚能会源、咨政立言”的理念，聚集国内外能源专家，以国家和北京市能源发展重大理论和能源决策研究为中心，与国务院和北京市政府能源管理部门及其他相关部门紧密配合，为国家和北京市制定能源战略、能源规划、能源政策和能源法规提供理论研究成果和专家智力支持，逐步建成以科学研究、学术队伍建设、条件平台建设为重点，集科研、咨询、教学和培训于一体，具有学术原创力和决策影响力的能源科研机构。

2. 研究领域

能源研究基地研究领域包括：能源政策、能源立法、能源经济、能源管理、能源教育。

3. 研究方向

(1)北京市能源政策与立法研究。包括北京市能源战略、能源规划、能源政策、行政措施、地方性法规、地方政府规章等重大问题研究。

(2)北京市能源经济与管理研究。包括北京市能源体制、能源经济、能源产业、能源安全、能源供应、能源消费、能源标准、能源环保及低碳绿色发展等重大问题研究。

(3)中外能源政策与立法研究。包括主要国家的能源战略、能源规划、能源政策、行政措施、能源法律、行政法规及部门规章等重大问题研究。

(4)中外能源经济与管理研究。包括主要国家的能源体制、能源经济、能源产业、能源安全、能源供应、能源消费、能源标准、能源环保及低碳绿色发展等重大问题研究。

(5)中外能源教育与人才培养研究。包括主要国家能源教育与人才培养比较研究、节能教育的理论和实践研究、能源教育与人才培养模式研究、能源教育与人才培养课程体系研究等。

(6)能源企业管理与法律管控研究。包括能源企业的法人治理结构、发展战略、社会责任、企业文化、国有资产、知识产权、人力资源、财务会计、工程建设、采购销售、低碳发展等方面的企业管理与法律管控研究。

4. 建设目标

(1)总体目标：建成具有学术原创力和决策影响力的能源科研机构。

(2)第二期(2010 年 1 月至 2012 年 12 月)建设目标：

① 建设为国家和北京市能源决策提供政策、立法、管理、教育等理论支撑和专家支持的科研平台。

② 构建为国家和北京市能源决策提供政策、立法、管理、教育等专业咨询和高端服务的能源智库框架。

(二)研究基地组织结构

能源研究基地是由北京市教育委员会、北京市哲学社会科学规划办公室联合在华北电力大学设立，依托华北电力大学优势资源，挂靠人文与社会科学学院，并由学校科学技术研究院管理的实体化科技创新平台。能源研究基地设立学术委员会，实行主任负责制和首席专家制，并对在第一期建设中设立的 5 个管理组进行了整合调整，现内设行政管理部、课题管理部、论著管理部和成果管理部共 4 个管理部门，每个管理部门还设有专门的秘书和助理。依托能源研究基地成立的科研机构除了在第一期建设中成立的 5 个研究所/中心，第二期建设中还与生物质发电成套设备国家工程实验室联合成立了生物质能政策法律研究室。能源研究基地已经初步组织了一支由能源领域专家、教授、博士、硕士组成，勇于开拓，善于创新，能打硬仗的科研团队。

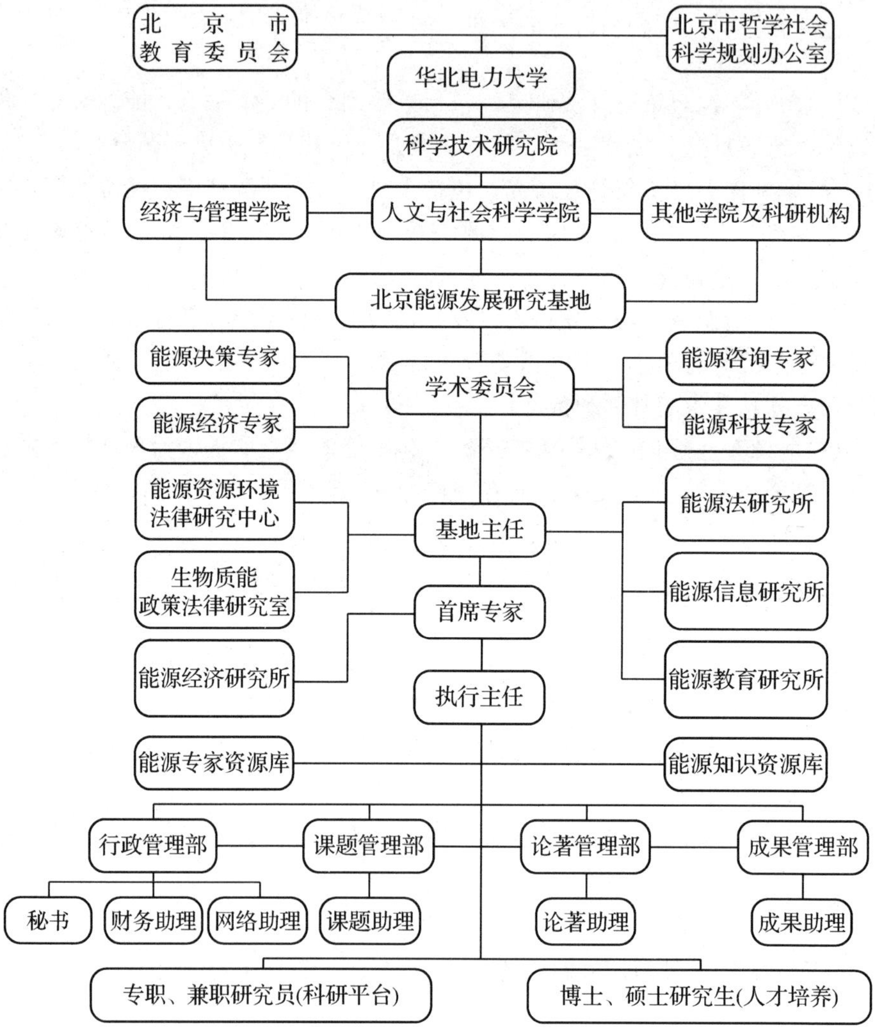

图 1　研究基地组织结构图

(三)学术委员会

学术委员会是能源研究基地学术研究的指导机构，负责能源研究基地学术研究的战略布局和重大决策。首席专家负责配合学术委员会组织开展学术研究工作。

目前，能源研究基地学术委员会由主任和委员共 7 人组成，所聘人员均为能源领域资深专家和学者。分别为：由国家能源专家咨询委员会委员、华北电力大学副校长杨勇平教授担任主任，由政府决策研究专家、国务院研究室工业交通贸易司原司长唐元研究员，校科学技术研究院檀勤良院长、经管学院牛东晓院长、人文学院蔡利民书记、经管学院谭忠富教授、人文学院周凤翱教授担任学术委员。

学术委员会的职责包括：制定和修改学术委员会章程；审议研究基地的学术研究方向及中长期科研发展规划；负责重大项目和其他开放研究课题的评审并决定资助金额；负责重大成果的评审鉴定工作；对重大课题经费的合理使用提出建议并实施监督；协调能源领域的重大学术活动。

(四)科研力量配备

1. 能源研究基地重要专家(10 人)

吴志功　北京能源发展研究基地学术带头人，能源教育专家。华北电力大学党委书记，教育学博士、研究员、博士生导师。2000 年起享受国务院政府特殊津贴。主要从事能源教育等领域研究。出版专著 2 部、编著 2 部、译著 3 部，发表学术论文 50 余篇，指导博士生、硕士生 30 余人。吴志功研究员在能源教育研究方面居于国内领先水平。

杨勇平　北京能源发展研究基地学术委员会主任、研究员，华北电力大学副校长，教授、博士生导师，教育部新世纪优秀人才，国家 973 项目“大型燃煤发电机组过程节能的基础研究”首席科学家，国家能源专家咨询委员会委员，电力节能教育部工程研究中心主任，能源的安全与清洁利用北京市重点实验室主任，科技部工业领域节能减排总体专家组成员。先后主持国家自然科学基金项目 2 项，教育部重大项目 1 项，北京市自然科学基金 1 项，教育部新世纪人才资助计划项目 1 项。出版专著 1 部，发表学术论文 100 余篇，授权发明专利 2 项。获得国家科技进步奖二等奖 1 项，教育部科技进步奖一等奖 1 项。在火电机组节能、电站空冷技术、能量系统分析优化、热经济学等方面研究处于国内先进水平。

唐　元　北京能源发展研究基地学术委员会委员、研究员，国务院研究室工交贸易司原司长。在能源部电科院获博士学位。曾任国家信息中心经济预测部副处长、国家经贸委研究室处长。主要从事宏观经济分析、区域发展、资源能源政策、国有企业改革等方面研究。在国务院研究室工作和担任能源研究基地学术委员期间，多次以白头稿、《送阅件》等形式，送国务院领导参考，并多次得到国务院总理、副总理的批示。先后获得国家科技进步奖二等奖一次，国务院研究室研究成果奖一等奖三次、二等奖四次。在能源政策方面研究处于国内领先水平。

牛东晓　北京能源发展研究基地学术委员会委员、研究员，长江学者、华北电力大学教授、博士生导师，经济管理学院院长，新世纪百千万人才工程国家级人选、国务院政府特殊津贴获得者和教育部新世纪优秀人才。主要从事电力技术经济及管理、电力负荷建模与预测、电网规划与建设评价、危机预警管理等方面研究。现任国际能源经济学会(IAEE)中国委员会常务理事、中国"双法"研究会能源经济与管理研究分会第一届常务理事、中国科学技术协会决策咨询专家、10个国内外学术期刊的编委和理事。先后负责了6项国家自然科学基金项目，获得省部级科技成果奖15项，发表论文200多篇(其中SCI收录30篇)，出版著作8部、教材2部。

谭忠富　北京能源发展研究基地首席专家、学术委员会委员。华北电力大学教授、博士生导师，教育部新世纪优秀人才，电力技术经济北京重点学科带头人，能源经济研究所所长。主要从事能源安全和电力经济等方面研究。先后主持5项国家自然科学基金项目、1项国家社会科学基金项目。现任中国能源学会能源系统工程专委会委员，担任8个国内外权威期刊审稿专家。谭忠富教授在电力经济领域研究方面处于国内先进水平。

周凤翱　北京能源发展研究基地主任、学术委员会委员，华北电力大学人文学院教授、经管学院能源管理专业博士生导师、校学术委员会委员，能源资源环境法律研究中心主任、能源法研究所所长、能源信息研究所所长、能源教育研究所所长，国家能源法专家、中国法学会能源法研究会常务理事、北京能源学会理事。《中华人民共和国原子能法》立法工作专家组副组长，《中华人民共和国能源法》、《中华人民共和国核电管理条例》、《中华人民共和国海洋石油天然气管道保护条例》等法律法规起草专家组常驻专家。多次担任中国法学会、司法部、国家能源局、北京市自然科学基金委等优秀成果评选或项目申报评审特聘专家。主要从事中国能源法、外国能源法、国际能源法，能源政策、能源体制、能源管理等方面研究。主持国家社科基金、司法部重点课题、国家能源办、国家能源局、商务部、国家电监会等部委，中国电力投资集团公司等能源企业，联合国开发计划署等国际组织，美国能源基金会、德国技术合作公司等国外机构委托研究课题 30 余项。出版主编、参编著作 13 部，发表论文 40 余篇。获国家能源局软科学研究优秀成果奖一等奖 1 项，其他省部级奖 2 项。

檀勤良 北京能源发展研究基地学术委员会委员，华北电力大学科学技术研究院常务副院长，副教授、硕士生导师，厦门大学劳动经济学研究中心兼职研究员。主要从事能源经济与政策等方面研究。先后主持或参与多项国家和省部级科研项目，在核心期刊发表了近 20 篇论文。

蔡利民 北京能源发展研究基地学术委员会委员，华北电力大学人文与社会科学学院书记，教授、硕士生导师。先后主持 5 项国家能源办、国家电网公司委托项目，参研 4 项国家级和省部级科研项目。

曾 鸣 北京能源发展研究基地能源专家，博士生导师，国务院政府特殊津贴获得者，担任中国电机工程学会高级会员、中国能源研究会理事、东南亚能源经济研究会理事。曾在欧共体能源经济研究所做高级访问学者，从事综合资源规划(IRP)及电力需求侧管理方面的国际合作研究。先后主持国家自然科学基金项目 5 项、科技部国家软科学项目 1 项、国家电力公司重大科技项目 1 项，出版专著 8 部，发表学术论文 100 多篇(其中被三大检索收录 50 多篇)，获省部级科学技术奖一等奖 1 项、二等奖 3 项、三等奖 1 项，多项科研成果被鉴定为国际先进水平。在能源政策领域研究处于国内先进水平。

黄庆业 北京能源发展研究基地执行主任、研究员。主要从事能源政策和能源立法等方面研究。主持北京市哲学社会科学规划重点项目 1 项，出版论著 4 部，发表论文 20 余篇。代表能源研究基地具体负责筹备、承办 2007 年 4 月 26 日于北京钓鱼台国宾馆召开的“中国能源法国际研讨会”(由国家能源办、国家发展和改革委、财政部和国务院法制办主办)，指导筹备、承办 2007 年 11 月 23 日于北京钓鱼台国宾馆召开的“中国农村能源发展国际研讨会”(由国家能源办主办)。

2. 能源研究基地专职和兼职研究人员(33 人)

姓 名	职务/职称	学历	研究方向
张绪刚	教授	博士	能源政策
方仲炳	副院长/教授	博士	能源法
王学棉	教授	博士	能源法

续表

姓　名	职务/职称	学历	研究方向
马卫华	教授	博士	能源法
朱晓红	教授	博士	能源政策
李　英	教授	博士	能源法
姚建平	教授	博士	能源政策
王　伟	副院长/副教授	博士	能源政策
曹治国	副教授	博士	能源法
赵保庆	副教授	博士	能源法
沈　磊	讲师	博士	能源法
付　荣	副教授	博士	能源法
刘敦南	副教授	博士	电力经济
王书生	副教授	硕士	能源法
刘玉红	副教授	博士	能源法
杨卫东	副教授	博士	能源法
陈维春	副教授	博士	能源法
刘向晖	副教授	博士	能源政策
赵　军	副教授	博士	能源政策
李玲玲	副教授	博士	能源政策
赵晓丽	教授	博士	能源经济
董　军	教授	博士	电力经济
何永秀	教授	博士	电力经济
赵会茹	教授	博士	电力经济
张兴平	副院长/教授	博士	技术经济
张素芳	教授	博士	能源经济
张福伟	副教授	博士	电力经济
韩金山	副教授	博士	能源经济
王永利	讲师	博士	能源经济
刘　达	讲师	博士	电力预测
张金良	讲师	博士	能源经济
Philip Andrews Speed	教授	博士	能源政策
颜汉荣	副教授	博士	能源政策

（五）研究基地以外有关科研力量的整合利用

研究基地专家资源库包括以下能源领域专家：

1. 华北电力大学能源领域院士(3人)

杨奇逊院士　华北电力大学电气工程学院教授、博士生导师，中国工程院首届院士，国家“有突出贡献的中青年科技专家”。中国微机继电保护创始人，我国电力系统继电保护领域著名专家。获得国家科技进步奖2项，省部级科技进步奖多项。主要研究方向：电力系统继电保护、变电站自动化。

黄其励院士　华北电力大学能源与动力工程学院教授、博士生导师，中国工程院院士，国家电力公司东北公司总工程师。曾获国家科技进步奖三等奖1项，部(省)级科技进步奖7项。目前承担国家级科研项目1项、省(部)级科研项目1项。主要研究方向：高效清洁燃烧及污染控制、能量系统分析与节能新技术。

陈蕴博院士　华北电力大学能源与动力工程学院教授、博士生导师，中国工程院院士，享受国务院政府特殊津贴，机械科学研究院副总工程师兼机械工程材料技术研究中心主任。1988年被评为国家有突出贡献中青年专家。曾荣获国家科技进步奖和发明奖4项次，省(部)级科技进步奖6项次，获重大科技成果奖数达10项次。主要研究方向：新能源材料研制。

2. 华北电力大学资源与环境研究院专家、学者

黄国和 博士，华北电力大学中加能源与环境研究中心中、加方主任。曾经担任过国家“973计划”项目首席专家。研究方向：能源与环境系统分析、能源与环境工程。

李　鱼 博士后，华北电力大学中加能源与环境研究中心教授、博士生导师。2005年加拿大里贾纳大学(University of Regina)博士后。研究方向：环境化学、环境规划与评价。

刘　磊 博士，华北电力大学中加能源与环境研究中心讲座教授。2002年加拿大里贾纳大学博士。研究方向：系统分析、污染控制等。

李建兵 博士，华北电力大学中加能源与环境研究中心讲座教授。2003年加拿大里贾纳大学博士。研究方向：环境工程、石油化工等。

陈　冰 博士后，华北电力大学中加能源与环境研究中心讲座教授。2005年加拿大里贾纳大学博士、博士后。研究方向：环境工程、能源系统分析等。

席北斗 博士，华北电力大学中加能源与环境研究中心兼职教授。中国环境科学研究院创新研究基地副研究员。2002 年清华大学博士，2003 年加拿大里贾纳大学博士后。研究方向：固体废物处理与资源化。

黄跃飞 博士，华北电力大学中加能源与环境研究中心兼职教授。清华大学水利系副教授。加拿大里贾纳大学博士。研究方向：流域水资源管理、土壤与地下水污染修复。

李永平 博士，华北电力大学中加能源与环境研究中心兼职教授。北京大学城市与环境学院研究员，博士生导师。加拿大里贾纳大学环境工程硕士、博士，加拿大达尔豪西大学(Dalhousie University)博士后。研究方向：环境系统分析、资源与环境管理。

3. 华北电力大学能源领域部分重要校友

史玉波　国家电力监管委员会副主席
沈国荣　南瑞继保电气有限公司董事长、中国工程院院士
王永干　中国电力企业联合会原秘书长
张成杰　中国国电集团公司总经理助理兼人力资源部主任
舒印彪　国家电网公司副总经理
张丽英　国家电网公司总工程师
王良友　中国南方电网有限责任公司副总经理
王日文　中国华电集团公司总经济师
杨　庆　中国大唐集团公司副总经理
毛　迅　北京国华发电有限公司副总经理
袁　德　中国电力投资集团公司总工程师

(六)研究基地承担项目情况

在 2010—2012 年期间，能源研究基地在能源管理方面先后承担了多个科研项目。

1. 研究基地承担的国家级科研项目(14 项)

序号	批准年度	项目名称	主持人	项目类别
1	2010	智能电网中适应不稳定大规模清洁能源发电的联合智能调度管理理论研究	牛东晓	国家自然科学基金

续表

序号	批准年度	项目名称	主持人	项目类别
2	2010	.节能减排目标下发电绩效置换交易优化模型与方法研究	谭忠富	国家自然科学基金
3	2010	低碳经济转型对企业行为影响经济分析动态模型	赵晓丽	国家自然科学基金
4	2010	国家杰出青年科学基金（热力学、节能理论与技术、先进能量系统）	杨勇平	国家自然科学基金
5	2010	中国工业低碳和绿色增长	牛东晓	国务院发展研究中心产业经济研究部课题
6	2010	基于协同知识挖掘的电力负荷预测理论研究	卢海燕	国家社科重大基金合作项目
7	2011	碳税对区域经济—环境—能源系统的影响机制研究及政策设计	张兴平	国家自然科学基金
8	2011	智能电网中的微网的电力需求侧管理研究	王永利	国家自然科学基金
9	2011	第二届复杂科学管理暨智能信息系统国际会议	牛东晓	国家自然科学基金
10	2011	后金融危机时期中国城镇贫困者问题与相关社会政策研究	姚建平	国家社会科学基金
11	2012	面向新能源大规模集中并网的电力系统协调规划理论模型及其 Multi-Agent 模拟分析方法研究	曾　鸣	国家自然科学基金
12	2012	基于低碳经济的能源价格体系动态优化理论与实证研究	何永秀	国家自然科学基金
13	2012	发电行业初始碳排放权分配及二级市场交易优化模型研究	张金良	国家自然科学基金
14	2012	煤电能源供应链风险递涨动因分析及风险控制模拟模型研究	谭忠富	国家自然科学基金

2. 研究基地承担的北京市社科规划项目(7项)

序号	批准年度	项目名称	主持人
1	2010	支持北京市绿色发展的能源政策体系研究	王　伟
2	2010	北京市全要素能源效率演变机理与效率优化研究	张兴平
3	2010	北京市社会企业发展现状及其促进策略研究——基于社会治理的视角	朱晓红
4	2011	北京市生物质能源产业现状与发展对策研究(重点项目)	檀勤良
5	2011	北京市废物管理法律制度研究	陈维春
6	2012	“十二五”期间北京地方电力立法研究	王学棉
7	2012	北京市分布式能源政策与立法研究——以紧急状态下北京市能源安全保障为视角	曹治国

3. 研究基地承担的(省部委)纵向科研项目(16项)

序号	批准年度	项目名称	负责人	项目类别
1	2010	新兴能源发展基础设施及其配套体系研究	曾　鸣	国家能源局子项目
2	2010	居民最低生活保障标准测算及调整机制研究	姚建平	民政部社会救助司项目
3	2010	国外石油基金法律制度比较研究	杨卫东	教育部人文社会科学研究一般项目
4	2010	刑事诉讼中目的不正当的公权力行为研究	赵旭光	教育部人文社会科学研究一般项目
5	2010	中国能源消费与环境污染的影响机理研究	刘小丽	教育部人文社会科学研究一般项目
6	2011	我国与世界主要国家风能发展的比较研究	杨勇平	国家能源局项目
7	2011	典型市场能源比价关系与能源预测预警	何永秀	国家能源局项目
8	2011	华北区域农村“两率”指标研究	杨卫东	国家电力监管委员会项目

续表

序号	批准年度	项目名称	负责人	项目类别
9	2011	可再生能源发电并网外部性分析及电价形成机制研究	赵会茹	教育部人文社会科学研究一般项目
10	2011	中国合同能源管理法律与实践	李　英	教育部高等学校社会科学发展研究“高校社科文库”著作出版资助计划
11	2011	基于 NDEA-Tobit 模型的风电产业链技术效率及其影响因素研究	檀勤良	教育部高等学校博士点基金项目
12	2011	北京市实现碳强度目标的能源价格政策研究与路径选择	何永秀	北京自然科学基金项目
13	2011	火电厂能效项目评估与推广	牛东晓	财政部咨询项目
14	2012	加强和规范依法行政研究——能源管理依法行政研究	周凤翱	国家能源局项目
15	2012	北京市促进新能源产业高端发展的立法保障及政策措施	周凤翱	国家能源局项目
16	2012	国外能源立法研究	周凤翱	国家能源局项目

4. 研究基地承担的国际项目(5 项)

序号	批准年度	项目名称	主持人	项目类别
1	2010	中国电力行业低碳技术中长期发展战略规划	曾　鸣	美国能源基金会
2	2010	亚洲农村分布式小风电有效利用	张素芳	亚洲开发银行
3	2010	支持战略性知识产品及研究网络	张素芳	亚洲开发银行
4	2011	促进东北电网风电大规模利用的综合管理措施研究	赵晓丽	美国能源基金会
5	2011	中国低碳电力技术中长期战略规划实施方案研究	曾　鸣	美国能源基金会

5. 研究基地自设项目(8 项)

序号	批准年度	项目名称	主持人	项目类别
1	2011	北京农村居民能源消费结构现状调查与分析	张超英	能源研究基地对外招标项目
2	2011	北京市可再生能源标准体系研究	李　彬	能源研究基地对外招标项目
3	2011	北京市“十二五”能源规划重大问题研究	张建民	能源研究基地对外招标项目
4	2011	中国风电设备制造业国际竞争力的培育：基于风电产业政策视角的思考	张素芳	能源研究基地对外招标项目
5	2011	生物质能政策问题研究	朱晓红	能源研究基地内部预研项目
6	2011	生物质能法律问题研究	赵保庆	能源研究基地内部预研项目
7	2011	国外能源污染防治研究	沈　磊	能源研究基地内部预研项目
8	2011	我国矿业权整合制度研究	曹治国	能源研究基地内部预研项目

(七)研究基地开展学术活动与学术交流情况

1.2010 年 3 月 26 日上午，能源研究基地赴北京农学院新农村建设研究基地进行学习调研活动。本次调研旨在学习了解北京市新农村建设研究基地的先进管理及运行经验。

2.2010 年 5 月 5 日下午，北京航空航天大学“首都高校党建研究基地”一行四人来能源研究基地交流取经。双方认为今后应多走动多交流，互相学习取长补短，共同为北京市的繁荣发展贡献力量。

3.2010 年 6 月 30 日，能源研究基地牵头组织并主办了以“提升我国油品质量”为主题的专家座谈会。参加座谈会的代表有国务院研究室、环保部、石油化工科学研究院、中国环境科学研究院、美国能源基金会相关领导和代表。各界专家就我国油品质量现状及其提升路径等问题进行了座谈研讨。座谈会取得了预期成果，能源研究基地的会务组织工作受到与会专家一致好评。

4.2010年7月29日，北京市科协、北京市社科联共同主办的“2010北京自然科学界、社会科学界联席会议高峰论坛”在紫玉饭店隆重举行。能源研究基地学术委员会主任杨勇平教授应邀出席了本次高峰论坛，并以《发展低碳经济与北京能源结构转变》为题做专题发言。杨勇平主任所做的专题发言既梳理了低碳经济的理念和内涵，又客观分析了北京市能源结构所面临的现实挑战，并提出了针对性的对策建议，对北京市政府相关部门科学决策具有重要参考价值，得到了与会领导和专家们的广泛好评。

5.2011年1月5日和2011年4月7—20日，英国邓迪大学(University of Dundee)能源、石油和矿业法律与政策研究中心前主任，Philip Andrews-Speed教授两次访问能源研究基地，通过开展教学、举办讲座、进行座谈等形式，与能源研究基地全体人员以及华北电力大学相关研究领域的老师、研究生进行了广泛和深入的学术交流。

6.2011年1月12日，香港理工大学颜汉荣博士访问能源研究基地并受聘担任能源研究基地兼职教授。颜汉荣博士以香港电力市场改革为主题向能源研究基地人员做了专题学术报告，与会人员和颜汉荣博士进行了深入的学术交流和探讨。

7.2011年11月12日，北京国际法学会2011年年会在北京裕龙大酒店举行。能源研究基地主任周凤翱教授代表研究基地做了“日本福岛核泄漏涉及的国际法问题”的专题发言。

8. 2012年5月27日，华北电力大学现代电力研究院与“新能源电力系统”国家重点实验室联合举办“现代能源发展论坛”。本次论坛主题为“智能电网与新能源电力安全高效利用”，参会代表分别来自政府机构、能源企业、科研机构及国内外高校，周凤翱主任及能源研究基地部分研究人员出席了该次论坛。

9. 2012年6月27日，国家能源局与亚洲开发银行于北京唐拉雅秀酒店召开“中国能源法规体系建设”项目启动会，能源研究基地周凤翱主任被聘为该项目特聘的能源法国际专家，并与曹治国、沈磊一起出席会议，提交项目的开题报告和第一期成果。

10. 2012年9月22—24日，中国法学会能源法研究会在北京国宏宾馆举行首届“低碳发展与法律制度构建海峡两岸学术会议”，会议主题是“低碳发展与法律制度构建”。能源研究基地主任周凤翱教授应邀出席会议，并做了“我国大陆电力行业低碳发展的政策与法制保障”的专题演讲。

11. 2012年10月26—27日，由中国技术经济学会、华北电力大学经济与管理学院、华北电力大学中国电力经济与管理研究中心、武汉大学复杂科学管理研究中心、加拿大多伦多大学风险中国管理研究中心和海华学会联合主办的第三届复杂科学管理暨系统工程风险管理国际会议在加拿大多伦多大学召开。能源研究基地学术委员牛东晓教授任大会主席。

12. 2012 年 11 月 17—18 日，中国社会科学院国际法研究所在北京鑫海锦江大酒店举办“第九届国际法论坛：发展中的国际法与全球治理”，探讨全球治理背景下国际法的新发展、新动向和新趋势。能源研究基地周凤翱主任代表研究基地出席会议，并做了“我国原子能立法问题研究”的专题演讲。

（八）科研队伍建设与人才培养情况

1. 研究基地首席专家和学术带头人（10 人）

序号	姓名	性别	年龄	最后学位	最后学位授予单位	原学学科	现从事专业	获得国家或省部级人才计划等荣誉
1	周凤翱	男	48	博士	中国人民大学	法学	能源法	国家能源法专家
2	谭忠富	男	48	博士	大连理工大学	应用数学	电力经济	教育部“新世纪优秀人才”
3	吴志功	男	57	博士	北京师范大学	教育管理	能源教育管理	国务院政府特殊津贴
4	杨勇平	男	45	博士	中国科学院	动力工程	发电节能	“973 计划”项目首席科学家
5	唐　元	男	50	博士	中国科学院	技术经济	能源政策	国务院政府特殊津贴
6	牛东晓	男	50	博士	华北电力大学	应用数学	技术经济	“长江学者”特聘教授、国家“百千万人才工程”国家级人选
7	曾　鸣	男	55	硕士	华北电力大学	动力工程	能源经济	国务院政府特殊津贴
8	蔡利民	男	48	硕士	北京大学	哲学	能源政治	教授
9	檀勤良	男	36	博士	厦门大学	经济学	能源经济政策	副教授
10	黄庆业	女	61	硕士	华北电力大学	思想政治教育	能源立法	研究员

2. 队伍结构与团队建设(33 人)

序号	姓 名	性别	年龄	最后学位	最后学位授予单位	原学学科	现从事专业	专业技术职称	来研究基地工作时间
1	马卫华	男	60	博士	德国雷根斯堡大学	国际法	能源法	教　授	2007 年 1 月
2	方仲炳	男	48	硕士	武汉大学	刑法学	能源法	教　授	2007 年 1 月
3	朱晓红	女	40	博士	中国人民大学	行政管理学	能源政策	教　授	2008 年 1 月
4	李　英	女	48	硕士	武汉大学	国际法	能源法	教　授	2007 年 1 月
5	张绪刚	男	49	博士	中国人民大学	政治学	能源政策	教　授	2007 年 1 月
6	王学棉	男	40	博士	清华大学	诉讼法	能源法	教　授	2007 年 1 月
7	董　军	女	48	博士	瑞士洛桑联邦理工大学	电力自动化	技术经济	教　授	2007 年 6 月
8	赵会茹	女	49	博士	华北电力大学	电力自动化	技术经济	教　授	2007 年 6 月
9	张兴平	男	40	博士	中国矿业大学	技术经济	能源经济	教　授	2007 年 10 月
10	何永秀	女	42	博士	华北电力大学	电力系统自动化	电力经济	教　授	2011 年 1 月
11	赵晓丽	女	41	博士	哈尔滨工业大学	贸易管理	能源经济	教　授	2007 年 10 月
12	张素芳	女	47	博士	华北电力大学	国际贸易	能源经济	教　授	2011 年 1 月
13	赵保庆	男	48	博士	中国社科院	法学理论	能源法	副教授	2007 年 1 月
14	曹治国	男	35	博士	清华大学	民商法	能源法	副教授	2007 年 1 月
15	王　伟	男	34	博士	北京师范大学	行政管理学	能源监管	副教授	2007 年 1 月
16	王书生	男	40	硕士	首都经济贸易大学	经济法	能源法	副教授	2007 年 1 月
17	付　荣	女	31	博士	中央民族大学	国际法	能源法	副教授	2008 年 1 月
18	刘玉红	女	38	博士	中国人民大学	民法	能源法	副教授	2007 年 1 月
19	杨卫东	男	43	博士	中国社科院	国际法	能源法	副教授	2007 年 1 月
20	刘向晖	女	39	博士	中国社科院	行政管理学	能源政策	副教授	2008 年 1 月
21	姚建平	男	39	博士	中国人民大学	社会保障	能源消费	副教授	2008 年 1 月
22	赵　军	男	40	硕士	华北电力大学	技术经济	能源经济	副教授	2008 年 1 月
23	李玲玲	女	35	博士	北京大学	行政管理	能源管理	副教授	2008 年 1 月
24	陈维春	男	48	博士	武汉大学	环境法学	能源与环境	副教授	2008 年 1 月

续表

序号	姓名	性别	年龄	最后学位	最后学位授予单位	原学学科	现从事专业	专业技术职称	来研究基地工作时间
25	韩金山	男	45	博士	天津大学	应用数学	电力经济	副教授	2007年6月
26	张福伟	男	44	博士	北京科技大学	技术经济	电力经济	副教授	2011年1月
27	刘敦南	男	33	博士	清华大学	电力自动化	电力经济	副教授	2007年6月
28	刘　达	男	30	博士	华北电力大学	企业管理	能源经济	副教授	2012年1月
29	沈　磊	男	32	博士	英国南安普顿大学	国际法	能源法	讲　师	2010年1月
30	王永利	男	31	博士	华北电力大学	企业管理	电力经济	讲　师	2012年1月
31	张金良	男	31	博士	华北电力大学	应用数学	电力经济	讲　师	2012年1月
32	Philip Andrews-Speed	男	58	博士	英国剑桥大学	法学	能源政策	教　授	2011年1月
33	颜汉荣	男	59	博士	英国斯特拉斯克莱德大学	电力系统自动化	能源政策	副教授	2011年1月

3. 人才培养

类　别	在读(人)	已毕业(人)	发表论文和获奖情况
博士后	6	2	获得省部级二等奖1次
博士生	25	22	发表论文60篇
硕士生	80	60	发表论文70篇
其他(进修)	1	1	

能源研究基地通过国外引进、出国进修、学术交流等方式，培养了一批专业知识系统、治学态度严谨、科研成果创新的中青年优秀科研骨干人才。

研究基地选派1名教师(刘向晖)赴美国哈佛大学做访问学者，选派1名教师(张兴平)赴美国波士顿大学做访问学者，选派1名教师(赵晓丽)赴美国密歇根大学做访问学者，选派1名教师(张素芳)赴加拿大卡尔顿大学可再生能源研究中心，选派1名教师(王伟)赴美国特拉华大学能源与环境政策研究中心做访问学者，选派1名教师(姚建平)赴澳大利亚新南威尔士大学做专项研究，3个博士生赴美国、英国、加拿大交流学习，1个博士生赴香港理工大学交流学习。

2010年，研究基地引进留英博士(沈磊)1人；2011年，引进英国邓迪大学能源研究中心(CEPMLP)主任 Philip Andrews-Speed 教授、香港理工大学颜汉荣(HW Ngan)博士担任兼职教授；2012年，引进清华大学博士1人(胡光宇)。

研究基地目前拥有1名“长江学者”(牛东晓)、5名“教育部新世纪优秀人才”(杨勇平、谭忠富、牛东晓、董军、张兴平)、1名“国家百千万人才工程”国家级人选人才(牛东晓)。

(九)科研信息数据平台建设、网页建设情况

1. 科研信息数据平台建设情况

能源研究基地科研信息数据平台建设最具特色的是专家资源库与知识资源库的建立。

到目前为止，能源研究基地专家涉及华北电力大学本校能源领域的杨奇逊、黄其励、陈蕴博3位院士，另有能源领域的博士生导师、现代电力研究院专家、资源与环境研究院专家、能源法律研究方面的专家、华北电力大学各届校友理事会专家以及出席各种重大能源研讨会议的专家共380多位，这些丰富的专家资源，构成能源研究基地建设的主要特色。

能源研究基地网站的知识资源包括能源百科知识(来源于《能源百科全书》)、能源研究基地电子图书资源(4万余篇能源资源方面的论文、专题报告、硕士和博士论文，国际最新能源经济、能源法电子图书300多册)、高校图书馆资源(清华、北大、人大等)、首都图书馆资源、国家图书馆资源、华北电力大学图书馆资源等。能源研究基地工作动态及科研成果则以《北京能源发展研究基地工作简报》、《北京能源发展研究基地成果简报》和《北京能源发展研究基地决策咨询参考》的形式展现。

能源研究基地除自身拥有的涵盖了各能源领域最新理论成果的图书(含电子图书)6000余册外，还与学校图书馆实现了资源共享。学校图书馆自2006年年底起与研究基地共建图书资源库，仅与能源研究基地科研密切相关的中文能源类图书现有3500多册；英文、德文、韩文等外文图书600余册，能源权威期刊34种，刊登能源论文的管理权威期刊21种；核心期刊18种，国际权威期刊22种。

2. 能源研究基地网站建设情况

能源研究基地于2007年7月建设并开通了“北京能源发展研究基地网站

（网址：http：//www.bjnyjd.com/）”，并进行了多次改版、更新。能源研究基地网站在横向上分列为15个重点栏目：“基地概况”、“基地动态”、“重要文献”、“聚焦北京”、“基地专家”、“基地建言”、“基地成果”、“专家资源”、“知识资源”、“基地规章”、“政策法规”、“能源网址”、“信息搜索”、“访客留言”。

2011年，能源研究基地针对研究基地网站访问速度慢这一突出问题，购买了独立的网络服务器，放置于学校网络信息中心并委托其维护管理，从而大大提高了网站访问速度，彻底解决了网站访问速度慢的问题，也便利了研究基地对网站的日常信息更新与维护。

为了提高网站信息的更新速度，能源研究基地业已建立图书期刊等资料和网络信息的定期收集、整理和汇报制度，并且制定了《北京能源发展研究基地网站管理办法》，对研究基地网站信息的更新实行规范化运作。由研究基地行政管理部负责对研究基地网站信息进行至少每周1次的定期更新，确保全面及时地反映本研究领域的最新动态、重要规划文件、研究基地的科研活动和科研成果，以使网站能够充分发挥对外展示和交流的窗口作用。目前，研究基地网站已经拥有稳定的数量、可观的点击量。研究基地将进一步建设完备的网络硬件和软件设施，为打造能源领域种类齐全、工具先进的信息资料库奠定良好基础。

（十）研究基地管理制度和运行机制

1. 管理制度

为了促进能源研究基地规范化发展，落实“项目管理和岗位管理相结合，强化激励，加强责任”的运行机制，结合建设目标，对第一期原有的制度进行了修订和完善，制定了新的规章制度。具体包括：

（1）完善修订《北京能源发展研究基地管理办法》。该办法确立了新的“项目管理和岗位管理相结合，强化激励，加强责任”的运行机制；确定了第二期建设目标；建立了分类分部门行政管理体制，并明确界定相关职责；建立学术会议制度，进一步加强研究基地内外科研交流。

（2）制定《聘任人员管理规定》，实施分类管理。对于聘任人员，明确其岗位职责，严格考核奖惩机制。对于聘用人员则根据科研协作合同对聘用人员进行管理，采用开放模式，施行研究基地主动聘请国内外能源高端人才和自行向研究基地申请的双向机制，进一步吸收校内外的知名专家、学者和政府官员，加强文理合作、校内外合作、研究机构与政府部门和企事业单位合作。

(3)制定《课题招标管理办法》，尝试开展课题招标工作。根据该办法，在“招标课题的招标、申请与评审”阶段，实行公开、公平、公正的原则，鼓励研究基地内外科研人员协作申请课题。在“招标课题的管理”阶段，除加强定期检查外，明确提出验收条件应提出具有应用价值的决策建议和政府执行报告，并对研究成果标准进行严格要求。

(4)制定《科技成果管理办法》，加强科研成果的管理工作。该办法首先明确了成果管理部门的职责，其次对科技成果的知识产权保护做出专门规定，再次对成果的推广应用做出规定，最后对研究基地科研、科技成果推广应用和咨询等工作的奖励进行规定。有利于研究基地科技成果的转化和推广，进一步提升研究基地在国内外的影响力。

(5)制定《论著管理办法》。该办法首先对能源类学术论著的采集和管理工作做出规定，其次对能源研究基地研究人员论著的撰写及出版(发表)的资助与管理工作进行规定。能源研究基地设立学术论著专项资助基金，以提高能源研究基地研究人员从事科研的积极性，促进能源研究基地的建设和发展。

(6)制定《办公室管理办法》、《简报管理办法》、《网站管理办法》、《文书管理办法》等制度，分别对办公室各项事务管理流程、简报的制作和发送、网站管理、文档和档案的管理进行了详细规定，进一步健全研究基地行政管理制度，为研究基地科研提供有力的后勤保障。

目前，能源研究基地共制定了 24 项规章制度，并通过《关于能源科研资助和科研协作的规定》、《研究基地建设项目科研协作合同书》、《关于预研论文的写作说明与要求》、《关于预研著作的写作说明与要求》等规定，对研究基地管理制度的创新进行了有益探索。

2. 科研项目管理

(1)研究基地对科研项目实行流程管理。① 由学术委员会确定研究方向和课题预研项目；② 面向校内外研究人员开放研究课题，公开申报，由学术委员会最终确定项目负责人和经费投入；③ 每一个项目负责人对课题研究涉及的知识产权、政策方针、理论甄别等负有个人把关的责任；④ 研究基地对项目进度实行跟踪管理，组织项目验收；⑤ 学校财务处对科研经费实行统一管理。

(2)研究基地实行预研课题经费激励机制。如规定“预研论文或课题在其所属学科核心期刊发表或者获北京市或有关部门厅局级领导肯定性批示的，研究基地可以向预研人追加稿酬最高至 2000 元；预研论文或课题获北京市或有关部门省部级领导肯定性批示的，研究基地可以向预研人追加稿酬最高至

5000 元，如研究基地因此获得研究课题的，预研人可以作为课题负责人之一。预研人以预研论文或课题为基础申报相关课题的，须事先经研究基地书面同意，预研人可以作为拟申报课题的负责人之一”。

(3)研究基地实行科研协作和预研课题合同管理，并积极探索解决知识产权问题。如关于“开发研究基地科研资源”和“承担研究基地分解项目”的知识产权以及关于“利用研究基地科研条件(包括带项目或科研成果进研究基地)”的知识产权，均规定该类科研成果全部或部分内容发表、出版的，须注明“本项科研成果(论文、著作)得到北京市教育委员会资助”字样，且作者单位署名中应包含“北京能源发展研究基地”等相关内容。

3. 研究基地管理与运行机制

能源研究基地在华北电力大学内部是校属实体化科研团队之一，由学校和学院(人文学院和经管学院)共建，挂靠人文学院，研究基地主任就人、财、物等重大管理决策向人文学院领导汇报并共同讨论决定。研究基地由主管科研工作的副校长归口管理，建立了由学校科学技术研究院负责协调研究基地的管理和运行的机制，即由科学技术研究院对研究基地的建设和运行工作进行统一指导和管理，并负责协调相关学院和单位的工作，负责对研究基地进行考核、专家评审、课题检查评估及专项经费资助等项工作。

研究基地实行主任负责制，其主要职责是负责制定并实施研究基地学术发展和全面建设规划、各项管理规章制度；负责提名副主任聘任人选；负责聘任专兼职研究人员、科研秘书及管理人员；负责研究基地日常管理，筹集和批准使用经费；负责向各级主管部门汇报工作。研究基地的日常办公管理由执行主任协助主任负责。执行主任由研究基地主任提名并报人文学院任命。研究基地内设行政管理部、课题管理部、论著管理部、成果管理部等，各部门在主任统一领导下，分工负责，协同配合，围绕研究基地建设发展目标，共同促进研究基地发展。

学术委员会是研究基地学术研究的指导机构。由主任和委员共 7 人组成，所聘人员均为能源领域资深的专家和学者。学术委员会可以聘任秘书 1 人。学术委员会的职责包括：制定和修改学术委员会章程；审议研究基地的学术研究方向及中长期科研发展规划；负责重大项目和其他开放研究课题的评审并决定资助金额；负责重大成果的评审鉴定工作；对重大课题经费的合理使用提出建议并实施监督；协调能源领域的重大学术活动。

此外，华北电力大学作为能源研究基地依托单位，专门给予研究基地独立的建制，并在研究基地于 2010 年 6 月迁入教三楼后安排了约 250 平方米的办公用房，并配备相应的办公设施和用品，在重大专项经费方面也给予了相应的奖励支持等。

4. 对外课题招标机制

为了充分利用校内外智力资源，实现能源决策的理论研究与实践应用紧密结合，能源研究基地建立了对外课题招标机制。

(1)选题方向。包括：我国"十二五"能源规划重大问题研究；我国发展战略性新兴能源产业重大问题研究；北京市"十二五"能源规划重大问题研究；"绿色北京"建设重大问题研究；北京市"建设新能源中心"重大问题研究。

(2)资助金额。单项课题资助额度为人民币1—3万元。申请人应根据研究工作的需要做出合理的经费预算。

(3)申请人条件。包括：一是课题申请人应为组织课题研究并从事具体研究工作的专家、学者或政府相关部门的行政管理人员；二是课题申请人应具有博士学位或副高以上职称，并具有与拟申报课题相关的研究成果或工作基础；三是每个申请人只限申报一个课题。

(4)课题研究期限。自课题批准立项之日起12个月。能源研究基地可根据项目成果应用需要，决定对项目进展情况进行中期检查或考核。

(5)课题成果要求。提交课题报告1份，其中，资助金额为3万元的项目，课题报告应达到书稿的相关要求，以供能源研究基地出版学术论丛时备选；提炼课题研究执行报告(内容摘要)1份，不少于8000字；提炼政府能源决策建议3份，每份不少于5000字；发表CSSCI检索论文1篇及以上；以课题为基础经提炼出版或发表的研究成果(包括论文、著作和研究报告等)应符合能源研究基地的相关规定，否则项目检查及鉴定结项不予通过。

第二期建设中投标的单位包括：国家发展和改革委能源研究所、北京工业大学、北京石油化工学院、华北电力大学、北京市社科院、北京科技情报研究所。其中，北京工业大学完成的课题报告获得了北京市发展和改革委能源处的采纳和吸收。

(十一)研究基地合作单位的协作状况

能源研究基地要实现科学研究、学术队伍建设、条件平台建设齐头并进，必须抓住核心环节即科学研究；科学研究的制高点在切合国家和北京市能源发展决策的需要，切入点在于与国务院和北京市能源管理部门建立密切联系，与国内外能源专家密切沟通，及时掌握国内外能源研究的最新动态，科学把握能源发展的大趋势。因此，能源研究基地通过聘请政府决策研究专家担任学术委员与国务院研究室建立了科研合作关系；通过担任国家能源咨询委员会委员，起草和制定《中华人民共和国能源法》、《核电管理条例》、《中华人民共和国原子能法》，与国家能源专家咨询委员会、国家能源委、国家能源局、国家发展和改革委、国家电力监管委员会、商务部、工信部、国资委等国务院有关部门建立了成果转化通道，与国家电网公司、大型电力集团公司、中石油、中海油、中煤集团、中核集团、中广核、国家核电技术公司能源企业建立了密切关系；通过建设能源研究基地，与北京市发展和改革委能源处、经济和信息化委员会等市政府相关部门及法治政府研究基地、北京交通发展研究基地等建立了良好合作关系；通过研究基地自设课题招标，与北京工业大学、北京市发展和改革委等进行合作；通过参加或举办能源政策和立法会议，与国家发改委能源研究所、宏观经济研究院、清华大学资源环境研究中心、中国石油大学、中国矿业大学等高等院校，与80多位中外能源专家建立了联系，并承担联合国开发计划署、美国能源基金会、德国技术合作公司等国际组织和国外机构的近10项课题研究；通过“派出去、请进来”，与加拿大卡尔顿大学、多伦多大学、里贾纳大学，美国麻省理工学院、赖斯大学、波士顿大学、伊利诺伊理工大学、密执根州立大学、普渡大学、印第安纳州立大学、福特汉姆大学、美利坚大学、南卡罗莱纳大学、华盛顿大学、特拉华大学，英国邓迪大学，澳大利亚新南威尔士大学，我国香港理工大学建立了良好合作关系。

研究基地科研资源运营的最大特色就是以能源立法和政策制定为平台，以各种研讨会为契机，建立专家资源信息和联系渠道，根据选题需要联合国内外著名能源专家参加课题申报和投标，以课题研究引领学术队伍建设，以课题经费支撑条件平台建设；以研究基地科研人员出国访学，了解国际和国内能源科研前沿动态，提炼课题预研方向，从而实现科学研究、学术队伍、条件平台三位一体的建设水平。

（十二）研究基地决策咨询与社会服务情况

研究基地研究人员在科研项目中紧密结合社会需求与国民经济发展需要，将基础性研究与应用型研究紧密结合，积极为地方政府与企业提供服务与咨询，近3年承担企业委托课题110项(计3469.70万元)，代表性课题有：

项目名称	负责人	委托单位	经费（万元）
节能发电调度方案分析、优化和政策建议	董　军	中国社会科学院工业经济研究所	20
青海省电力公司"十二五"发展战略管理	牛东晓	青海省电力公司	35
配电网自愈技术及其技术经济评价研究	赵会茹	福建省电力有限公司厦门电业局	22.8
智慧型电厂建设规划与管理系统开发研究	张福伟	河北大唐王滩发电有限责任公司	25
低碳经济对电力行业的影响及集团公司应对策略研究	周凤翱	中国电力投资集团公司	30
鄂尔多斯能源资源开发与环境保护机制研究	马卫华	内蒙古自治区鄂尔多斯市环境保护局	20
国际海洋环境保护法的发展及我国对策研究	陈维春	国家海洋局	5
公平发展与公共治理研究	朱晓红	欧盟与中国政府合作重大项目	1.52万美元
我国能源供需格局指标体系研究及分析软件开发	牛东晓	国网能源研究院	29
低碳背景下电源电网协调规划理论及方法研究	曾　鸣	河北省电力公司	90
华北区域电力业务行政许可监管等法律风险防范机制研究	郭　堃 杨卫东	国家电力监管委员会华北监管局	12
用户智能响应行为分析及智能配电方案研究	何永秀	宁夏银川供电局	35
中国万向新疆化肥能源研究基地电力发展专题研究	张兴平	中国国际工程咨询公司	20
法律法规对集团公司影响研究	周凤翱	中国电力投资集团公司	45
河南电网省内外购售电交易风险预警与防控模型	谭忠富	河南省电力公司	60
电力行业与社会舆论和谐互动机制研究	朱晓红	中国电力企业联合会	5

续表

项目名称	负责人	委托单位	经费（万元）
电力企业低碳发展的制度构建研究	周凤翱	中国电力投资集团公司	20
委托法律影响研究评价专项法律服务	周凤翱	中国电力投资集团公司	48
新疆无电地区电网规划经济性研究	曾　鸣	新疆电力公司	97
国电电力发电企业投融资法律风险研究	王学棉 方仲炳	国电电力云南新能源开发有限公司	9
国电电力企业内部劳动关系及员工管理法律风险防控机制研究	王学棉 方仲炳	国电电力和禹水电开发公司	8

近 3 年，研究基地的 8 项科研成果被实际部门采纳：

成果名称	采纳单位	时间	作者	作者排序
社会组织人事管理公共政策研究	民政部	2010 年 2 月 1 日	朱晓红	1
中国工业协会社会责任指南	中国工业经济联合会	2010 年 6 月 1 日	朱晓红	1
低碳经济对电力行业的影响及集团公司应对策略研究	中国电力投资集团公司	2011 年 4 月 28 日	周凤翱 谭忠富	1/5
低碳时代的中国能源政策发展研究	国家能源局	2011 年 5 月 4 日	王　伟	1
城市经济发展与电力需求预测及电网规划研究	湖南常德鼎城电力局	2011 年 12 月 31 日	何永秀	1
法律法规对集团公司影响研究	中国电力投资集团公司	2012 年 9 月 3 日	周凤翱	1
北京市可再生能源标准体系初步研究	北京市发展与改革委员会	2012 年 9 月 12 日	李　彬	1
行业协会社会责任调查研究 行业协会社会责任标准指南	民政部民间组织管理局	2012 年 11 月 30 日	朱晓红	1

二、研究基地科研水平和科研能力情况

(一)研究基地科研水平和科研能力情况

研究基地学者紧密跟踪国家能源管理研究需求，将能源发展理论与能源发展实践紧密结合，在第二期建设中，能源研究基地出版了能源类学术著作16部，发表了能源类国际学术论文61篇，能源类国内学术期刊论文256篇，获省部级以上奖励14项。与第一期建设相比，科研水平和科研能力都得到了显著提升。

1. 研究基地人员出版的能源类学术著作(16部)

序号	作者(顺序)	书名	类别	出版社	时间
1	牛东晓	应对灾害电网危机管理	编著	中国电力出版社	2010年5月
2	牛东晓(1)	火力发电项目后评价方法及应用	编著	中国电力出版社	2010年3月
3	牛东晓	火电企业价值链战略成本管理	专著	辽宁大学出版社	2010年9月
4	赵晓丽	产业结构调整与节能减排	专著	知识产权出版社	2011年5月
5	杨勇平	分布式能量系统	编著	化学工业出版社	2011年2月
6	何永秀(1)	电力综合评价方法及应用	编著	中国电力出版社	2011年10月
7	牛东晓(1)	发电集团公司资本运营战略决策与评价	专著	中国电力出版社	2011年12月
8	王　伟(1)	低碳时代的中国能源发展政策研究	专著	中国经济出版社	2011年1月
9	曾　鸣	电力需求侧响应原理及其在电力市场中的应用	专著	中国电力出版社	2011年3月
10	李　英	合同能源管理法律与实践	专著	光明日报出版社	2011年4月
11	周凤翱(1) 赵保庆(2) 朱晓红(3)	生物质能源政策与法律问题研究	专著	上海科学技术出版社	2012年11月

续表

序号	作者(顺序)	书名	类别	出版社	时间
12	周凤翱(1) 沈 磊(2)	国外能源污染防治立法研究	专著	中国电力出版社	2012 年 12 月
13	周凤翱(1) 曹治国(2)	北京市能源发展重大问题研究	主编	中国电力出版社	2012 年 12 月
14	周凤翱(2) 曹治国(3)	发电集团法律管控研究	编著	中国电力出版社	2012 年 12 月
15	周凤翱(2) 曹治国(3)	电力行业低碳发展政策与法律问题研究	编著	中国电力出版社	2012 年 12 月
16	谭忠富(1)	能源合理消费政策模拟分析模型研究——以北京为例	专著	中国电力出版社	2012 年 12 月

2. 能源类代表性国际学术论文(10 篇)

序号	论文名称	出版刊物	出版时间	作者	作者排序
1	Examining the driving forces for improving China's CO_2 emission intensity using the decomposing method	Applied Energy (SCI 检索)	2011，88(12)	谭忠富	1
2	Day-ahead electricity price forecasting using wavelet transform combined with ARIMA and GARCH models	Applied Energy (SCI 检索)	2010，87(11)	谭忠富	1
3	Electricity Demand Price Elasticity in China Based on Computable General Equilibrium Model Analysis	Energy (SCI 检索)	2011，36(2)	何永秀	1
4	Examining Economic and Environmental Impacts of Differentiated Pricing on the Energy-Intensive Industries in China：Input-Output Approach	Journal of Energy Engineering (SCI 检索)	2011，137(3)	谭忠富	1
5	Large-Scale Utilization of Wind Power in China：Obstacles of Conflict between Market and Planning	Energy Policy (SCI 检索)	2012，48	赵晓丽	1

续表

序号	论文名称	出版刊物	出版时间	作者	作者排序
6	Residential energy consumption in urban China：A decomposition analysis	Energy Policy（SCI 检索）	2012，41	赵晓丽	1
7	Economic Analysis of Coal Price-Electricity Price Adjustment in China based on the CGE Model	Energy Policy（SCI 检索）	2010，38（11）	何永秀	1
8	Industrial Relocation and Energy Consumption：Evidence from China	Energy Policy（SCI 检索）	2011，39	赵晓丽	1
9	Why did China's Energy Intensity Increase during 1998—2006：Decomposition and Policy Analysis	Energy Policy（SCI 检索）	2010，38	赵晓丽	1
10	Risk Assessment of Urban Network Planning in China Based on the Matter-Element Model and Extension Analysis	International Journal of Electrical Power and Energy Systems（SCI 检索）	2011，33(3)	何永秀	1

3. 能源类代表性国内学术期刊论文（15 篇）

序号	作者	论文题目	刊物（会议）名称	日期	备注
1	谭忠富 张金良	中国能源效率与其影响因素的动态关系研究	中国人口・资源与环境	2010 年第 4 期	中文核心 CSSCI
2	牛东晓 孟　明	季节型增长趋势电力消费预测研究——基于中国的实证分析	中国管理科学	2010 年第 18 期	中文核心 CSSCI
3	赵晓丽 洪东悦	开放经济条件下中国节能政策的交叉效果分析	亚太经济	2010 年第 24 期	中文核心 CSSCI
4	赵晓丽 洪东悦	中国节能政策演变与展望	软科学	2010 年第 4 期	中文核心 CSSCI
5	曾　鸣 马向春	电力市场碳排放权可调分配机制设计与分析	电网技术	2010 年第 34 期	中文核心 EI
6	张金良 谭忠富 李春杰	短期电价预测的组合混沌方法	中国管理科学	2011 年第 2 期	中文核心 CSSCI

续表

序号	作者	论文题目	刊物(会议)名称	日期	备注
7	贾江华	深化中俄电能合作的战略因素分析	新视野	2011 年第 6 期	中文核心 CSSCI
8	王　玫 赵晓丽	中国风电发展经济政策回顾与分析	中国能源	2011 年第 10 期	中文核心 CSSCI
9	赵晓丽 李　娜	中国居民能源消费结构变化分析	中国软科学	2011 年第 11 期	中文核心 CSSCI
10	李效臻 谭忠富	北京市煤炭生产及消费分析与需求展望	中国能源	2011 年第 12 期	中文核心 CSSCI
11	王　伟 殷　航	中国输配电体制改革的演进、问题与对策	新视野	2012 年第 3 期	中文核心 CSSCI
12	陈建国	以兼容性激励机制促进环境与经济协调发展——以山西省为例	公共管理学报	2012 年第 3 期	中文核心 CSSCI
13	杨卫东 郭　堃	能源安全、经济复兴与气候变化关注：奥巴马能源新政及对中国的启示	湖北社会科学	2012 年第 2 期	中文核心 CSSCI
14	何永秀 朱梦舟	我国各类用户汽油价格承受能力研究——基于北京市汽油消费数据的分析	价格理论与实践	2012 年第 6 期	中文核心 CSSCI
15	何永秀	我国居民用户电价承受能力研究——基于北京市电力市场数据	价格理论与实践	2012 年第 5 期	中文核心 CSSCI

（二）科研创新与代表性成果

在第二期建设中，反映能源研究基地的代表性成果有：

1. 杨勇平教授长期从事节能理论与方法、多能源互补系统、洁净煤发电等方面的研究工作。

(1)担任国家能源咨询委员会委员。多次为国家能源委和国家能源局就我国可再生能源发展建言献策，如 2010 年 11 月和 2011 年 9 月，向国家能源局提交咨询报告《风电发展问题和对策研究》、《我国与世界主要国家风能发展的比较研究》。这些建议为国家能源委员会和国家能源局所吸收和采纳。

(2)在火电机组节能理论技术方面：提出了综合考虑火电机组全工况范围性能的评价指标，从设备、流程、系统分层次全面研究机组的总体节能潜力及其能耗分布。开发的火电机组节能诊断理论与技术，已经在全国数十台机组上得到推广应用，年可节约标煤为100万吨以上。作为首席科学家正在承担我国火电节能领域的第一个“973计划”项目“大型燃煤发电机组过程节能的基础研究”。

(3)在电站空冷技术方面：领导的研究团队是目前国内该领域影响最大的团队之一。提出了比VGB导则更为合理的空冷凝汽器性能评价准则；在空冷机组热力系统不同层次上揭示了各种因素对空冷机组性能的影响机制；研究成果已在我国20余个空冷机组的设计和运行中成功应用。研究团队所发表的论文被SCI和EI-Compendex检索收录及引用数量均居国际之首，研究成果获得2011年国家科技进步奖二等奖，为我国电站空冷领域的技术创新做出了重要贡献。

(4)在太阳能辅助燃煤电站发电方面：率先开展了太阳能辅助燃煤热发电系统的热力特性与集成机理方面的研究。分析了不同太阳能集热系统与不同容量、不同参数燃煤发电系统可能的集成方式，并分别对各种集成方式进行仿真模拟，定量分析了各种集成方式所形成的互补系统的综合效率。目前，正在承担国家“863计划”重点项目“太阳能热与常规燃料互补发电技术”，将实施国内第一个太阳能辅助燃煤发电技术示范项目，为我国太阳能热发电及燃煤电站节能开辟新的发展途径。

2. 牛东晓教授长期从事电力负荷预测、电力项目技术经济评价研究工作。

(1)在电力负荷预测国际研究领域：他首先提出和创立了KEQQI方法论(即Knowledge mining + Environment + Qualitative analysis + Quantitative forecast + Intelligent algorithms)。这是一个新的能够处理定性与定量综合影响的复杂电力系统负荷预测的研究方法论，是电力负荷预测理论研究中重要的方法体系突破。基于KEQQI方法论思想，分别构造了短期和中期两类新的电力负荷预测模型，并开发了各种电力负荷预测系统并在实际中使用，达到国际先进水平。

(2)建立了复杂电网发展综合评价指标体系和大型火电机组建设综合后评价指标体系。首次提出电力矩的概念，提出了适合于区域电网发展的电力矩多属性块层优选组合的综合评价方法，提出了适合于大型火电机组建设后评价的环境－社会－经济－安全协调智能权重优选的综合评价方法。牛东晓教授因此获得2012年中国管理科学奖，被评为“长江学者”。

3. 周凤翱教授长期从事国际能源法、外国能源法及中国能源立法研究工作。

(1)担任《中华人民共和国原子能法》立法工作专家组副组长。工业和信息化部于2011年6月15日正式启动了《原子能法》立法工作，周凤翱教授受聘担任立法工作专家组副组长，负责《原子能法(草案)》的具体起草工作，就《原子能法》的立法宗旨、适用范围、管理体制、拟设主要法律制度、核不扩散政策和核出口管制、关于核损害赔偿制度等立法中的若干重要问题提出许多立法建议并获得采纳。2012年11月，该草案已正式上报国务院法制办。

(2)获国家能源局软科学研究优秀成果奖一等奖。2010年10月，周凤翱教授主持的“能源法立法前期重大问题研究”课题，获国家能源局软科学研究优秀成果奖一等奖。国家能源局软科学研究优秀成果奖是我国能源领域软科学研究的最高奖项。周凤翱教授的研究成果填补了国内能源立法相关领域的研究空白，已被《能源法》起草组采纳吸收，对促进我国能源法制建设具有重要价值。

4. 曾鸣教授长期从事电力需求侧管理、能源综合资源规划研究。

(1)在电力需求侧管理方面：围绕“提高终端能源效率”目标，在综合分析国外需求侧管理和需求侧响应理论与实践经验的基础上，结合我国电力工业发展现状，开展了大量“面向应用、重在落地、力求实效”的实证研究，是我国目前关于“电力需求侧管理”最为全面、系统的系列研究集成。对解决当前我国电力供需矛盾，提高节能减排工作水平，扭转我国粗放型电力投资现状具有重要作用。

(2)获国家能源局软科学研究优秀成果奖一等奖。曾鸣教授主持的课题“面向节能减排目标的需求侧管理与响应理论及其在我国的应用研究”荣获2011年国家能源局软科学研究优秀成果奖一等奖。国家能源局软科学研究优秀成果奖是我国能源领域软科学研究的最高奖项，获奖成果均以我国能源领域相关重大问题为研究对象，具有较高学术价值，对确保政府科学决策，提高我国能源工作水平有重要的参考作用。

(三)科研成果转化与社会辐射情况

能源研究基地注重理论研究的应用性，积极参与国家立法实践，与众多立法、行政、司法部门之间形成了非常密切的合作关系；研究基地学者通过能源咨询项目、举办能源学术会议、讲座等多种途径，积极参与政府决策咨询，得到了政府部门、企业的认可和好评。

1. 研究基地专家科研成果转化与社会辐射典型事例

(1)杨勇平教授科研成果转化与社会辐射性。

一是积极为北京市能源发展出谋献策。杨勇平主任在2010年7月29日由北京市科协、北京市社科联共同主办的“2010北京自然科学界、社会科学界联席会议高峰论坛”上以“发展低碳经济与北京能源结构转变”为题做专题发言，梳理了低碳经济的理念和内涵，客观分析了北京市能源结构所面临的现实挑战，并提出了针对性对策建议，对北京市政府相关部门科学决策具有重要参考价值，得到了与会领导和专家们的广泛好评。二是积极为国务院科技主管部门提供咨询意见。如2010年5月25日，杨勇平教授协同科技部高新司，针对“十一届全国人大三次会议第1044号(工交、能源和邮电类)提案(关于发展新能源经济的建议)”及提案中所涉及的新能源科技的有关意见起草了函告；针对“十一届全国人大三次会议第4876号(发展规划、建设项目和综合经济类)提案(关于发展新能源产业的建议)”及提案中所涉及的新能源产业的有关意见起草了函告。这一工作获得科技部高度肯定。

(2)牛东晓教授科研成果转化与社会辐射性。

一是在中国工业低碳和绿色增长研究方面：完成的国务院发展研究中心委托课题“中国工业低碳和绿色增长研究”的研究报告，受到了国务院发展研究中心的完全采纳和高度评价。为电力行业提出了一套切实可行的低碳、节能减排的规划方案和若干政策建议，具有较高的应用价值，在产业经济研究部参与起草和撰写的多份文件、报告中给予了采纳，转化为实际政策，为我国电力行业低碳发展、结构优化升级起到了积极作用。二是在复杂电网发展综合评价指标体系研究方面：关于复杂电网发展综合评价指标体系和大型火电机组建设综合后评价指标体系、适合于区域电网发展的电力矩多属性块层优选组合的综合评价方法和大型火电机组建设后评价的环境一社会一经济一安全协调智能权重优选的综合评价方法的相关评价报告已提交国务院、国家发改委、财政部、国家电网公司、中国大唐集团、中国华能集团、中电投集团、世界银行全球环境基金会等多家决策单位参考。三是在全球气候变化及其对经济政策影响研究方面：国际权威专业期刊《Nature Climate Change》的专栏负责人对牛东晓课题组发表于《Energy Policy》(2012，Vol. 42：468—475)上题为“CO_2 emissions and economic development：China's 12th five-year plan”的论文进行了专访，专访介绍在2012年5月出版的《Nature Climate Change》(2012，Vol. 2：309—311)中发表。四是在智能电网相关问题研究方面：就智能电网相关问题，在中央电视台《朝闻天下》栏目与中央人民广播电台《经济之声》栏目等做过多次特邀评论，通过中央媒体宣传产生了很好的社会影响。五是在学界影响方面：鉴于在研究领域取得的成绩，牛东晓教授分别获得“长江学者”特聘教授、“新世纪百千万人才工程”国家级人选，享受国务院政府特殊津贴，获得教育部“新世纪优秀人才”称号和中国科学技术协会决策咨询专家，在国内外具有很好的同行评价和显著的社会影响力。

(3)周凤翱教授科研成果转化与社会辐射性。

一是为能源立法提供智力支持。周凤翱教授参与多部能源法律法规起草，如担任《中华人民共和国原子能法》立法工作专家组副组长、《中华人民共和国能源法》、《核电管理条例》、《海洋石油天然气管道保护条例》等法律法规起草专家组常驻专家，其能源法律法规研究成果、立法建议多次为上述能源立法所吸收和采纳；二是拓展能源法研究的国际影响。2012 年 5 月 26 日受聘担任国家能源局与亚洲开发银行合作项目“面向低碳发展的中国能源法规体系建设”唯一的能源法国际特聘专家，主持负责全部课题的研究工作，获得亚行项目官员和国家能源局相关领导的高度评价。三是就电力行业低碳发展转型问题为能源管理部门和发电企业提供专题研究成果。周凤翱教授 2010 年承担了国家能源局委托中电投集团公司的课题“电力行业低碳发展研究(电力行业低碳发展及集团公司应对策略研究)”，相关研究成果为中电投集团公司和国家能源局所吸收和采纳。四是系统研究发电集团法律风险防范并提供对策建议。周凤翱教授 2011 年承担了中电投集团公司的课题“法律法规对集团公司影响研究”，相关研究成果为中电投集团公司所吸收和采纳。由于该成果获得中电投集团公司的高度评价，自 2012 年起，中电投集团领导特别指示委托能源研究基地提供“法律法规影响分析评价”专项法律服务。五是系统研究保障我国生物质能发展的政策与法律问题。相关研究成果被列入国家新能源出版计划，并提炼成《生物质能政策与法律问题研究》(上海科学技术出版社，2013)。该书是国内第一本系统研究生物质能政策与法律的学术著作，填补了国内这一研究领域的空白。六是配合国家能源局政策法规司开展国外能源立法跟踪研究和能源管理依法行政研究。2012 年，周凤翱教授主持了国家能源局的重点课题“国外能源立法研究(2008—2012)”和“加强和规范依法行政研究——能源管理依法行政研究”。前者为我国设计能源基本法的框架体系和具体法律制度提供国外立法参照和经验，后者为能源管理实现“有法可依”提供能源法律法规体系建设的建议，为能源管理做到“有法必依”提供相关法立法动向及执法建议。七是在能源法研究学界的影响力。鉴于周凤翱教授在能源法领域的研究成果，其多次受聘担任中国法学会、司法部、国家能源局、北京市自然科学基金委等优秀成果评选或申报项目评选的特聘专家。

(4)曾鸣教授科研成果转化与社会辐射性。

一是作为电力市场领域的专家：先后参加了我国电力市场建设的国务院5号文件的讨论和起草工作；承担了国家“十一五”需求侧管理规划的研究和国务院汇报稿的起草工作；承担了中国电力需求侧管理白皮书的编制工作；连续两次参与《中国电力百科全书》的编写并担任第三版综合卷“企业管理”分支主编兼“科技管理”分支副主编；参与《电力普遍服务监管条例》、《节能发电调度信息发布办法(试行)》和《发电权交易监管暂行办法》等重要文件的讨论与起草工作。二是在电力需求侧管理研究方面：与国家发改委经济运行局、美国能源基金会共同开展了《中国电力需求侧管理发展报告(2012)》的编写工作，对于推动我国电力需求侧管理长效发展具有重要意义，能够为电力需求侧管理参与各方提供参考信息，为政府层面提供决策依据，充分发挥编写成果的舆论引导作用，为中国电力需求侧管理事业发展贡献力量。三是在社会影响方面：针对我国能源与电力领域出现的热点和前沿问题，接受了中央电视台《焦点访谈》、新华网、中国能源报、中国电力报等多家权威媒体的专访，观点和看法为中国新闻网、凤凰网等媒体广泛引用。鉴于在研究领域取得的成绩，入选新中国成立60周年电力行业最有影响力60人。

2. 研究基地专家为首都经济和社会发展服务的水平

(1)杨勇平出席北京市两届高峰论坛“发展低碳经济与北京能源结构转变”。

2010年7月29日，在北京市科协、北京市社科联共同主办的“2010北京自然科学界、社会科学界联席会议高峰论坛”上，杨勇平教授以“发展低碳经济与北京能源结构转变”为题做专题发言，梳理了低碳经济的理念和内涵，客观分析了北京市能源结构所面临的现实挑战，并提出了针对性对策建议，对北京市政府相关部门科学决策具有重要参考价值，得到了与会领导和专家们的广泛好评。

(2)周凤翱、曹治国等出版专著《北京市能源发展重大问题研究》。

该著作研究了北京市能源发展的七个重大问题：一是对北京市可再生能源标准体系进行了初步研究；二是对北京农村居民能源消费结构现状调查与分析；三是对北京市“十二五”能源规划重大问题进行研究；四是对北京市居民绿色出行进行调查并撰写调研报告；五是对北京市农村绿色节能建筑进行调查并撰写研究报告；六是重点研究了基于DEA方法的全要素能源消费效率分析方法及其在北京市的应用；七是对北京市电动汽车充换电营销服务体系进行研究。

(3)谭忠富等出版专著《能源合理消费政策模拟分析模型研究——以北京为例》。

该著作对能源价格政策对能源消费和经济发展水平的作用机制进行了研究，对能源消费与经济增长、环境污染之间的内在联系进行了分析，使政府可以根据实际情况对能源价格施加合适的调控，促进经济发展、环境治理、产业结构优化等方面和谐发展。内容包括：北京市能源消费现状、能源合理消费评价指标体系、北京城市化与能源消费关系研究、能源消费政策模拟分析模型、差别电价政策、碳排放权交易政策、排污税费政策。

(4)能源研究基地招标课题获得北京市发展和改革委采纳和吸收。

能源研究基地招标课题“北京市可再生能源标准体系研究”(李彬，北京工业大学)，通过梳理国内外新能源产业技术标准，结合北京市新能源发展的实际情况，研究北京市对新能源标准的需求情况，提出了北京市新能源产业标准体系框架结构，重点领域和重点项目。

专家评审意见：课题给出了北京市新能源产业标准体系的框架结构，适用于太阳能光热、太阳能光伏、生物质能、地热能、风能。课题结合北京市新能源技术的优势，围绕“绿色北京”建设，提出了北京市新能源标准国际化建设的重点措施。结合标准体系的建设，提出了新能源产业文化示范园建设标准构思。在标准体系建设的同时，提出了北京市新能源产业标准化工作的保障体系。

课题成果应用：课题成果得到了北京市发展和改革委员会的采纳，对北京市发展和改革委员会的新能源标准工作起到了较好的支撑作用。

(5)马卫华等承担课题“北京建筑节能法律与政策保障机制研究”。

马卫华教授承担的北京市哲学社会科学“十一五”规划项目重点课题“北京建筑节能法律与政策保障机制研究”(项目编号：06AbFX030)，在2010年8月份市社科规划办组织的规划项目成果集中鉴定中获“优秀”等级，得到了鉴定专家的一致好评。鉴定组专家认为，马卫华教授选择了北京市节能工作最重要的领域——建筑节能作为突破口，从借鉴德国和美国的建筑节能法规与政策的视角，对北京市的建筑节能立法下政策保障机制提出了很好的对策和建议，可以作为今后北京市建筑节能立法以及制定建筑节能政策的重要参考。

此外，董军教授近几年的科研重心主要为首都能源发展服务，包括北京居民阶梯电价应对策略研究，北京市发改委关于需求侧管理规划和实施咨询，北京地区分布式能源投资模式及配套政策建议等。

3. 研究基地研究人员获得的奖励(17 项，其中国家级 1 项，省部级 14 项)

序号	项目名称	奖项名称和等级	颁奖单位	负责人	级别	获奖时间
1	区域电网用电市场分析与智能预测系统研究	中国商业联合会科学技术奖一等奖	中国商业联合会	牛东晓	省部级	2009 年 12 月
2	我国行业协会商会管理体制改革典型模式比较	“中国社会组织建设与管理”理论研究部级课题优秀奖	民政部	朱晓红	省部级	2009 年 12 月
3	基于电力市场影响的电力负荷预测模型研究	河北省科学技术奖三等奖	河北省人民政府	牛东晓	省部级	2009 年 12 月
4	我国大型火电机组空冷设计运行关键技术研究与应用	科学技术进步奖一等奖	教育部	杨勇平	省部级	2010 年 1 月
5	电网发展评估方法与模型研究	国家电网公司科技进步奖二等奖	国家电网公司	牛东晓		2010 年 6 月
6	能源法立法前期重大问题研究	国家能源局软科学研究优秀成果奖一等奖	国家能源局	周凤翱	省部级	2010 年 8 月
7	大湄公河次区域能源项目投资环境研究与建议	国家能源局软科学研究优秀成果奖三等奖	国家能源局	曾鸣	省部级	2010 年 8 月
8	北京电力综合资源规划试点研究	国家能源局软科学研究优秀成果奖三等奖	国家能源局	曾鸣	省部级	2010 年 8 月
9	政府改革与制度创新：以北京市为例	北京市第十一届哲学社会科学优秀成果奖二等奖	中共北京市委、北京市人民政府	王伟	省部级	2010 年 10 月
10	电网应急指挥系统关键技术研究与应用	中国电力科学技术奖二等奖	中国电机工程学会	赵会茹	省部级	2010 年 2 月
11	社会组织发展与社会创新	2009 年度“比较杂志优秀论文”	《经济社会体制比较》杂志社	朱晓红		2010 年 12 月

续表

序号	项目名称	奖项名称和等级	颁奖单位	负责人	级别	获奖时间
12	大型火电机组空冷系统优化设计与运行关键技术及应用	国家科技进步奖二等奖	国务院	杨勇平	国家级	2011 年 12 月
13	面向节能减排目标的需求侧管理与响应理论及其在我国的应用研究	国家能源局软科学研究优秀成果奖一等奖	国家能源局	曾　鸣	省部级	2011 年 8 月
14	新能源发展基础设施及其配套体系研究	国家能源局软科学研究优秀成果奖二等奖	国家能源局	曾　鸣	省部级	2011 年 8 月
15	发达国家社会组织应用信息技术的经验及其启示	民政部课题研究二等奖	民政部	朱晓红	省部级	2011 年 11 月
16	大规模复杂电网电力负荷预测理论与系统	中国管理科学学会管理科学奖	中国管理科学学会	牛东晓	省部级	2012 年 12 月
17	新能源电力项目群协同管理集成系统	甘肃省科学技术进步奖二等奖	甘肃省人民政府	牛东晓	省部级	2012 年 2 月

4. 研究基地研究人员获得的荣誉或称号(8 项)

序号	年度	荣誉称号	获奖人	颁发单位
1	2010	中国优选法统筹法与经济数学研究会能源经济与管理研究分会理事	刘　达	中国优选法统筹法与经济数学研究会
2	2010	北京市社会组织建设与发展专家委员会委员	朱晓红	北京市民政局
3	2010	中国社会组织建设与管理政策咨询专家	朱晓红	国家民间组织管理局
4	2011	《原子能法》立法工作专家组副组长	周凤翱	工信部
5	2011	第二届“中国法学优秀成果奖”评选委员会通讯评选委员	周凤翱	中国法学会
6	2012	“长江学者”荣誉称号	牛东晓	教育部
7	2012	国家能源局“2011 年度能源重大问题软科学研究优秀成果奖”评审专家	周凤翱	国家能源局
8	2012	国家能源局政策法规司与亚洲开发银行合作项目“中国能源法规体系建设”特聘专家	周凤翱	国家能源局政策法规司

（四）科研工作的深入性、拓展性、可持续性

能源研究基地的科研成果促进了国内能源法学和能源管理研究领域学术水平和教学水平的提高。研究基地系统开展了国际能源法、能源体制、电力能源经济、电力能源风险、煤电供应链风险、智能电网的研究，汇集了中外能源问题研究专家和学者，拓宽了学科研究的领域，深化了学科研究的深度，促进了新兴交叉学科的发展。研究基地着力培养学术梯队，增强持续发展能力，发挥著名学者的作用，通过带领青年学者共同从事研究，以提高青年学者的学术能力，实现研究基地科研工作的可持续发展。能源研究基地的研究领域包括：能源政策、能源立法、能源经济、能源管理、能源教育。围绕这些领域，研究基地科研工作不断走向深入，逐步拓宽并实现可持续发展。

科研工作的深入性、拓展性、可持续性对照表

研究领域	研究方向	研究范围	深入性	拓展性	可持续性
能源政策与能源立法	中外能源政策与能源立法研究	主要国家的能源战略、能源规划、能源政策、行政措施、能源法律、行政法规及部门规章等	国内前沿： ·中国立法 ·外国立法 ·政策模型	正在拓展： ·能源战略 ·能源政策 ·能源规划	可持续性： ·中国立法 ·外国立法 ·能源政策
	北京市能源政策与能源立法研究	北京市能源战略、能源规划、能源政策、行政措施、地方性法规、地方政府规章等	国内前沿： ·北京新能源法规 ·北京电力规划 ·北京节能减排政策模型	正在拓展： ·北京新能源政策 ·北京能源规划 ·北京新能源标准	可持续性： ·北京能源法规 ·北京新能源政策 ·北京电力规划
能源经济与能源管理	中外能源经济与能源管理研究	主要国家的能源体制、能源经济、能源产业、能源安全、能源供应、能源消费、能源标准、能源环保及低碳绿色发展等	国内前沿： ·电力经济 ·需求侧管理 ·能源消费 ·能源环保	正在拓展： ·能源经济 ·能源管理 ·能源安全 ·低碳发展	可持续性： ·电力经济 ·需求侧管理 ·能源消费 ·低碳发展
	北京市能源经济与能源管理研究	北京市能源体制、能源经济、能源产业、能源安全、能源供应、能源消费、能源标准、能源环保及低碳绿色发展等	国内前沿： ·北京电力安全 ·北京能源消费 ·北京能源环保	正在拓展： ·北京能源安全 ·北京能源产业 ·北京低碳发展	可持续性： ·北京电力安全 ·北京能源消费 ·北京低碳发展

续表

研究领域	研究方向	研究范围	深入性	拓展性	可持续性
能源经济与能源管理	能源企业管理与法律管控研究	能源企业的法人治理结构、发展战略、社会责任、企业文化、国有资产、知识产权、人力资源、财务会计、工程建设、采购销售、低碳发展等企业管理与法律管控研究	国内前沿： ·电力企业管理 ·电力企业低碳转型 ·能源企业依法治企	正在拓展： ·能源企业发展战略 ·能源企业法律风险防范 ·能源企业法律影响分析评价	可持续性： ·电力企业管理 ·能源企业低碳发展 ·电力企业法律影响分析评价
能源教育	中外能源教育与人才培养研究	主要国家能源教育与人才培养比较研究、节能教育的理论和实践研究、能源教育与人才培养模式研究、能源教育与人才培养课程体系研究等	国内前沿： ·能源教育 ·能源人才培养 ·能源教育比较研究	正在拓展： ·核能教育 ·节能教育 ·新能源人才培养	可持续性： ·能源教育 ·人才培养 ·比较研究

（五）对本研究领域内学术水平、学科建设、队伍建设与人才培养方面的影响

1. 以周凤翱教授为学术带头人的能源法、能源政策、能源体制研究方向，30 多项国家级、省部级及国际组织和国外机构的科研成果和科研水平在国内居于领先地位，通过《中华人民共和国能源法》、《核电管理条例》、《中华人民共和国原子能法》的起草，使能源研究基地的能源法学理论研究与立法实践及华北电力大学的整体实力为国内外 120 多位能源领域权威专家所知晓，为能源研究基地参加国际组织课题申报及与国内其他能源科研机构开展横向协作积累了人脉并奠定了坚实的基础。周凤翱教授正在培养博士生和硕士生 8 人。

2. 以谭忠富教授为学术带头人的“电力与能源经济管理理论及应用”研究方向，应用技术经济的理论和方法研究解决电力与能源产业优化规划、投资经济分析、能源系统经济运营风险控制等问题，具有重大的科学意义和实际价值，所取得的成果目前在国内同类学科中处于先进水平，部分成果处于领先水平。谭忠富教授培养毕业的博士生 15 人，正在培养的博士生 19 人。

3. 以牛东晓教授为学术带头人的“电力技术经济预测与评价理论及应用”研究方向，运用技术经济预测与评价理论和方法，以促进北京市经济发展为目的，争取节能降耗，挖掘潜力，提高效率，实现可持续发展，有效保障社会经济发展和人民生活用电需要，为北京市经济持续、稳定和协调发展做出贡献，所取得的成果目前在国内同类学科中处于领先水平，部分成果已经达到国际先进水平。牛东晓教授培养毕业的博士生 17 人，正在培养的博士生 21 人。

4. 以曾鸣教授为学术带头人的“电力市场技术经济分析方法与实证”研究方向，密切结合我国实际，注重供应侧管理和需求侧管理，注重能源资源的节约与可持续利用，研究成果为电力体制改革提供了重要的理论基础和参考建议，有关电力需求侧管理的研究成果已在北京市经济建设中得以应用，在国内同类学科中处于领先水平。曾鸣教授培养毕业的博士生 18 人，正在培养的博士生 26 人。

（六）社会和企业服务方面的影响

1. 周凤翱教授

(1)担任国家能源法专家。兼任《中华人民共和国原子能法》立法工作专家组副组长，《中华人民共和国能源法》、《核电管理条例》、《海洋石油天然气管道保护条例》等法律法规起草专家组常驻专家、中国法学会能源法研究会常务理事、北京能源学会理事，多次担任中国法学会、司法部、国家能源局、北京市自然科学基金委等优秀成果评选或申报项目评选的特聘专家。(2)学术研究。主持国家社科基金、司法部重点课题、国家能源办、国家能源局、商务部、国家电监会等部委，中国电力投资集团公司等能源企业，联合国开发计划署等国际组织，美国能源基金会、德国技术合作公司等国外机构委托研究课题 30 余项。

2. 牛东晓教授

(1)基于 KEQQI 方法论思想，分别构造的短期和中期两类新的电力负荷预测模型在各省市电力负荷预测中得到了广泛的应用，目前在北京、河北、辽宁、广东、江苏、山西、天津、内蒙古等 11 省运行使用，获重大经济效益。经计算，仅河北南网就获年经济效益 2355 万元，辽宁电网获年经济效益 3860 万元。同时，该研究被应用于国家电网、青海省电网“十二五”发展战略规划、内蒙古电网“十一五”发展战略规划等大型规划课题研究中。相应开发的电网建设年度评价系统已在全国推广应用，受到有关电网公司的好评。

(2)创建了区域电网自然灾害停电危机监测预警理论及方法，建立了区域电网自然灾害停电危机监测预警模型和预警指标体系，开发了电网危机预警管理系统，并对北京电网进行了试用。(3)受国家电网公司、中国大唐集团公司、财政部等单位委托，对其 21 个电力建设项目进行了后评价，所完成的后评价报告受到了中央部委和电力央企的好评，中国大唐集团公司专门给出了评价证明意见。(4)所著《电力负荷预测技术及其应用》一书在电力系统广泛应用，培训负荷预测人员 2000 余人。

3. 曾鸣教授

担任国家发展和改革委员会、国家能源局、国家电力监管委员会、中国电力企业联合会、国家电网公司、南方电网有限责任公司等权威机构和企业的高级咨询顾问，全过程参与了我国电力市场化改革进程，承担了国家电力市场标准的课题研究，并承担国家自然科学基金项目、国家财政部、世界银行、美国能源基金会等政府机构及各类大型中央企业委托科研项目 200 余项，取得多项国内领先科研成果，并获得多项省部级科研奖励。在电力市场、企业管理、电力需求侧管理等领域发挥了重要的引领作用。

4. 董军教授

以科研为核心，为首都经济和社会发展服务，主要体现在承担北京能源与电力领域的研究和咨询工作，包括北京电力公司“北京居民阶梯电价应对策略研究”，北京市发改委关于需求侧管理规划和实施的咨询，北京地区分布式能源投资模式研究及配套政策建议等项目。

5. 张福伟副教授

主持的焦作地区电力需求侧管理的问题与对策项目使焦作供电公司取得了增收节支 10 余万元的经济效益，获得河南省电力公司科技进步奖三等奖。

在第二期建设中，研究基地研究人员先后承担 14 个能源管理理论研究项目，为政府和企业能源决策提供咨询服务。

研究基地研究能源管理理论研究项目

序号	年度	项目名称	主持人	项目来源
1	2010	我国燃油税改革现状调研与改善成品油质量相关政策研究	周凤翱	美国能源基金会
2	2010	《能源法》立法中重大问题研究与专题研讨	周凤翱	美国能源基金会

续表

序号	年度	项目名称	主持人	项目来源
3	2010	核电立法及所涉核电体制研究	周凤翱	国家能源局
4	2010	北京节能法律保障机制研究	马卫华	北京哲学社会科学规划办公室
5	2011	低碳经济对电力行业的影响及集团公司应对策略研究	周凤翱	中国电力投资集团公司
6	2011	国外能源污染防治立法研究	沈　磊	北京能源发展研究基地
7	2011	生物质能法律问题研究	赵保庆	北京能源发展研究基地
8	2011	生物质能政策问题研究	朱晓红	北京能源发展研究基地
9	2011	我国矿业权整合制度研究	曹治国	北京能源发展研究基地
10	2012	北京市“十二五”能源规划重大问题研究	张建民	北京能源发展研究基地
11	2012	北京农村居民能源消费结构现状调查与分析	张超英	北京能源发展研究基地
12	2012	北京市可再生能源标准体系研究	李　彬	北京能源发展研究基地
13	2012	法律法规对集团公司的影响	周凤翱	中国电力投资集团公司
14	2012	北京电网安全预警分析模型	谭忠富	北京电力公司

三、以研究项目带动研究基地平台建设情况

（一）对研究基地定位和建设目标实现的自我评价

三年来，研究基地按照建设项目任务书确定的目标，紧密联系实际，因应现实需求，大力引进优秀人才，依托科研项目加快研究基地建设。研究基地在能源管理方面在承担国家级科研项目、省部（市）级（含国际）科研项目、企业与政府委托的科技项目方面，承担政府部门与企业的非技术性的纯政策、策略类能源咨询项目方面，出版能源类学术著作、发表能源类国际学术论文方面，总体质量大幅提高，充分完成了研究基地建设任务，实现了研究基地的建设目标。

（二）对所在研究领域研究资源整合发挥作用情况

能源研究基地与国家发改委能源研究所、中国法学会能源法研究会、中

国社会科学院、国务院发展研究中心、国家电网公司经济技术研究院、国家电网公司能源研究院、亚行、世行、美国福特基金会等机构建立了合作关系；研究基地还与国务院法制办、教育部、北京市政府等部门建立了密切联系。在国际合作方面，研究基地与美国能源部阿岗国家能源实验室签署了合作协议，根据协议，研究基地可以派遣青年教师到美国国家实验室做博士后、访问学者，并直接参与其课题研究。总之，研究基地通过课题项目的合作研究、组织各类学术会议、举办大型论坛、搭建学术平台和信息中心等多种方式，不断整合能源领域各种专家资源和知识资源，为能源研究基地实现跨越式发展奠定了良好基础。

（三）在本研究领域中地位作用的自我评价

经过近三年的建设和发展，研究基地承担的科研项目数量和层次都有显著提高。研究基地积极参与了能源类社会事务和企业咨询，通过参与国家立法和政策制定并承担相关课题科研等方式，为国家机关、企业决策提供咨询。研究基地的图书资料切合需要，研究基地网站特色鲜明。研究基地现拥有一支基础扎实、结构合理、能打硬仗、善于创新的科研团队，在能源法学、能源经济、能源管理等方向培养出了一批博士生。研究基地已经初步建立了能源法学术研究、能源经济管理研究和能源教育研究的信息资料与数据中心、政府决策咨询服务中心的基本框架。

四、研究基地经费使用投入产出绩效分析

（一）平台条件建设经费投入对实际应用的作用发挥情况分析

依据北京市“普通高等学校北京市哲学社会科学研究基地建设项目”专项计划，每个研究基地每年获得拨款 20 万元，用于支持研究基地的科学研究、队伍建设和条件平台建设。在第二期建设中，市教委拨付能源研究基地专项计划经费共 69.60 万元，学校按照依托高校建立研究基地的文件规定，对能源研究基地办公场所和相关设施的建设给予了配套投资，同时给予研究基地研究人员科研项目方面一定的财务倾斜。

研究基地在图书资料、信息网络的建设上面投入了相应的资金，加强图书资料、仪器设备、信息网络设备以及办公设备等硬件建设。研究基地办公条件明显改善、图书资料逐渐丰富、网络初步形成，科研条件平台建设基本

完成。华北电力大学对于研究基地举办学术会议给予了财力上的支持，研究基地先后举办、参加了数次大型学术会议以及多次讲座、论坛等，活跃了学术氛围，提升了研究基地的学术影响力。

在北京市教育委员会、北京市哲学社会科学规划办公室以及华北电力大学的大力支持下，研究基地改善了研究环境，吸引优秀的专、兼职研究人员从事科学研究，在促进研究成果应用转化、加强人才培养、推动学术交流等方面取得了比较显著的成效。

(二)科研经费投入使用与成果产出绩效分析

北京市教委(69.60 万)和规划办(41 万)共同对研究基地投入 110.60 万元，研究基地通过这些经费的带动，有了快速的发展，在能源管理方面先后承担了国家级科研项目 14 项；省部(市)级(含国际)科研项目 28 项；企业委托项目 110 项。出版了能源类学术著作 16 部，发表了能源类国际学术论文 61 篇，能源类国内学术期刊论文 256 篇。可以看出，研究基地所取得的成果与科研经费投入相比产出绩效显著。

(三)吸引社会资金投入科研产生效益情况分析

研究基地学者通过研究基地平台的带动，提高了自身的学术水平、学术地位和学术领域影响力，不断吸引企事业单位的项目资助。在第二期建设中，共吸引国际项目 5 项、企业项目 110 项，其中，企业科研项目资金达到 3469.70 万元。主要由项目负责人按照相关规定负责科研项目资金的使用，用于科研设备、科研资料、稿酬、出版费用、论文版面费、课题成员劳务补助、参加学术会议等。

五、研究基地取得的突出成绩与经验

(一)利用国家能源政策专家身份为国家制定能源政策提供决策建议

能源研究基地现有 2 位国家级能源政策专家，一是国务院研究室原司长唐元博士；二是国家能源咨询专家委员会委员杨勇平教授。唐元博士在国务院研究室工作和担任能源研究基地学术委员期间，多次向国务院总理、副总理递交能源政策建议。有 5 份材料得到黄菊副总理批示，有 10 篇报告得到曾培炎副总理批示，5 篇报告得到李克强副总理批示，有 6 篇材料得到温家宝总理批示。研究基地已经将唐元司长近年关于我国能源领域的重大政策建议整理出版，即《中国能源及经济社会发展若干问题研究》。

杨勇平教授作为国家能源专家咨询委员会委员，对可再生能源的科技、工程和相关政策、立法有系统独到的理论功底和实践经验，多次就我国能源主管部门和科技主管部门的新能源政策制定提供专业咨询报告，并为国家能源主管部门和科技主管部门出谋献策，这些建议已经体现在其近年的新能源与可再生能源系列政策研究报告中。尤其是杨勇平教授针对目前我国风电严重弃风的态势进行调研并在其撰写的《风电产业政策咨询报告》中提出的具体政策建议，已经为国家能源局领导在风电政策制定中所吸收和采用。

（二）利用国家能源法专家身份为国家制定能源法规提供智力支持

周凤翱教授作为国家级能源法专家，运用其在中国能源法和国际能源法领域及相关政策、体制研究的专长，作为能源法起草专家组四位常驻专家之一直接参与我国能源法规起草和制定工作；通过承担国内外课题研究，作为专家组副组长主持了《中华人民共和国原子能法》起草工作；作为常驻专家直接参与起草了《海洋石油天然气管道保护条例》、《核电管理条例》等。

（三）围绕北京市能源发展战略布局进行课题预研

在二期建设中，能源研究基地组织相关专家和人员围绕国家和北京市能源发展重大问题进行了深入研究，形成了一批研究成果，即《能源合理消费政策模拟分析模型研究——以北京为例》、《国外能源污染防治立法研究》、《发电集团法律管控研究》、《电力行业低碳发展政策与法律问题研究》、《北京市能源重大问题研究》、《生物质能政策与法律问题研究》等，这些研究成果最终以学术著作的形式出版。其中，谭忠富教授等撰写的《能源合理消费政策模拟分析模型研究——以北京为例》一书，围绕北京能源消费这一主题，深入剖析了北京市各种能源消费的现状以及城市化对北京能源消费的影响，提出并阐述了北京市能源安全评价指标体系与模型。周凤翱、曹治国主编的《北京市能源重大问题研究》对北京市可再生能源标准体系等七个北京市能源重大问题进行了全面的分析和研究。此外，能源研究基地出版的其他学术著作分别对相关领域的能源政策和法律问题进行了深入探讨，并提出了对策性建议。

（四）依托政府专家平台和各种会议积极主动地开发科研资源

能源研究基地科研资源运营的最大特色就是以能源立法和政策制定为平台，以各种研讨会为契机，建立专家资源信息和联系渠道，根据选题需要联合国内外著名能源专家参加课题申报和投标，以课题研究引领学术队伍建设，以课题经费支撑条件平台建设；以研究基地科研人员出国访学，了解国际和国内能源科研前沿动态，提炼课题预研方向，从而实现科学研究、学术队伍、条件平台三位一体的建设水平。

（五）充分依托学校和信息网络大力开发能源专家资源库

到目前为止，能源研究基地专家涉及华北电力大学本校能源领域的杨奇逊、黄其励、陈蕴博 3 位院士，另有能源领域的博士生导师、现代电力研究院专家、资源与环境研究院专家、能源法律研究方面的专家、华北电力大学各届校友理事会专家以及出席各种重大能源研讨会议的专家共 380 多位，这些丰富的专家资源，构成能源研究基地建设的主要特色。

（六）发挥网络优势有计划地开发能源知识资源库

能源研究基地网站的知识资源包括能源百科知识（来源于《能源百科全书》）、能源研究基地电子图书资源（4 万篇论文、专题报告、硕士和博士论文）、高校图书馆资源（清华、北大、人大等）、首都图书馆资源、国家图书馆资源、电力大学图书馆资源等。能源研究基地工作动态及科研成果则以《北京能源发展研究基地工作简报》、《北京能源发展研究基地成果简报》和《北京能源发展研究基地决策咨询参考》的形式展现出来。同时，研究基地工作人员紧跟能源发展时代热点，搜集制作了国际最新能源经济、能源法电子图书 300 多册。目前，研究基地网站已拥有的图书（含电子图书）6000 余册涵盖了煤炭、电力、石油、天然气、核电、新能源、可再生能源、能源节约、能源效率、节能减排等各能源领域的最新理论成果，初步奠定了能源知识资源库的基础。

（七）能源研究基地建设的主要经验

1. 牢牢把握研究基地能源决策研究的总体定位，科学凝练能源科研领域、方向及切入点

从研究基地三年建设的成果中可以看出，所有的科研成果多而不杂，众

而不乱。科研成果主要集中在能源政策、能源立法、能源决策模型、能源经济与管理、能源教育等领域。这一结果归因于研究基地牢牢把握了总体定位，在此基础上通过科学分析和前瞻性预研选题，确立了能源政策、能源立法、能源经济、能源管理、能源教育等研究领域，并据此将研究方向进一步细化。以此为主线，在高层形成了通过唐元研究员和杨勇平副校长向国务院提交能源决策建议与调研报告，并承担多项国家社科基金和自然科学基金课题成果；在中层形成了为北京市能源发展决策提供支撑的 8 项市规划办委托的研究成果，出版了《北京市能源发展重大问题研究》等多部著作，提交了多部能源决策咨询报告。在基层形成了面向其他省(区)县以及国资委管理的中央大型能源企业集团的诸多横向科研项目。

2. 加强校内外能源科研专家和科研资源的有机整合

能源研究基地在电力大学内部整合了人文与社会科学学院、经济与管理学院、电气工程学院、能源与动力工程学院、可再生能源学院、核科学与工程学院多位能源专家及中青年骨干。

3. 加强能源信息收集处理，提前布局并预研能源课题

能源研究基地特别关注国内外能源发展及学术研究动态。首先，及时跟踪、收集和处理能源发展与研究的重大信息，提炼形成未来 1—3 年能源发展大趋势和学术研究的新领域；其次，换位思考国家和北京市能源决策研究需求，提炼出系统化的综合性预研课题及子课题；最后，制定研究基地课题预研行动路线图，组建课题项目小组开始预研。

除上述重要研究基地建设经验外，研究基地在创新管理机制、培养中青年科研骨干、开展国际化科研协作和学术交流方面也积累了许多经验。

六、研究基地建设存在的问题与解决办法

(一)研究基地建设中存在的主要问题

目前研究基地建设中存在的主要问题有：

(1)为北京市能源决策提供理论成果和智力支持方面还有待加强；

(2)研究基地成果在标注“北京市教育委员会资助”方面还不够规范；

(3)研究成果获得国务院和北京市领导肯定性指示方面还有待突破。

(二)进一步搞好研究基地建设的对策思路

研究基地在下一步建设中，需要重点做好如下调整：

(1)加强与北京市能源管理部门的联系与合作，积极参与北京市能源决策圈；

(2)加大研究基地科研成果管理和激励，严格执行研究基地所有科研成果“标注”制度；

(3)做好课题预研和成果储备，争取在国家级能源软科学研究重大项目申报上取得突破。

七、研究基地建设下一阶段的设想

(一)通过三年建设对研究基地作为科研平台作用的认识和把握

能源研究基地建设需要继续通过管理创新和制度创新，吸引与培育高水平能源研究人才，提高能源研究学术水平。通过培养领军人才，掌握能源管理前沿工具，敏锐把握国内外能源决策研究动向和发展趋势，前瞻性预研国家和北京市能源发展决策中所面临并亟待解决的重大课题，再经过3—6年的努力，争取将能源研究基地建设成为具有学术原创力和决策影响力的能源智库。

(二)研究基地继续建设的思路与目标

1. 继续建设的目标

(1)2013年1月—2015年12月能源研究基地建设目标：

①建设能够为国务院能源管理部门提供政策、立法与管理咨询的核心智库；

②建设能够为北京市能源管理部门提供政策、立法与管理咨询的重要智库。

(2)2016年1月—2018年12月能源研究基地建设目标：

①使能源研究基地在能源立法研究领域达到国内领先且跻身国际一流；

②使能源研究基地在能源政策研究领域达到国内前沿且具有国际影响力；

③使能源研究基地在电力经济研究领域达到国内领先且跻身国际一流；

④使能源研究基地在能源管理研究领域达到国内前沿且具有国际影响力。

2. 继续建设的思路

总体思路是：通过管理创新和机制创新，培育和吸引能源决策研究高端人才，提高能源决策研究学术水平，为国家和北京市能源发展建言献策，为华北电力大学重点学科和新兴学科建设提供支撑。具体包括：

(1)科学规划预研选题。通过系统研究国家能源战略规划和北京市能源发展规划，围绕建设“绿色北京”、“建设新能源中心”等战略以及“能源安全”、“节能减排”、“气候变化”等主题，提炼若干课题进行预研，推出具有学术原创力和决策影响力的研究成果。

(2)做大做实科研平台。通过加强与国务院、北京市、国内其他城市能源管理部门及相关部门的密切联系，聘请能源领域国内外专家指导能源研究基地科研工作，通过课题招标等多种方式吸收相关专家从事研究基地能源课题研究，侧重开展能源行业实地调研和社会调查，使研究基地研究成果更具针对性和应用性。完善科研保障措施，加大国内外相关图书期刊、网络信息等资料的收集和整理力度，建设完备的网络硬件和软件设施。

(3)综合开发国际资源。通过派出优秀学者到国外著名大学和科研机构访学深造，吸引海外能源科研前沿的能源专家到研究基地工作或进行学术指导，促进能源研究基地人才交流国际化和科研资源开发全球化。

(4)夯实能源智库基础。通过综合研究中国高端决策智库的核心要素，比较分析国际高端决策智库特色机制，建设适应国家能源决策研究需要的能源研究基地管理机制和运行模式。

(三)研究基地下一阶段科研工作拓展重点

继续围绕能源研究基地现行 5 个研究领域即能源政策、能源立法、能源经济、能源管理、能源教育，拓展既有的 6 个研究方向，根据国家和北京市发展实际和能源决策要求，随时调整或增减研究方向；与此同时，紧密跟踪国内外能源发展大事及时布局重大预研课题。使研究基地科研工作不断走向深入，逐步拓宽并实现可持续发展。

研究基地科研工作拓展重点

研究领域	研究方向	研究范围	科研工作拓展重点
能源政策与能源立法	中外能源政策与能源立法研究	主要国家的能源战略、能源规划、能源政策、行政措施、能源法律、行政法规及部门规章等	体现国家能源战略的能源立法、面向低碳发展的能源法规建设、能源管理依法行政
	北京市能源政策与能源立法研究	北京市能源战略、能源规划、能源政策、行政措施、地方性法规、地方政府规章等	北京市新能源政策与立法、北京市碳交易市场规则研究、北京市以电代油政策研究、北京市智能用能小区规划研究、北京市新能源产业规划研究、北京市新能源技术规划研究
能源经济与能源管理	中外能源经济与能源管理研究	主要国家的能源体制、能源经济、能源产业、能源安全、能源供应、能源消费、能源标准、能源环保及低碳绿色发展等	能源管理与监管、能源生产与消费、节能减排与低碳发展
	北京市能源经济与能源管理研究	北京市能源体制、能源经济、能源产业、能源安全、能源供应、能源消费、能源标准、能源环保及低碳绿色发展等	北京市能源结构、北京市新能源产业、北京市低碳发展
	能源企业管理与法律管控研究	能源企业的法人治理结构、发展战略、社会责任、企业文化、国有资产、知识产权、人力资源、财务会计、工程建设、采购销售、低碳发展等企业管理与法律管控研究	能源企业发展战略与管理、能源企业法律风险与防范、能源企业法律影响分析评价
能源教育	中外能源教育与人才培养研究	主要国家能源教育与人才培养比较研究、节能教育的理论和实践研究、能源教育与人才培养模式研究、能源教育与人才培养课程体系研究等	核能教育、节能教育、新能源人才培养

北京新农村建设研究基地二期建设报告

一、研究基地建设的基本情况

（一）研究领域、研究方向定位、发展建设目标

1. 研究领域

北京新农村建设研究基地（以下简称“研究基地”）紧密围绕我国“三农”发展，以北京市为主要研究对象，以中国特色世界城市建设为立足点，以都市型现代农业和社会主义新农村建设为主要研究领域，开展理论与实践的创新研究，构建具有首都特色的新农村建设理论与实践体系，促进首都都市型现代农业和新农村建设发展，推动北京城乡一体化率先实现，促进北京物质文明、精神文明、政治文明、社会文明和生态文明协调发展。

2. 研究方向定位

研究基地作为政府部门的智库，其发展定位是围绕北京郊区新农村建设相关问题开展理论、实践与政策研究，为相关决策部门提供新观点、新思路，为京郊新农村建设建言献策，并提供服务。同时，研究基地依托北京农学院，相应承担着学科建设、人才培养的职能。具体研究方向如下：

(1)围绕北京山区新农村建设，以沟域经济、创意农业、都市型现代农业文化等为研究方向，开展跨学科基础理论研究，探讨新农村建设理论体系规范，为科学构建具有首都特色的新农村建设理论体系提供支撑。

(2)围绕北京城乡统筹发展，以农业问题、农村问题、农民问题为研究方向，开展应用实践研究，解决制约城乡统筹发展的突出问题，为政府有关部门提供决策参考。

——农业问题：包括北京山区生态产业建设与服务价值研究、北京山区生态经济发展研究，世界城市背景下的北京都市型现代农业发展路径研究等。

——农村问题：包括京郊小城镇建设聚集动力与可持续发展研究、京郊

农村社会建设、乡村文化研究等。

——农民问题：包括北京城乡居民收入差距缩小途径研究、北京郊区农村劳动力转移就业研究等。

3. 发展建设目标

积极落实党的十八大和市十一次党代会精神，把北京新农村建设研究基地打造成全国具有重要影响的新农村建设与"三农"发展研究机构、北京都市型现代农业与生态文明建设的重要咨询与信息共享中心、农村实用人才和新型农民培训研究基地，推动北京新农村建设与城乡一体化快速发展。

（二）组织机构、学术委员会、科研力量配备以及外部有关科研力量的整合利用情况

1. 研究基地组织机构状况

(1)研究基地学术委员会。

研究基地学术委员会包括15名成员，设首席专家1名，委员13名，秘书1名。学术委员会主要负责把握研究基地研究方向，推动研究基地学术与研究水平不断提升。具体名单如下：

首席专家(1人)：韩俊。

学术委员会主任：郑文堂。

学术委员会校外成员(5人)：张贵忠(北京市农委)、郑瑜(北京市农业局)、陈建成(北京林业大学)、何秀荣(中国农业大学)、孔祥智(中国人民大学)。

学术委员会校内成员(8人)：郑文堂、王有年、李华、史亚军、何忠伟、佟占军、华玉武、胡宝贵。

学术委员会秘书(1人)：徐广才。

(2)研究基地工作委员会。

研究基地设有工作委员会，包括7名委员和1名秘书，主要对研究基地日常运行进行管理和服务，对研究基地发展进行决策。

工作委员会成员(7人)：郑文堂、李华、史亚军、何忠伟、佟占军、华玉武、胡宝贵。

工作委员会秘书(1人)：徐广才。

2. 学术委员会作用发挥

学术委员会的作用主要包括以下方面：

(1)明确研究基地的发展定位、发展目标、发展思路，制订研究基地总体发展规划及分年度工作计划。

(2)确定研究基地研究方向和主要研究领域，制订研究基地总体科研计划及分年度科研计划。组织研究基地研究人员申报科研项目，负责向上级科研部门推荐研究基地科研项目，负责研究基地内部科研项目的遴选和审批，并协助学校科研管理部门完成科研项目的检查、验收结题等工作。

(3)负责研究基地研究成果的转化与推广，建设京郊都市农业产学研研究基地和新农村建设示范研究基地，并取得显著的经济效益和社会效益。

(4)开展研究基地学术队伍建设工作，组织研究基地研究人员参加国内外学术研讨会，组织召开研究基地学术报告会。培养中青年学术骨干，培养研究生队伍。

(5)开展学科建设，指导相关学科教学体系建设与新课程开发。

3. 科研力量配备

研究基地现有固定研究人员 77 人，包括教授 22 人，副教授 32 人。另聘有客座研究员 6 名，研究领域涉及经济学、管理学、社会学、法学等多学科，已形成一支结构合理、学科融合、内外联合的学术研究队伍。

4. 研究基地以外有关科研力量的整合利用

研究基地与中国农业大学、北京林业大学、北京交通大学、北京第二外国语学院、北京联合大学、中国农科院、北京农科院等校外科研院所和北京农学院植物科学技术学院、计算机与信息工程学院、城乡发展学院、思想政治理论课教学科研部、图书馆等单位，积极开展多层次、全方位的科研合作，整合新农村建设、都市型现代农业发展等领域的专家力量，联合申请科学研究项目，合作开展人才培养，取得了显著成效。

2010 年至今，通过整合研究基地以外科研力量，已有 25 项课题实现了对外招标研究，部分课题已经顺利结题，对外招标课题完成质量较好，实现了整合科研力量、提升研究基地学术水平的目标。

(三)承担国家项目、市社科规划项目、研究基地自设项目以及承担其他项目情况

2010 年至今，研究基地共承担国家级科研项目 5 项，其中国家社科基金 2 项、国家自然科学基金 3 项。市社科规划项目 8 项，其他省部级项目 34

项，省部级及以上项目占全部科研项目的28.4%。另外研究基地承担各种横向课题131项，占全部项目数的68.9%，另外研究基地还自设对外招标课题25项，占全部项目的11.9%。

(四)开展学术活动与学术交流情况

1. 研究基地共举办全国性学术会议9次，分别如下：

(1)全国高等农业教育研究会学术年会(2012年12月14—16日，北京)。

(2)北京市山区集体林权制度改革与发展座谈会(2012年10月26日，北京农学院)。

(3)第二届北京农产品品牌与创意农业研讨会(2012年9月29日，北京农学院)。

(4)第二届北京“设施园艺研讨会议”(2012年9月27—29日，北京农学院)。

(5)全国都市农业与新农村建设培训暨创新发展论坛(2012年9月9—12日，北京农学院)。

(6)都市农业发展高层论坛(2012年6月28—29日，北京)。

(7)都市型现代农业产业创新发展——2011景观农业产业创新发展论坛(2011年12月12—13日，北京市农业局特菜大观园培训中心)。

(8)海峡两岸都市农业与乡村休闲产业学术研讨会(2011年8月14—15日，安徽芜湖)。

(9)北京都市型现代农业发展战略研讨会(2010年1月31日，北京农学院)。

2. 研究基地参加国内学术会议158次，举例如下：

(1)2010年3月22—24日，研究基地王有年教授应邀参加“首届中德都市农业发展与合作研讨洽谈会”，北京。

(2)2010年7月9日，研究基地史亚军副研究员出席在武汉举办的“中欧社会发展论坛”(CHINA－EUROPA FORUM)，武汉。

(3)2012年8月18日，研究基地李华教授参加“第19届全国科普理论研讨会暨2012亚太地区科技传播国际论坛”，北京。

(4)2011年9月12—14日，研究基地研究人员参加第九届全国都市型现代农业发展学术研讨会，上海。

(5)2012年10月，研究基地研究人员参加中国环境科学学会环境法学分会2012年会暨国际研讨会，福州。

(6)2012年4月，研究基地研究人员参加全国都市现代农业现场交流会，上海。

(7)2011年12月5日，研究基地研究人员参加2011全国休闲农业创新发展会议，桂林。

(8)2011年8月14—16日，研究基地研究人员参加农业部“2011中国粮食主产区发展现代农业建设特色新农村高层论坛”，双鸭山。

(9)2010年11月，研究基地研究人员参加中国农产品期货研究会议，北京。

(10)2010年10月14—15日，研究基地研究人员参加中国著作权法律百年国际论坛学术会议，北京。

(五)科研队伍建设与人才培养情况

研究基地广泛吸收中青年教师参与科研项目，通过项目的开展强化了研究基地的科研队伍建设，培养了研究基地的研究骨干，提升了研究人员的科研能力。目前共有156名研究人员(其中校内92名)参与研究基地课题研究，研究领域涉及社会学、经济学、管理学、法学、政治学、哲学等多个学科。

研究基地积极吸引在校研究生参加课题研究，建设期内共毕业硕士研究生58人，目前在读硕士研究生163人，有力地促进了高级专门人才的培养。

研究基地把项目研究与新课程的开发紧密结合起来，开发了“都市农业规划”、“低碳农业”等新课程，面向全校本科生授课，教学效果良好。

(六)科研信息数据平台建设、网页建设情况

1. 科研信息数据平台建设

研究基地不断完善北京农村人文基础数据库，为科研人员提供数据基础与交流平台和参考信息。主要包括：

(1)搜集整理了有关北京农村人文学科的数据资源，包括数据、文字、图片、影像资料等，按照北京农村人文地理景观、民俗与民间艺术、农业政策法规、农业产业发展等方面进行分类与整理。

(2)持续更新北京农村人文基础数据库。不断完善农村人文地理与景观数据库、农村民俗与民间艺术数据库、农业政策法规数据库和农村产业发展数

据库四个数据库，增强数据服务功能。

2. 网站建设

“北京新农村建设研究基地网站”运行良好。网站内容持续更新，功能不断丰富，对研究基地发展、队伍建设、科学研究、学术交流、日常管理等进行全面宣传和推介。

研究基地2012年创建“中国都市农业网”。网站已经获得教委专项经费资助(75.2万元)，网站包括行业资讯、热点专题、政策法规、理论研究、市场信息等内容，对于促进学术交流与合作、彰显研究基地研究特色起到积极作用。

研究基地2010年创建“三农法律网”。网站设置了新闻中心、政策法规、理论研究、法律等栏目，网站运行良好，服务领域不断拓宽，为各界人士提供专业的法律服务。

(七)研究基地的管理制度

1. 完善项目招标机制，实施项目动态管理

研究基地项目主要资助相关研究人员从事北京新农村建设的基础理论研究、应用研究和调查与决策研究。研究课题面向全市实行公开招标制，并结合课题招标，根据实际成效进行动态调整，形成项目动态管理机制。

2. 出台项目管理办法，实现全程跟踪管理

研究基地出台了《北京新农村建设研究基地项目管理办法》，促进了管理规范化、制度化、程序化。研究基地对科研立项进行严格筛选，对项目运行进行层层把关，形成了全程管理的工作方式，保障了科研质量。

3. 成立研究基地工作委员会，实现科学管理

研究基地于2012年4月17日调整研究基地领导机构，于2012年7月19日成立工作委员会，健全了集体决策机制，促进了研究基地科学化和规范化管理。

(八)研究基地合作单位的协作状况

研究基地聘请北京林业大学、中国农业大学、中国人民大学、北京市农村经济研究中心、首都经济贸易大学等合作单位的教授、研究员和北京市农委、北京市农业局的相关领导为研究基地的学术委员会委员和客座研究员，参与制订研究基地的科研计划和总体发展规划，为研究基地科学把握学术前沿，推进科研水平提升奠定了基础。

研究基地与北京市农村工作委员会等单位开展合作研究，包括北京市都市农业产业化发展研究、北京市都市农业规模化经营研究，沟域经济发展研究、北京郊区“一村一品”调研、北京市休闲农业标准化研究、景观农业发展研究，农业产业化重点龙头企业评审等项目。通过与研究基地合作单位开展协作研究，提升了研究基地科研水平，扩大了研究基地的学术影响力和知名度。

（九）研究基地决策咨询与社会服务情况

1. 为政府决策提供咨询

研究基地围绕北京郊区都市型现代农业开展研究，协助市有关委办局起草和制订北京市都市型现代农业“十二五”发展规划、北京市农产品加工业“十二五”发展规划等相关产业发展规划；研究基地承担并完成了北京市农委、科委、教委、民委等部门多项调研项目，涉及北京沟域经济发展、北京都市型现代农业规模化经营、郊区“一村一品”、都市型新农村科技人才队伍建设、农业龙头企业、会展农业等领域，11项政策建议被政府部门采纳，为政府决策提供了重要参考。

2. 为行业组织提供平台

研究基地研究人员在相关专业领域行业协会发展中起到了重要作用。北京市农村专业技术协会和北京市科协新农村建设委员会、中国农业技术推广协会园艺产业促进分会等行业协会秘书处设在研究基地；研究基地是中国农学会都市农业与休闲农业分会发起单位。研究基地为相关行业组织的运转提供了良好的平台，提升了研究基地的学术影响力。

3. 为农业主导产业提供服务

研究基地重视涉农企业在都市型现代农业创新发展中的主体地位，积极发挥自身优势，为产业发展和涉农企业提供全方位技术服务。与首农集团、顺鑫农业等龙头企业建立战略合作关系，在人才培养、技术服务等方面提供支撑；2011 年以来，研究基地共有 5 人入选北京市创新团队岗位专家，在家禽、奶牛、虹鳟鱼、叶菜等产业发展领域为北京都市型现代农业产业发展提供服务与支撑。

4. 为农民及农村合作经济组织提供指导

研究基地密切关心首都郊区“三农”发展，重视合作社的纽带作用。研究人员积极深入乡村，为农村合作经济组织提供建设、经营、管理、市场、品牌等多方面多层次的专业指导，促进了合作社的规范发展和效益提升。研究基地深入开展合作社领域的相关研究，为中国合作经济学会、平谷区政府、北京农学院三方共建合作社发展学院提供了重要支撑，不断推进首都合作社理论研究与实践走向深入。

5. 为农村社会建设提供支撑

研究基地持续关注农村社会建设，在昌平区、怀柔区、密云县、延庆县等区县，通过举办学习班、培训班、研讨会等多种形式的活动，深入开展涉农法律、社区建设、农村社保(残障人士、养老、医疗)和社区矫正等社会建设服务与咨询，促进了北京郊区农村和谐社会建设。

二、研究基地科研水平和科研能力情况

(一)开展的重要问题研究及有一定影响力的研究成果

研究基地紧密围绕北京市新农村建设、都市型现代农业和首都城乡一体化发展，积极开展相关科学研究工作，取得了一系列重要研究成果，获得省部级以上奖励 7 项。标志性的重要研究成果如下：

1. 全国休闲农业“十二五”发展规划

研究基地承担了“全国休闲农业‘十二五’发展规划”，该规划是我国第一个休闲农业发展规划，也是我校首次承担的国家级农业产业发展规划。规划科学分析了我国休闲农业发展的形势，提出了休闲农业未来发展的指导思想、原则、目标，提出了休闲农业发展的主要任务和主要工程，并针对大中城市和名胜景区周边、依山傍水逐草自然生态区、少数民族地区、传统特色农区，提出了休闲农业发展的主要思路。该规划已顺利完成，并于 2011 年 8 月 23 日由农业部颁布实施。

2. 资源环境约束下的北京山区生态产业发展研究

对资源环境约束下的北京生态产业进行了全面系统的研究，提出了发展生态产业的基本思路和产业布局，为相关部门决策提供了重要的参考依据，出版专著 2 部，发表论文 9 篇，为山区农村制定了 5 个产业发展报告，产生了较好的社会影响。该成果荣获北京市第十一届哲学社会科学优秀成果奖二等奖。

3. 都市农业文化研究

研究基地重视文化在新农村建设的巨大作用，提出“都市型现代农业文化是都市型现代农业发展和创新的重要推动力”的观点，以开发和善用都市型现代农业文化特质，提升都市型现代农业产业的综合效益，文化创意产业已成为新的经济增长点和提高经济竞争能力的重要力量。研究基地主编的《北京都市型现代农业文化研究》一书获得了中国农学会和同行专家的高度评价。研究基地出版了《如何搞好乡村文化建设》，为促进新农村文化事业发展提供了有力支撑。

(二)科研工作的深入性、拓展性、可持续性

1. 全面持续开展全国新农村建设模式研究

研究基地主动瞄准全国新农村建设研究发展的趋势，持续关注全国新农村建设发展动态，积极主动与农业部相关单位开展社会主义新农村建设合作研究，深入推进相关研究成果的落实和应用。迄今为止，研究基地已经参与完成的农业部新农村建设研究报告 6 篇，其中 4 篇发表于《农民日报》，包括：

(1)农业部农村社会事业发展中心特色新农村建设课题组：《现代田园城市绿色和谐家园——四川省蒲江县统筹城乡发展推进新农村建设的成功实践》，《农民日报》，2012 年 3 月 15 日。(执笔完成)

(2)农业部农村社会事业发展中心休闲农业课题组：《亲近自然山水 共享生态文明——美丽和谐乡村建设“宁国模式”研究报告》，《农民日报》，2011 年 11 月 17 日。(部分执笔完成)

(3)农业部农村社会事业发展中心创业就业课题组：《农民工返乡创业就业的成功实践——金堂县农民工创业就业促进经济社会发展研究报告》，《农民日报》，2011 年 10 月 10 日。(执笔完成)

(4)农业部农村社会事业发展中心特色新农村建设课题组：《发展现代农业推进粮食主产区特色新农村建设——粮食主产区宝清县发展模式研究报告》，《农民日报》，2011年8月11日。(执笔完成)

在科学总结全国新农村建设典型模式的基础上，研究基地还着重推出了北京新农村建设的典型模式，形成了《北京市密云县穆家峪镇华润希望小镇建设模式研究》，提出了“党组织高端领导、企业全面参与、村企融合发展、农民幸福安康”的新农村建设模式，为首都新农村建设发展提供了重要借鉴。

2. 持续推进都市型现代农业研究

研究基地深入研究都市型现代农业的功能拓展与产业融合的理论、途径和模式，促进都市型现代农业向现代服务业提升，并通过规划等形式，将理论研究成果持续转化为生产实践，引领北京都市型现代农业发展。承担制定了北京市都市型现代农业“十二五”发展规划，主持完成了北京都市农产品加工业“十二五”发展规划，密云县、顺义区都市型现代农业“十二五”发展规划等都市型现代农业产业发展规划，推进了都市型现代农业规划研究和实践的持续深入。研究基地积极开展都市农业与休闲农业标准化的深入持续研究，首次构建了全国休闲农业标准体系，提出了北京市休闲农业标准化的发展方向和主要模式；研究基地研究人员作为骨干参与了国家标准《都市农业园区评价》的制定工作。

3. 不断深入开展涉农企业研究

研究基地以涉农企业发展为重要研究方向，积极为农业管理部门和涉农企业提供政策咨询和科技服务，深入开展现代农业产业链创新创业途径、产业化龙头企业上市培育、涉农企业经营管理、企业品牌战略与运营管理、企业供应链管理等方面研究和咨询，对涉农企业开展经营管理提供了重要支撑，有力地推动了北京都市型现代农业产业化发展。

4. 深入探索新农村建设法律与社会问题研究

2010年以来，研究基地持续关注农村社会问题研究，积极申请了教育部、北京市科委、北京市社科规划办等一系列研究项目，开展农村生态环境保护与资源法律问题、农村社会管理模式与问题、农村合作社建立与运行机制、京郊涉农犯罪的法律适用及追诉机制、农村社会保障体系等研究。研究领域日益拓宽，研究深度不断增强，促进了北京郊区农村社会发展。

(三)科研的辐射性

1. 推进了都市农业产业与新农村建设实践

研究基地紧密围绕都市型现代农业和新农村建设，开展规划咨询服务。研究基地研究人员参与完成北京市都市型现代农业“十二五”发展规划，主持完成全国休闲农业“十二五”发展规划、北京市农产品加工业“十二五”发展规划、密云县，顺义区都市型现代农业“十二五”发展规划，主持了海淀区上庄镇等都市型现代农业示范镇创建规划和上庄镇前章村新农村建设和产业发展规划；研究基地还主持完成了房山区长周路景观农业规划、房山区城关镇都市农业园区规划等规划设计任务，为推进都市农业和新农村建设提供了重要支撑；研究基地还应邀承担了新疆喀什“深喀现代农业示范园区”发展规划和呼和浩特赛罕区现代都市农业园区规划设计任务，为少数民族地区现代农业发展做出了积极贡献。

2. 提升了人才培养质量

研究基地以科研为依托，积极服务教学工作，完善都市农业和新农村建设教育教学体系，提高人才培养质量。2010—2012 年，研究基地与其他单位联合培养博士生 8 名，已毕业 4 名，累计毕业硕士研究生 58 人。研究基地不断完善都市农业和新农村建设教育教学体系，在全国农林高校中率先开设“都市农业与新农村建设”系列课程。研究基地主编的全国高等农林院校“十一五”规划教材《休闲农业概论》已经于 2012 年正式出版，《都市农业规划概论》已经被列入第二批农业部“十二五”规划教材。

3. 完善了新型农业推广体系

研究基地充分发挥自身优势，积极开展首都都市型现代农业发展培训。研究基地依托北京农学院、农业部现代农业技术培训研究基地等机构，为村官、合作社、企业经营管理人员、政府部门等开展都市农业、创意农业、会展农业、品牌农业等专题培训；研究基地 5 名专家入选现代农业产业技术体系北京市创新团队，为叶菜、奶牛、家禽、冷水鱼等产业创新发展提供支撑。三年来，研究基地共主办培训 32 次，直接受益群体达 8000 人次；研究基地人员受邀在市委党校、委办局和郊区县开展培训 100 余期，计 12000 余人次，为农村基层干部和新农民的培养做出了贡献；研究基地人员赴京外开展相关培训 80 余次，培训“三农”从业人员 10000 余人。

4. 支撑了校外研究基地建设

研究基地积极加大校外实践研究基地建设力度，在怀柔区宝山镇建设沟域经济山区实践研究基地；在延庆县四海镇、千家店镇，房山区张坊镇，密云县穆家峪镇等地建设产学研研究基地；在北京市大运河翰林农业科技发展有限公司等企业建立都市型现代农业示范研究基地。充分发挥研究基地辐射带动作用，在促进地方经济建设与产业发展的同时，为北京都市型现代农业、沟域经济、新农村建设发展提供实践展示平台。

（四）对本研究领域内学术水平、学科建设、队伍建设与人才培养的影响和作用

1. 推动了新农村建设与都市型现代农业研究不断深化

研究基地紧密围绕研究方向，积极申请并主持都市农业、新农村建设、涉农企业管理和农村社会与法制问题等领域的科学研究项目，持续开展系统研究，一系列研究成果被各级政府和相关机构采纳，显著提升了研究基地学术水平，使研究基地成为推进我国新农村建设与都市农业等领域研究不断深入的重要力量。

2. 促进了学校都市型现代农业教育教学改革

研究基地积极参与依托单位——北京农学院的学科建设，尤其是推动了北京农学院都市型现代农业教学体系的创建和发展。2010 年 7 月起，在全校范围内开设“都市型现代农业发展规划”、“低碳农业”等新课程，使学校都市型现代农业课程体系不断完善，学校都市型特色日益鲜明，促进了都市型现代农业教育教学体系不断完善。

3. 培养了具有较高研究水平的专业研究队伍

研究基地以北京农学院为依托，不断壮大研究队伍，形成了一支由 22 位教授、32 位副教授和一大批讲师和博士组成的精干研究队伍，奋斗在新农村建设和都市型现代农业研究的第一线，源源不断为首都乃至全国相关研究的推进贡献新的成果。此外，通过项目招标等形式，研究基地还聚集了一大批校外研究力量，这些专家和学者不断为研究基地发展献计献策，为相关研究的开展贡献智慧和力量。

4. 提升了新农村建设人才培养质量

研究基地坚持“立足首都，面向全国，服务社会”的人才培养方针，将人才培养与新农村建设和都市农业研究深入结合，大大提升了人才培养的针对性和实用性。为推动人才培养，研究基地还积极编写高水平的教材。全国高等农林院校“十二五”规划教材《休闲农业概论》已经于2012年正式出版，为全国农业高等教育和人才培养做出新贡献。

（五）科研为社会和企业服务的引领作用

研究基地紧密围绕社会发展需求，开展科学研究，积极推进科学研究成果迅速转化为生产力，服务社会需求，引领行业发展。

1. 深入研究新农村建设模式

针对新农村建设资金不足和工商资本难以介入农村发展的困境，研究基地深入研究了穆家峪镇希望小镇建设的实践，总结成为“产村合一”的首都新农村建设模式，为企业资本进入农村，参与新农村建设提供了理论和实践支撑，为首都新农村建设提供了经验。

2. 积极开展都市农业与新农村建设规划

针对都市型现代农业产业发展和新农村建设，研究基地着力推进理论研究成果向实践转化，围绕全国休闲农业发展、北京市都市型现代农业发展、农产品加工业、沟域经济和都市型现代农业示范镇等主题，主持完成了一批重要的产业发展和新农村建设规划，将新的发展理念和思路应用于实践，促进了现代农业产业发展和新农村建设，实现了研究基地研究成果的对外输出。

3. 深入开展校企合作研究

针对现代农业企业发展中存在的各种问题，研究基地深入企业发展一线，深入调研，科学分析，以项目委托、合作研究等形式，开展涉农企业科学研究。依托学校与顺鑫集团、首农集团建设战略合作平台的机遇，研究基地积极介入相关企业的发展，开展合作研究，为企业发展献计献策，成为推动涉农企业发展的重要智囊。

4. 积极服务农村和谐社会建设

研究基地面向农村社会发展中存在的各种问题，积极申请各种研究项目，形成了系统的农村社会问题研究成果，这些成果直接反馈到相关部门和农村社区，成为改善首都郊区农村社会治理水平，推进社会和谐发展的重要依据。

三、以研究项目带动研究基地平台建设情况

（一）研究基地定位和建设目标实现的自我评价

研究基地作为政府部门的智库，其发展定位是围绕北京郊区新农村建设相关问题开展理论、实践与政策研究，为相关决策部门提供新观点、新思路，为京郊新农村建设建言献策、提供服务。研究基地依托北京农学院，还相应地承担着学科建设、人才培养的职能。

研究基地在三年建设周期中，紧密围绕首都“三农”发展需求，深入开展都市农业、新农村建设、沟域经济、农村社会问题、城乡一体化等领域的深入研究，形成了相关领域的一批重要成果，为北京山区新农村建设、沟域经济、创意农业、都市型现代农业文化、城乡统筹发展、农村社会治理等提供了重要的基础理论支撑，为科学构建具有首都特色的新农村建设理论体系提供支撑，实现了研究基地建设定位和建设目标。

（二）对研究资源整合发挥作用情况自我评价

研究基地三年共自设课题 25 项，全部采用公开招标制。通过课题招标，研究基地共吸引中国人民大学、中国农业大学、中国传媒大学、北京林业大学、北京交通大学、北京科技大学、北京农林科学院、北京邮电大学、北京第二外国语学院等在京科研院所参加竞标，研究基地外所在单位承担课题 14 项，占招标课题总数的 56%。

通过搭建科研平台，调动了各方科研人员的积极性，实现了研究基地内外相关研究领域的资源整合，夯实了研究力量，使研究基地真正成为北京市新农村建设研究的重要平台。

（三）在本研究领域中地位作用的自我评价

在北京市教委、规划办和北京农学院的大力支持下，在二期建设期间，研究基地取得了重要进展，研究基地条件稳步改善，学术水平持续提升，服

务能力不断增强，影响力明显扩大，研究基地已经成为我国新农村建设与相关研究领域的重要研究力量。

1. 研究基地研究水平得到相关部门和专家的认可

研究基地主持制定了我国第一个国家级休闲农业发展规划；研究基地应邀参加全国都市农业发展调研，所写研究报告成为农业部出台《关于加快发展都市现代农业的意见》的重要依据；研究基地连续六次受邀参加农业部组织的全国新农村建设模式调研并执笔完成相关的调研报告，这是对研究基地在休闲农业、新农村建设、都市型现代农业等领域研究水平的充分肯定。

2. 研究基地决策咨询服务水平得到了社会认可

研究基地陆续承担了北京市、区县和乡镇等各级产业发展、新农村建设等重要规划，相关研究成果已经被采纳。此外，研究基地还第一次承担了少数民族地区都市型现代农业发展规划——新疆喀什“深喀现代农业产业园”建设规划，规划成果得到了用户的充分肯定。这表明，研究基地的决策咨询能力得到了社会的广泛认可。

3. 信息平台建设成效显著

研究基地成立了中国都市农业网，对于彰显研究基地研究特色，促进学术交流与合作搭建了平台，起到积极作用。此外，研究基地还不断搜集有关北京农村人文学科的数据资源，持续更新北京农村人文基础数据库，不断完善平台构架，提升服务器平台运行效率。

4. 中青年科研人才培养成效突出

研究基地注重对优秀中青年人才的培养，近年以项目带动的方式共培养农业经济管理、社会学、法学等学科中青年学术骨干20名，他们在承担和参与研究基地项目中，迅速提升了科研能力，促进了科研创新，壮大了新农村建设人才队伍。

四、研究基地经费使用投入产出绩效分析

（一）平台条件建设经费投入对实际应用的作用

研究基地共投入建设经费约15万元。研究基地投入专项经费开展研究基

地办公条件改造和设施配备，使科研条件稳步提升，同时学校连续两年为研究基地匹配计算机等办公设备，不断改善研究基地办公条件。

（二）科研经费投入和使用与科研成果产出的绩效

建设期内，研究基地共投入科研项目立项经费达到130万元。

(1)2010年研究基地投入30万元开展科学研究，其中26万元进行课题招标。确立"北京国家农业科技城与现有国家农业科技园区共同发展的协调性研究"、"北京农民向'拥有集体资产的市民'转变的相关法律问题研究"、"基于城乡一体化建设的北京重点小城镇持续发展研究"、"进一步缩小北京城乡居民收入差距的途径研究"等5个课题。

目前各课题正在有序进行。

(2)2011年研究基地投入30万元开展科学研究，其中18.5万元进行课题招标，确立了"信息化对北京农业经济增长的贡献率研究"、"日本丘陵山区农业发展模式及经验研究"、"北京山区农村生态文明建设经验及推进思路研究"、"环境政策背景下首都现代农业经济发展"、"北京市集体林权制度改革下农户林地转出意愿影响因素分析"等20个课题。

目前各课题正在有序进行。

(3)2011年，学校专门为研究基地投入配套经费10万元，开展穆家峪镇华润希望小镇建设模式研究，对希望小镇建设的产业发展模式、城乡一体化发展模式和农村社区化发展进行了专题研究。

目前，该研究已经完成，研究报告也已提交穆家峪镇政府参考。报告总结了穆家峪镇希望小镇建设模式，提出了相关的意见建议，对推动希望小镇更好建设能够起到重要作用，同时也为北京市新农村建设创新发展提供了典型经验和示范样本。

(4)2012年市教委专项"科研研究基地—科技创新平台建设—新农村建设研究基地"等两个项目，总经费60万元。研究基地围绕郊区基层党组织创新新农村发展模式研究、城乡一体化背景下新农村科学发展模式研究、生态旅游城市建设背景下产业发展模式、都市农业要求下的乡镇沟域经济发展模式等开展深入研究。

截至目前，已经出版专著2部、论文集1部，发表论文8篇，撰写研究报告5份并提交政府部门，项目开展取得了良好效果。

（三）吸引社会资金投入科研所产生的效益情况

研究基地积极介入首都和全国的新农村建设及相关领域的研究工作，为各级政府和企事业单位提供大量的咨询服务，吸引了一大批社会资本投入科研过程，在服务社会的同时，提升了研究基地的研究水平。

2010—2012年，研究基地共获得横向课题经费1574万元，主持完成了北京市及郊区县、乡镇都市型现代农业发展规划和山东省淄博市、河北省唐山市的都市农业发展规划编制等咨询工作，承担了新疆喀什、内蒙古呼和浩特等地现代农业园区规划设计任务，促进了当地现代农业的快速发展。

通过积极开展社会服务，满足了社会各界对新农村建设、都市农业发展等相关领域的迫切需求，对相关地区发展提出了新的思路和规划，直接促进了当地农业与农村经济的快速发展，产生了巨大的社会和经济效益。在这个过程中，也锻炼了一支理论基础扎实、实践能力突出、服务意识超前的研究基地研究队伍，为进一步提升社会服务能力打下了坚实的基础。

五、研究基地取得的突出成绩与经验

（一）研究基地建设的特色、成绩

在三年建设周期内，研究基地不断推进平台建设，深入开展项目研究，着力推进社会服务，积极开展人才培养，研究基地科研条件明显改善、科研经费大幅增长、科研质量显著提升、科研成果丰富多样，科研队伍不断夯实，学术交流日益频繁，对学校学科发展和人才队伍培养起到了明显的推动作用，现已圆满完成研究任务，实现建设目标，研究基地特色更加突出，研究基地建设取得了显著成效。

1. 研究基地成为政府部门的重要智库

研究基地不仅以各种形式积极服务北京“三农”发展，而且主动参与农业部的培训、调研、规划等工作，相关的研究工作得到了充分肯定，一些政策建议和报告被采纳。研究基地已经成为北京市、农业部等政府部门的重要智库。主要表现在：(1)完成系列发展规划。研究基地承担了全国休闲农业“十二五”发展规划、北京市都市型现代农业“十二五”发展规划等系列规划，为各级政府推进都市型现代农业发展提供了智力支撑。(2)完成了一批高质量调研报告。研究基地承担了北京市农委、科委、民委等部门的沟域经济发展、规模化经营调研、郊区“一村一品”、山区林下经济发展调研等调研任务，部分建议已被相关政府职能部门采纳，为政府决策提供了重要参考。(3)多条政策建议被政府采纳。研究基地对山区生态产业、郊区农村“一村一品”、都市农业规模化经营、农业产业化发展等“三农”问题持续开展深入研究，形成了多项政策建议，被政府部门采纳，促进了北京“三农”发展。

2. 研究基地积极服务首都“三农”发展

研究基地立足北京，主动融入首都“三农”发展。在以各种形式服务政府决策的同时，研究基地积极深入都市农业和新农村建设一线，为农民、企业、合作社和社区发展提供了全方位的服务。主要表现在：(1)开展农业产业规划和特色园区设计。研究基地主持完成了顺义区、密云县、房山区的多项都市农业与沟域经济发展规划，完成了房山区、海淀区等多处特色农业园区设计，形成了较强的示范引领作用，促进了北京都市型现代农业的发展。(2)开展农村社区管理咨询与服务。研究基地围绕农村社会治理积极开展农村社区管理与建设、农村社会事业发展、农村公共服务提升、农村法律服务等相关领域的培训、咨询和服务，促进了郊区农村和谐社会建设。(3)开展大量新型农民培训。研究基地围绕都市农业发展、新农村建设、农村社区发展，开展了大量的培训，促进了农民致富增收，促进了都市农业产业发展，促进了农村社区建设，推动了首都郊区全面进步。

3. 都市农业理论与实践研究特色鲜明

研究基地紧密围绕都市农业与新农村建设开展深入研究，形成了鲜明的研究特色，为北京农学院创建“都市型现代农林大学”提供了有力支撑。主要研究特色包括：(1)开展生态文明建设研究，提出北京山区生态产业体系战略布局，促进了北京山区生态经济的可持续发展。(2)开展都市型现代农业业态研究，提出都市型现代农业发展的10种模式，提升了北京都市型现代农业产业化水平。(3)开展都市型现代农业与乡村文化研究，形成北京都市型现代农业文化理论体系，增强了新农村建设的文化支撑。(4)开展休闲农业发展研究。深入研究全国休闲农业发展形势，完成全国休闲农业“十二五”发展规划，制定休闲农业标准体系，提出北京推进休闲农业标准化的模式，促进了休闲农业的又好又快发展。(5)深化北京沟域经济理论研究，在一期沟域经济理论研究基础上，以学校与门头沟、延庆等区县签署战略合作协议为契机，深化沟域经济建设，开展全方位实践，促进了北京山区经济和社会发展。

（二）研究基地的典型经验

1. 融入产业体系

研究基地以都市型现代农业和新农村建设为核心研究内容，积极融入北京市产业发展体系。一是研究基地研究人员入选北京市现代农业技术体系创新团队。研究基地五位专家入选奶牛、家禽、虹鳟鱼、叶菜创新团队和评估研究室，成为研究基地融入北京市相关产业创新发展格局的重要支撑。二是研究基地积极服务首都农业产业体系建设。研究基地围绕都市型现代农业，积极开展休闲农业、景观农业、林下经济、会展农业、设施农业等产业发展规划设计和政策研究工作，促进了都市农业产业体系的不断完善。

2. 强化成果推广

研究基地重视科研成果的推广工作，积极打通推广"最后一公里"的瓶颈。一是培育专业推广队伍。在已有研究队伍基础上，在学校的支持下，研究基地推广教授、推广副教授的数量逐渐增加，成果推广与服务能力不断增强。二是不断完善推广模式。研究基地注重示范典型在成果推广中的引领作用，通过制定和实施示范镇、示范园区创建规划，形成典型示范效应，引领首都都市型现代农业的快速发展。三是不断加大培训力度。研究基地不断加大农民培训、合作社培训、农业龙头企业培训、新农村建设培训和农村社区发展等培训力度，实现了科研成果和发展理念向农村的快速转化和传播。通过加强成果推广，促进了首都新农村建设和都市型现代农业发展。

3. 加强团队建设

研究基地紧密结合研究方向，打造研究团队。一是在都市型现代农业、涉农企业管理和"三农"法律与社会问题等领域形成10个特色研究团队，团队研究方向明确、人员结构合理、研究成果丰富。二是研究基地成功申报三个学校优势科技创新团队。桃果实品质形成机理与提质增效关键技术研究创新平台建设团队、涉农企业经营管理研究创新平台建设团队和北京农业产业安全理论与政策研究创新平台建设团队成功入选北京农学院优势科技创新团队，获得了学校专项建设支持。此外，除了研究基地固定人员以外，校外流动研究人员也被纳入了研究基地研究团队，为研究基地研究做出了贡献。

4. 突出人才培养

研究基地坚持以科学研究促进人才培养。一是重视研究生培养。研究基地将研究生纳入研究团队，在科研实践中提升了研究生的理论水平和实践能力，为研究生后续的发展奠定了重要基础。二是重视村官培训。积极开展各种形式的村官培训，尤其重视大学生村官的培训，以产业发展、新农村建设、社区管理等为重点，培养农民致富带头人，提升基层治理水平。三是重视农村经营管理人才培养。研究基地以合作社、龙头企业和基层为重点，积极开展市场经营、品牌管理、资本运作等领域的培训，提升了都市农业经营管理水平。此外，研究基地重视在规划编制过程中开展农业从业人员培训，提高其认识，促进理念和技能的提升，确保规划得到充分理解和执行。

5. 立足北京、服务全国、走向世界

研究基地树立主动服务意识，积极参与农业部等单位的相关研究活动，推动研究成果由立足北京走向服务全国。近年来，研究基地承担了农业部“全国休闲农业‘十二五’发展规划”，执笔完成了农业部社会事业发展中心组织的多部新农村建设模式研究报告；研究基地参与完成了全国都市农业发展调研报告，成为农业部制定和发布《关于加快发展都市现代农业的意见》的重要依据；研究基地主持完成了全国“一城两区百园”发展战略研究，为我国农业科技创新发展提供了新的思路。此外，研究基地还参与了农业部休闲农业标准体系研究，撰写了休闲农业新职业标准(职业经理人和职业指导师)，完成了农业部农村实用人才培训任务 10 期。

研究基地还积极参与国际都市农业基金会，国际都市农业大学联盟等国际机构的研究和学术交流活动，在国际交流中，推进研究基地研究成果的扩散和研究理念的交流。通过国际学术交流，使研究基地都市农业与乡村建设研究不断走向国际学术前沿。

六、研究基地建设存在的问题与解决办法

(一)目前研究基地科研平台建设中存在的主要问题

1. 研究基地国际合作研究有待进一步加强

目前，研究基地参与国际学术交流逐渐增加，但是研究基地开展国际合

作研究还较少、合作研究的深度和广度还需拓展，这不利于研究基地把握国际学术前沿、掌握学科发展动态和促进人才培养。

2. 科技奖励申报组织工作力度有待加强

经过近年建设，研究基地研究人员的科研能力和水平显著提升，取得了一系列重要科研成果，促进了首都经济社会的快速发展。目前，研究基地对研究成果还缺乏系统整合，对研究成果的宣传力度还稍显薄弱，科技奖励申报工作还有待加强。

（二）进一步搞好研究基地平台建设的设计和对策

1. 加大国际交流与合作力度

针对国际合作交流不足的问题，研究基地将围绕都市农业、新农村建设、涉农企业管理、农村社会问题等领域，按照“请进来，走出去”的方针，深入推进国际合作交流，重点加强与国际都市农业基金会、国际都市农业大学联盟等机构以及境外知名大学的合作交流力度，增加友好往来，在学术交流、人才培养、项目合作等领域开展积极合作，提升研究基地的国际化水平。

2. 加大科技奖励申报组织工作力度

研究基地将进一步加大科研成果的认定力度，积极组织研究基地研究成员，汇总研究成果，积极申报各级科学研究奖励，扩大研究基地学术影响力。

七、研究基地建设下一阶段的设想

（一）对研究基地作为科研平台作用的认识和把握

经过本期建设和发展，研究基地平台作用日益发挥，成为北京“三农”研究领域的重要研究机构。在推进科学研究，服务首都发展的过程中，研究基地认识到：

1. 研究基地平台必须紧密联系国家“三农”事业发展形势

新农村建设是国家发展的长远之计，推进新农村建设必须按照“生产发展、生活宽裕、乡风文明、村容整洁、管理民主”的要求，有序推进。推进新农村建设必须紧密联系国家社会发展的动态变化，在当前形势下，推进“美丽中国”和生态文明建设，在建设“美丽中国”中推进生态文明与物质文明、精神文明、社会文明、政治文明协调发展。

2. 研究基地平台必须密切跟踪京郊社会事业发展需求

党的十八大报告中提出，着力构建以企业为主体、市场为导向、产学研相结合的技术创新体系。北京新农村建设研究基地在发展中，始终认为企业是农村农业经济发展的重要引擎，始终关注涉农企业的发展问题，开展了一系列的研究，相关成果被企业和企业管理部门采纳。未来的研究要把涉农企业研究放在更加突出的位置，推进企业创新主体建设，服务农业农村经济繁荣发展。

3. 研究基地平台建设必须符合科学研究发展规律

研究基地是推动新农村建设科学研究进步的重要基础，研究基地建设必须符合学术发展的客观规律。一是要坚持对外开放，将研究基地打造成源源流动的学术圣地，不断在对外交流和碰撞中促进研究水平的提升；二是要坚持人才培养，通过多种途径为研究基地培养一支年龄结构合理、研究方向明确的研究队伍，确保研究基地研究水平持续提升。

(二)研究基地继续建设的思路与目标

研究基地发展要紧密围绕党的十八大描绘的“全面建成小康社会”的宏伟蓝图，立足首都，面向全国，进一步适应国家和首都发展需求，凝练研究方向，提升研究水平，推进新农村建设研究，服务首都城乡统筹发展。研究基地在下一个建设周期的发展思路与建设目标如下：

1. 进一步凝练发展方向与目标

研究基地要紧密跟踪社会经济发展变化趋势，敏锐地把握社会发展需求，针对社会发展需求，凝练出稳定的研究方向。研究基地将未来研究方向确定为：都市型现代农业、涉农企业管理、涉农法律与社会问题，基本涵盖了当前首都“三农”发展的重要问题，能够实现服务首都、引领全国的建设和发展目标。

2. 紧密围绕社会需求制订研究课题

研究基地要进一步提高科研的敏感性，认真学习党的十八大精神，围绕

“美丽中国”建设，开展“美丽乡村”和“生态文明”建设相关研究；研究基地要紧密围绕北京市第十一次党代会精神，开展“生态安全”的相关研究等，努力破解国家和首都“三农”发展难题。

3. 进一步加强合作交流

研究基地要围绕研究领域，进一步加强与国内外研究机构的合作交流。一是继续深入探索开放课题招标管理的新机制，促进平台作用的发挥，提升研究基地成果水平，更好地服务首都“三农”发展；二是加大国际交流力度，按照“走出去、请进来”的开放思路，积极加大与国际都市农业基金会、国际都市农业大学联盟等机构的交流与合作，提高研究基地对外开放水平，提升研究基地建设的国际化程度。

4. 继续强化人才队伍建设

研究基地要进一步发挥在人才培养方面的优势。一方面要继续加大研究基地人才队伍建设力度，继续增强研究基地研究力量。另一方面，面向社会需求，培养高水平农村发展实用人才，包括推进村官培训，为新农村建设培养生力军；推进农村经营管理人才培训，提升企业经营管理水平；推进农村社会管理培训，促进农村社会和谐发展。

北京市知识管理研究基地二期建设报告

一、研究基地建设的基本情况

（一）研究领域、研究方向定位、发展建设目标

北京市知识管理研究基地是依托北京信息科技大学建立的北京市哲学社会科学研究基地。本研究基地在第一个建设期的基础上，秉承知识管理研究的宗旨，对知识本体在管理领域的运行规律和生产、交易、科研活动中的知识管理以及整个社会知识创造、知识传播、知识应用、知识再循环中的管理问题开展研究，同时与时俱进，紧密结合国家和北京市经济发展动态，深入研究国家“十二五”规划关于坚持把建设资源节约型、环境友好型社会作为加快转变经济发展方式的重要着力点的要求，以及北京市“十二五”纲要中指出的：“深入推进节能减排，提升生态文明水平，走绿色低碳、生态友好发展之路。”将进一步加强资源环境政策制定实施，推进资源集约利用与绿色发展。按照减量化、再利用、资源化、节约优先的原则，加强财税、金融、价格、标准、产业等政策的互动组合，在生产、流通、消费各环节，在企业、园区、社会各层面，引导开发应用源头减量、循环利用、再制造、零排放等技术，推动循环经济发展，促进全社会的资源循环利用。针对宏观环境和政策，知识管理研究基地对其研究领域和研究方向定位做出了适时的调整，将循环经济和实验经济学纳入知识管理研究基地的研究领域，并重新定位了研究方向。

1. 研究领域和研究方向定位

知识管理研究基地的研究工作主要集中于如下领域：

（1）知识管理领域。知识的计量、创新、扩散、转移、转化、应用的理论与实践；研究知识的表示、获取和运用的理论、方法及实现技术。

（2）科技管理领域。研究科技体制改革与创新、科技计划与科研组织以及建立新的科技管理理论体系。

（3）循环经济领域。探讨以自然的整体、协同、循环和自适应功能去规

划、组织和管理社会的生产、消费、流通、还原和调控活动，研究将生产所需的资源通过回收、再生等方法再次获得使用价值，实现循环利用，减少废弃物排放的经济生产模式。

(4)实验经济学领域。用实验方法研究经济社会系统的人类行为及交互结果，即在实验室中构建经济实验，模拟经济现实，验证经济见解，为宏观经济、产业经济、区域经济、企业经营、社会管理等领域难点及热点问题寻求对策，并预前评估经济决策效果。

根据研究领域设置了四个研究方向如下：

(1)知识管理与信息化。研究知识管理以及探索知识的表示、获取(包括学习、保存及交换)和运用(包括检索、推理以及其他各种形式的加工)的理论、方法及实现技术，借助信息化手段对知识进行系统化的组织与管理，构建知识管理系统研究。

(2)科技政策与科技管理。科技体制改革与创新、科技计划与科研组织，建立新的科技管理理论体系以及公共财政资助的科技项目的成果转化、技术转移、推广、应用、绩效、评价研究

(3)资源循环管理工程。面向工业“三废”循环利用、城市垃圾的再生利用、矿产资源综合利用等社会发展的关键问题，重点在资源循环管理理论与技术、资源循环信息化和循环经济产业发展三个方向展开研究。

(4)博弈论与实验经济学。面向经济社会热点与难点问题，根据组织行为理论，运用实验方法和博弈论方法，构建经济实验，开展实验模拟，组织实验评估，并基于实验结果提出经济对策或政策主张。

根据所设置的四个研究方向，积极开展研究工作，取得了预期的成果，完成了研究任务。

2. 发展建设目标

在国内外形成较大的影响力，将研究基地建设成为中国知识管理科研中心、学术交流中心、咨询服务中心、优秀人才培育中心、信息中心等。具体建设目标如下：

(1)建立健全知识管理体系。理论研究和应用研究相结合，开展知识创造、知识传播、知识融合、知识应用、知识反馈、知识再造的管理理论、方法和模型。

(2)构建知识管理服务资源平台。研制知识管理的工具与技术，建立健全知识管理实验室、数据库与信息网络，开展市场模拟、流程模拟、政策模拟，发挥知识管理决策实验研究的作用。

(3)开展决策咨询服务。科技创新管理与社科创新管理并重，开展知识管理的战略、制度、规范与产业实践的应用研究，为政府相关部门及各种企业的决策服务，成为重要的决策咨询单位。

(4)培养知识管理创新人才。实现研究基地建设目标的同时，开展知识管理本科生和研究生教育，培养知识管理人才，壮大知识管理研究队伍。

(5)成为中国知识管理学术交流中心。以研究基地为学术交流的平台，积极推动国内外的学术交流与合作，开展双边或多边广泛、深入的对话、协作，提高中国知识管理上的整体水平，促进国民经济的运行。

(二)研究基地组织机构状况

1. 研究基地组织机构状况

(1)研究基地由学校组织建设。学校负责研究基地建设工作，制定研究基地建设计划、规章制度；对研究基地的考核、专家评审和检查评估；并对研究基地的建设进行指导，负责专项经费资助。研究基地日常管理依托经济管理学院，联合学校其他学院和校外相关单位共同建设。

(2)建立和完善了组织机构。北京信息科技大学经济管理学院院长葛新权教授担任研究基地主任和首席专家，北京信息科技大学经济管理学院副院长张健担任研究基地副主任。研究基地设立管理办公室，1人专职负责研究基地办公室行政事务，1位博士担任研究基地秘书。研究基地主任主要职责是负责全面实施市教委和市社科规划办确定的研究基地建设标准；实施学术委员会确定的学术发展规划。首席专家负责制定研究基地内部管埋制度、筹集和批准使用经费、负责聘任专兼职研究人员及行政和资料管理人员、负责向学校科研主管部门、研究基地负责人汇报工作；研究基地副主任负责内部管理制度的落实以及日常管理工作。

2. 研究基地学术委员会的作用

作为学术研究指导机构，学术委员会主任由中国社科院荣誉学部委员张守一研究员担任，学术委员会主要职责有：制定和修改学术委员会章程；审议研究基地的学术研究方向及中长期研究发展规划；参与重大项目和其他开放研究课题的评审并提出资助额建议；参与重大成果的评审鉴定工作；对重大课题经费的合理使用提出建议并进行监督；协调本学科领域全国性重大学术活动。学术委员会致力于发扬学术民主，开展学术交流活动，提高研究基

知识管理研究基地学术委员会主任　张守一

图 1　中国社科院荣誉学部委员张守一研究员到研究基地指导学术工作

地科学研究水平，为北京知识经济及管理服务。通过学术委员会会议提出具体的建设目标并检查和考核目标的实现情况。

3. 科研力量配备以及研究基地以外有关科研力量的整合利用情况

研究基地以课题研究为纽带，以研究基地公共办公与科研资源为支撑，以研究方向为主线，汇聚校内外在知识管理、科技管理、循环经济、实验经济学等研究方面的骨干力量。

(1)逐步形成了一支富有活力又相对稳定的研究队伍。研究基地目前按四个研究方向组成四个研究团队，即建立由四位教授分别牵头，其他教授、副教授和教师配合的四支科研队伍。老中青搭配，稳定的成员达 30 多人，富有创新活力。

(2)与校外科研力量紧密结合，联合攻关重大课题。为了突破本学校的单一力量以及资源的限制，通过"引进来、走出去"的方式，积极谋求与政府机构、科研院所、其他高校以及企事业单位的科研合作。这是本研究基地获得国家级重大项目的重要经验。

(3)积极吸纳学生参与创新实践，挖掘源源不断的人才源泉。每年还招收 30 多个研究生和本科生参与研究基地的研究工作。

在今后的建设过程中，研究基地将以研究方向为主线，加强研究基地创新团队建设，广泛吸纳校内外、境内外的研究人员，建设知识结构更加合理的研究队伍，到下一个建设期末，稳定的团队成员争取超过40人。

（三）研究基地承担项目情况

研究基地2010—2012年二期建设期间，共承担各种科研项目99项，科研经费总计1081.44万元。科研项目的具体情况如下：

（1）国家级项目14项。主要包括国家自然科学基金项目、国家科技支撑项目、863项目、教育部人文社科项目、财政部项目等。国家级项目的资助经费比前一个建设期有大幅度增长，如，葛新权教授主持的国家科技支撑项目“制造业产业集群协同服务的空间信息采集与数据库优化”，国拨项目经费达195万元；张健教授负责的国家科技支撑项目“循环经济试验区产业集群服务平台关键技术研究”，国拨项目经费达283万元。

（2）北京市哲学社会科学规划项目31项。

（3）研究基地自设项目22项。

（4）其他来源课题32项。来源于北京市自然科学基金、北京市科委、北京市教委，主要涉及人力资源、财务会计、工商管理、现代服务业等领域的数据库建设、信息管理、科技管理、创新管理等咨询服务。

（四）研究基地开展学术活动与学术交流情况

研究基地二期建设期间，举办国际与全国大型会议共计12次、校内各种沙龙和学术报告25次、模拟比赛3次，并积极开展国内外学术交流活动。具体情况如下：

1. 举办国际会议4次

（1）2011年10月30—31日北京市知识管理研究基地与全国博弈论与实验经济学研究会联合举办“微观行为分析与复杂经济仿真国际研讨会”，这次研讨会在行为动力学建模及其在经济/金融中的应用、演化博弈论及其经济建模应用、基于互异主体（Heterogeneous Interacting Agent）的建模及其在金融中的应用等话题方面进行深入讨论，研究用博弈论、实验经济学和复杂性科学等前沿方法，从微观行为视角探索宏观经济/金融的复杂性，推动实验经济学的发展。

图 2 “微观行为分析与复杂经济仿真国际研讨会”上外国专家做主题发言

(2)2011 年 11 月 4—6 日，北京市知识管理研究基地与中国社会科学院、中国社会科学院数量经济与技术经济研究所、北京市科学技术研究院、北京市科学研究中心联合举办中国社会科学论坛“经济政策模拟与技术创新国际研讨会”。

图 3 “经济政策模拟与技术创新国际研讨会”开幕式

(3)2010年7月10—11日北京市知识管理研究基地与中国社会科学院、中国数量经济学会联合举办纪念“颐和园经济计量学讲习班”30周年国际学术研讨会。研讨会上，来自美国耶鲁大学、普林斯顿大学、华盛顿大学、北卡罗来纳大学、康奈尔大学、加州大学、俄亥俄州立大学、范德堡大学，以及新加坡国立大学、中国台湾大学的十二位知名学者做了发言，学者们就计量经济的艺术、汇率决定机制的宏观分析方法、非线性时间系列检验的一般性方法、数量经济理论和方法等主题进行了宣讲和交流。

图4　“纪念‘颐和园经济计量学讲习班’30周年国际学术研讨会”上葛新权教授致辞

(4)2012年11月23日北京市知识管理研究基地与中国社会科学院经济学部、中国社会科学院数量经济与技术经济研究所联合举办“欧元区危机及其对中国经济的影响国际研讨会”。

中国社科院经济研究所所长裴长洪研究员、欧盟委员会经济与金融事务部司长罗伊格先生(Mr. Werner Roeger)、国务院发展研究中心对外经济研究部部长隆国强教授、德国经济研究所宏观经济部主任德雷格教授(Prof. Christian Dreger)、英国国立经济与社会研究所霍兰德女士(Ms. Dawn Holland)、国务院发展研究中心世界发展研究所副所长丁一凡研究员、商务部综合司综合业务处处长刘日红先生、欧洲中央银行经济事务理事会霍姆-哈杜拉先生(Mr. Fédéric Holm-Hadulla)、中国社科院数量经济与技术经济研究所副所长李雪松研究员、北京信息科技大学徐文彬教授十位演讲人，就“欧元区危机对中国外贸增长的影响”、“欧洲金融危机及其对世界的影响”、“欧债危

图 5 “欧元区危机及其对中国经济的影响国际研讨会”上，校长柳贡慧致开幕词

机对亚洲区域合作的启示”、“中国对于工业化国家产出与通货膨胀的影响”、“面对欧洲的政策挑战”、“欧债危机背景下的中欧关系”、“欧债危机发生机制及对中国改革发展的思考”、“欧洲中央银行在危机期间的货币政策战略”、“2025 年中国经济预测与国际比较”、“关于欧洲债务危机的思考”等有关主题发表了精彩的演讲。

2. 举办全国性学术会议

研究基地与中国科技成果管理研究会联合举办 2010、2011、2012 年“全国科技成果评价与转化经验交流与学术研讨会”，来自全国科技管理领域的专家学者以及管理工作者对科技成果评价与转化的理论和实践进行了研讨。2010 年、2011 年的会议，北京信息科技大学韩秋实副校长出席会议并致辞。2012 年的会议，北京知识管理研究基地首席专家葛新权教授出席会议并致辞，科技部发展计划司巡视员、中国科技成果管理研究会副理事长申茂向、国家科学技术奖励工作办公室姚昆仑处长、北京知识管理研究基地的唐五湘教授分别做了“科技成果转化与科技创新”、“科技成果转化现状分析”和“科技金融平台构建研究”的大会主题报告。

图 6　韩秋实副校长和研究基地首席专家葛新权教授，
研究基地研究人员唐五湘教授、程桂枝副教授在 2010 年学术研讨会上

研究基地组织北京市哲学社会科学规划重大项目“‘北京市生活垃圾减量化对策研究’启动会”、“全国博弈论与实验经济学研究会理事扩大会议”、“2012 实验经济学学术交流研讨会”、“电子产品污染评价及知识管理相关学术会议”等。

图 7　“2012 实验经济学学术交流研讨会”

研究基地邀请国家科技支撑计划课题组专家召开专题论证会，探讨了循环经济试验区、知识服务相关需求和特色。

图8 “2011年国家科技支撑计划课题组专家论证会”

3. 举办学术性研讨会和学术沙龙

举办学术性研讨会和学术沙龙5次，聚集研究基地中青年研究人员，就知识管理的科研、教学与咨询开展学术沙龙式的自由交流，启迪参与者的思维。

图9 “2010年知识管理学术研讨会”

4. 邀请国内外专家做学术报告

邀请国内外专家做学术报告20次。邀请美国威斯康星大学帕克塞德分校Gee教授、富兰克林与马歇尔学院Roger教授，以色列特拉维夫大学Simon Benninga教授，中央财经大学孙宝文教授、北京师范大学唐任伍教授、中石油发展研究部战略研究处处长郝鸿毅研究员，著名知识管理专家刘国兴教授、神化集团副总经理李东(我校兼职教授)、中国人民大学六西格玛质量管理研

图10　2010年以色列特拉维夫大学金融学教授Simon做学术报告

图11　2012年美国富兰克林与马歇尔学院Roger Lee White教授做学术报告

究中心主任何晓群教授、对外经济贸易大学林汉川教授等著名专家来研究基地做学术报告，参加学术报告会并研讨的人员达510人次。不仅促进了研究基地人员科学水平的提高，也开启了研究基地与专家及其所在高校和科研机构的合作。

图12　2010年中央财经大学科研处处长孙宝文教授做学术报告

图13　2011年北京师范大学管理学院院长唐任伍教授做学术报告

5. 举办中国大学生就业模拟大赛与研讨会

实验经济学实验室对其开发的就业模拟测试系统进行了连续升级改版，与全国博弈论与实验经济学研究会联合主办了2010、2011、2012年中国大学生就业模拟大赛，全国20多所大学的应届本科生参加比赛。大赛在国内外引起了积极的反响，对参赛大学生正确认识自身就业能力与存在的差距发挥了

图 14　2011 年中国大学生就业模拟大赛现场

图 15　2011 年中国大学生就业模拟大赛颁奖典礼

积极作用。

6. 积极开展国内外学术交流活动

研究基地派出研究人员与美国威斯康星大学、博林格林州立大学、明尼苏达州立大学、卡内基梅隆大学，澳大利亚拉筹伯大学、维多利亚大学，爱尔兰考克大学、都柏林格利菲斯学院以及德国科隆市政厅环境及食品安全管理机构，芬兰国家技术研究中心(VTT)、赫尔辛基大区环境服务局垃圾处理中心，瑞典韦克舍垃圾处理场，丹麦哥本哈根韦斯特弗布赖丁(Vestfor-branding)垃圾管理机构等开展的学术交流，共 20 人次。3 年接待来华访问和进行学术交流的来自美国、加拿大、澳大利亚、爱尔兰、德国、俄罗斯等国家的研究人员 20 多人次。通过国际交流，拓展了科研人员的国际视野，为培养研究基地的国际化人才打下基础。

图 16　2011 年赴澳大利亚科技管理考察团在维多利亚大学进行学术交流

研究基地赴澳大利亚科技管理学术交流考察团就科技管理、科技政策以及知识管理与应用等赴维多利亚大学、卧龙岗大学进行学术交流和考察。

图 17　2011 年德国科隆市政厅环境及食品安全管理机构研究人员与课题组进行学术交流

图 18　2012 年与丹麦哥本哈根韦斯特弗布赖丁垃圾管理机构人员进行学术交流

图 19　2011 年美国明尼苏达大学经济系 Bedassa Tadessee 教授来知识管理研究基地进行学术交流

图 20　2011 年荷兰 Egbert Jongen 教授来研究基地进行学术交流

研究基地科研人员广泛参与学术活动与学术交流，有力地促进了研究基地、学校和协作机构的学术交流与合作。

（五）研究基地科研队伍建设与人才培养情况

到目前为止，研究基地有首席专家和学术带头人4名，其中教授3人，获得国家级或省部级人才计划和荣誉称号2人。研究队伍中稳定的核心成员31人，其中，教授9人、副教授12人、博士及博士后22人，45岁以下的中青年学术人才23人。

按四个研究方向形成四个研究团队，分别以葛新权教授、唐五湘教授、侯军岐教授、张健副教授为学术带头人，基本形成教授引领，副教授、讲师相互搭配、老中青结合的四支队伍。同时，研究基地建立人员流动机制，以科研课题为纽带，根据人员的研究专长有进有出。今后将进一步以研究方向为主线，加强团队建设，广泛吸纳研究人员并扩充研究队伍，到下一个建设期，稳定的团队成员争取达到40人以上。

研究基地中多人获得国家级或省部级荣誉称号。葛新权教授荣获国务院政府特殊津贴专家，入选北京市“新世纪百千万人才工程”、“国家高层次人才特殊支持计划”；张健副教授入选教育部“新世纪优秀人才支持计划”，获北京市“教育先锋教书育人先进个人”称号，第十九届茅以升北京青年科技人才奖；刘宇教授荣获全国质量管理先进工作者，全国机械行业质量管理功臣奖。

图21　2010年6月　张健副教授获得茅以升科学技术奖——北京青年科技人才奖

在研究基地学术研究的带动下，青年科研人员积极上进，攻读博士研究生 4 人，获得博士学位 2 人，中青年教师出国进修 16 人。研究基地引进博士 7 人，晋升教授 3 人、晋升副教授 3 人；北京市优秀人才 5 人、北京市教委中青年骨干教师 7 人。研究基地青年科研人员 1 人成长为国家科技支撑计划课题主持人，并被聘为国家循环经济试验区特聘专家，2 人获得国家自然科学基金项目资助，2 人获得教育部人文社科项目资助。不仅如此，研究基地将知识管理科研成果带到学科建设和教学建设中，在管理科学与工程学科下，自设二级硕士点“资源循环管理工程”，成立校级科研机构北京信息科技大学循环经济研究中心，并筹建“北京世界城市循环经济体系(产业) 2011 协同创新中心”。

研究基地在人才培养方面，一是通过吸收研究生参与研究基地的科研活动提高其科研能力。三年来，研究基地共培养硕士生 304 人，其中，在读 180 人，已毕业 124 人，发表论文 80 多篇。二是吸收和培养一批本科生参与研究基地研究。组织一批优秀的本科生参与大学生就业模拟比赛、KM 通讯等项目，激发大学生参与科研的兴趣，提升其科研能力。

图 22　2012 年本科生参加中国大学生就业模拟大赛

(六)研究基地科研信息数据平台建设、网页建设情况

1. 科研信息数据平台建设

研究基地成立伊始就在自己的网站设立了知识管理数据库、KM 通讯、研究成果、电子期刊等栏目，搜集整理知识管理领域的研究资料、数据和各种成果，在保证研究基地研究所需的各种数据资料的基础上，还将研究基地

的研究成果通过这个科研信息数据平台及时传递到知识管理的相关部门，已建成北京知识管理研究的信息中心。资料室、研究基地办公室增加对科技管理、信息管理等知识管理类图书的购买数量，已累计达 4400 册。与北京信息科技大学图书馆协同，购买多种中国经济管理类数据库，为知识管理研究提供及时的数据。除此以外，基于课题研究成果开发了大学生、农民工就业模拟服务平台、现代企业管理数据平台、消费类产品有毒有害物质数据平台。目前基于制造业集群支撑技术信息服务系统研究成果，正在开发制造业集群信息服务平台。现代企业管理数据平台已经拥有 20 万数据元、消费类产品有毒有害物质数据平台有 10 万数据元、大学生就业模拟服务平台已有 2000 多名学生参赛和实训的实验数据。

2. 研究基地网页建设

从 2006 年开通了研究基地独立的网站(http：//km. bistu. edu. cn)，并在本建设期内按照研究方向的调整进行了升级改版。研究基地安排专人管理网站，网页内容能够保证每周都有更新。研究基地网页设立了研究基地首页、研究基地动态、KM 通讯、研究成果、科研团队、论文推介、行业专家、学术交流、学者论坛等多个栏目。网站建立的链接有北京社科规划网、北京社科其他研究基地网站等。以栏目的形式收集了知识管理领域的研究资料、数据和各种研究成果，内容丰富，积极传播、普及知识管理理念与方法。在第

图 23　北京知识管理研究基地网站

二个建设期，研究基地根据自身的发展和社会对知识服务的需求对网站升级改版，进一步适应全社会对知识资源的需求。

（七）研究基地的管理制度

1. 研究项目管理

建立了研究基地管理制度体系；按四个研究方向组成四个研究团队，组织科研攻关；建立团队人员动态管理制度，实施优胜劣汰；设立研究基地专项课题，实行内部招标确定课题承担人；组织申报项目，鼓励团队人员走出去争取更多的合作机会；严格遵循科研管理的规章制度，招标立项，定期检查。做到研究项目责任到人，通过学院和学校资助与基金资助相结合的办法提供资金保障。

2. 科研经费管理

研究基地依托学校建立严格的科研经费管理制度，按照相关要求限制经费使用范围，项目负责人负责编制科研项目经费预算，按规定使用经费。同时，加强对科研经费的监督和检查，建立健全科研经费使用管理的监督约束机制。

3. 研究基地运行机制

学校负责研究基地建设工作，制定研究基地建设计划、规章制度；对研究基地进行考核、专家评审和检查评估；并对研究基地的建设进行指导，负责专项经费资助。研究基地日常管理依托经济管理学院，联合学校其他学院和校外相关单位共同建设。

4. 设立研究基地学术委员会

作为学术研究指导机构，学术委员会主任由中国社会科学院荣誉学部委员张守一研究员担任，学术委员会主要职责有：制定和修改学术委员会章程；审议研究基地的学术研究方向及中长期研究发展规划；参与重大项目和其他开放研究课题的评审并提出资助额建议；参与重大成果的评审鉴定工作；对重大课题经费的合理使用提出建议并监督；协调本学科领域全国性重大学术活动。

(八)研究基地合作单位的协作状况

研究基地与政府部门和研究机构以及一些专业机构开展研究协作，取得骄人的成果。

(1)与政府部门合作，为其提供决策依据。研究基地与国家科技部、北京市科委、北京市教委、北京市社科规划办的协作十分紧密，研究基地的年度研究报告都会报送到上级科研管理相关部门，供其工作参考并对报告进行实践上的指导。年度报告《北京知识管理研究报告》得到上级科研管理部门的好评。

(2) 与全国博弈论与实验经济学研究会协作，并将研究会秘书处设在知识管理研究基地，葛新权教授担任研究会副会长并兼任秘书长。2012 年研究基地承办了“全国博弈论与实验经济学研究会理事会”和“2012 实验经济学学术交流研讨会”，同时开展博弈论与实验经济学的科研协作。

(3)与国务院发展研究中心协作开展学术研究，基地研究人员参与上海市浦东新区政府课题“上海浦东新区建立自由贸易区研究”，课题成果获得了第七届全国先进生产力理论与实践成果奖和发展生产力杰出贡献奖特等奖，并获得温家宝总理一级批示。

(4) 与中国质量认证中心开展合作进行学术研究，共同申请国家科技支撑计划课题“典型工业企业碳排放核查与认证关键技术研究与示范”获得批准，项目成果在中国质量认证中心温室气体核查、咨询与认证业务中进行应用，应用领域涉及机械制造业、火力发电、水泥等 6 个行业，取得了较好的应用效果，能够满足企业碳排放计量和监测的需求，并提供决策参考。同时成功在中青国能(集团)有限公司、山东同方能源工程技术有限公司、北京北水食品工业有限公司等公司进行应用，在煤炭企业、电力企业、造纸企业、化工企业等领域的技术服务与技术改造工程中，采用“工业企业碳排放计量系统”，指导企业建立了一套可信的、准确的、可持续的高精度温室气体排放监测规范，实现了公司碳排放精确测量，为企业节能减排提供了科学准确的依据。

(5) 与中国机械工业联合会协同开发“先进制造业科技数据平台”、“制造业产业协同服务平台”，集成制造零部件数据库和先进制造产业基础数据，在北京汽车制造产业集群应用，并辐射到安徽江淮汽车产业集群、潍坊农机产业集群等区域，为企业提供了协同创新工具支持，为政府管理机构了解产业集群的发展态势提供有力的分析工具，为国家宏观把握产业集群布局，合理配置资源提供基础。

(6)其他合作单位。

研究基地的其他合作单位有中国农业大学、北京航空航天大学、北京理工大学、天津大学等高校。研究基地和这些高校的合作关系密切，一是聘请北京航空航天大学的教授为研究基地专家，参与研究基地知识管理的学术研究和平台建设；二是与这些高校合作开展重大课题的联合研究，力争出重大成果。

研究基地与中国机械研究院、中国数量经济学会、中国科技管理研究会、中国 WTO 研究院、北京城市系统工程中心、中国社会科学院等事业单位或机构联系紧密。如研究基地聘请中国社会科学院张守一教授为研究基地学术委员会主任，指导研究基地的学术研究工作；研究基地作为中国商业经济学会的会员单位，每年积极参与学会的各项活动；研究基地首席专家葛新权教授任中国数量经济学会副理事长职务。总之，研究基地与合作单位有良好的协作关系。

(九)研究基地决策咨询与社会服务情况

研究基地每年的年度研究报告的结论和成果都具有很强的实用性和操作性，对未来趋势的分析和展望，无论对政府管理机构还是市场组织，都有重

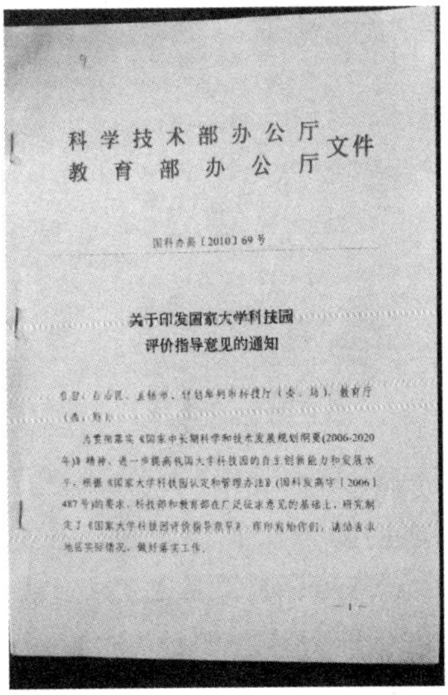

图 24 科技部办公厅与教育部办公厅的联合发文
《关于印发国家大学科技园评价指导意见的通知》

要的借鉴和指导意义，对政府主管部门的工作和相关科研管理机构的发展起到了推动和促进作用。

研究基地围绕首都绿色城市建设中的一些重大理论和政策问题，承担了北京市哲学社会科学规划重大项目"城市生活垃圾减量化对策研究"，其研究成果之一"提高生活垃圾减量化水平的建议"为政府部门决策提供支持。研究基地研究人员参与《国家大学科技园评价指导意见》的研制工作，负责制定"国家大学科技园评价指标体系"，这一指标体系得到科技部和教育部的肯定，并于2010年12月由两部委联合发文，用于指导国家大学科技园评价工作。

研究基地参与研制起草国家标准GB/T23703.2－2010《知识管理 第2部分 术语》、GB/T23703.3－2010《知识管理 第3部分 组织文化》、GB/T23703.4－2010《知识管理 第4部分 知识活动》。

图25 《知识管理 第2部分 术语》

图26 《知识管理 第3部分 组织文化》

图27 《知识管理 第4部分 知识活动》

研究基地承担的课题"北京高校普及应用创新方法研究"着重探索了创新方法与高等教育相结合的有效方法，以及推动创新方法在高校的普及应用、培育创新型人才的具体途径。《科学时报》的记者2011年4月27日采访课题负责人葛新权教授，并发表了题为"北京高校：创新方法策源地"的文章。

高科技价值链：聚焦高端产业

北京高校：创新方法策源地

TRIZ 理论：让创新"多快好省"

北京高校：创新方法策源地

科学时报

区域周刊

TRIZ 理论：创新"多快好省"

自主创新 方法先

图 28　2011 年 4 月《科学时报》对课题负责人葛新权教授的采访报道

课题提交的研究报告得到广泛的认可，刊载于《科技前瞻》期刊并加编者按。

图 29　《科技前瞻》刊载的该课题研究报告

研究基地成员已经成为我国知识管理领域的重要学术力量，多年来为企业、政府提供了大量服务，通过提供这些服务获取的经验、资料等又为教学、科研服务，形成了“产学研用”相结合的良好态势。

二、研究基地科研水平和科研能力情况

(一)研究领域内科研创新成果

1. 知识管理研究领域

在知识管理服务平台理论与应用研究中，创造性地运用本体化知识特征提取与组织模型构建技术，搭建了知识管理服务平台，首次综合性地将知识挖掘方法、经济计量学、灰色系统理论引入科技管理过程，开发了基于数据挖掘的科技项目管理与评价决策系统；创建了以“战略”为导向、以“创新”为龙头、以“市场”为动力、以“价值创造过程”为主线的基于本体的制造业企业管理知识共享与检索体系；首创了一种有毒有害物质预警分析方法及系统，构建了消费类产品有毒有害物质污染潜势规律模型。项目开发计算机应用系统 9 套，获得计算机软件著作权 9 项，申请国家发明专利 1 项，发表学术论文 30 篇，出版学术专著 3 部。项目成果在北京市教委、北京哲学社会科学规

划办公室、中国商业联合会、中国质量认证中心与几十家检测机构及企业进行应用，从科技管理、先进制造、绿色消费三个方面推动了北京科技与经济社会的有效结合，促进了产业的良性发展，对科技北京建设具有重大意义。“知识管理服务平台研究与应用”项目于2011年获得北京市科学技术二等奖。

图30 “知识管理服务平台研究与应用”项目于2011年获得北京市科学技术奖二等奖

2. 循环经济研究领域

在北京市哲学社会科学规划重点项目“城市生活垃圾减量化对策研究”的项目研究中，首先运用了系统动力学的理论与方法，通过对城市生活垃圾的来源分析、影响因素分析和关键环节分析，发现城市生活垃圾形成与减量机理，建立生活垃圾产生量与影响变量的关系、减量目标与影响变量的关系，最终构建“城市生活垃圾形成与减量系统动力学模型”。这是对现有城市生活垃圾形成系统动力学模型的深化，创新地将生活垃圾形成分析与减量分析结合，在国内的研究中是为首次。同时，以此为依据，提出建设城市生活垃圾全过程多级减量化体系。其次，利用虚拟组织业务专业化、组织的虚拟性、网络的动态性和物理范围分布广泛性的特点，构建废旧电子产品的回收、资源化、再开发、生产和销售等活动的逆向物流运营共生网络。打破传统企业运营模式中各种资源处于“孤岛”的状况，构建了基于虚拟共生网络的废旧电子产品逆向物流平台。各环节参与者形成更加紧密的责任与利益关联机制，即共生网络治理结构与机制。

创新研究，不仅为解决城市生活垃圾减量利益与责任博弈问题、城市生活垃圾减量化主体行为模式等研究铺垫了基础，而且为城市（如北京市）生活垃圾减量化对策提供了科学依据。为此，基地研究人员在项目研究的基础上，向北京市政府提出“提高生活垃圾减量化水平的建议”，2012 年 3 月 26 日该建议得到时任北京市委常委、市宣传部部长、副市长鲁炜的批示。2012 年 12 月 12 日《中国社会科学报》刊载了题为“为建设美丽中国贡献学术智慧——葛新权教授谈‘北京市生活垃圾减量化对策研究’”——对葛新权教授的专访，研究基地的创新成果得到政府和社会的认可。

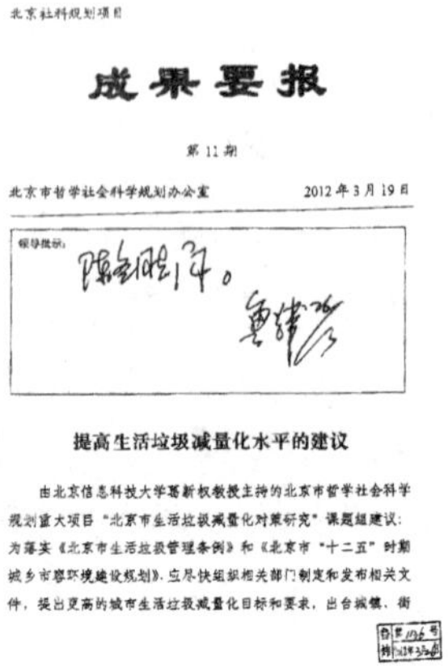
北京社科规划项目

成果要报

第 11 期

北京市哲学社会科学规划办公室　　2012 年 3 月 19 日

领导批示：

提高生活垃圾减量化水平的建议

由北京信息科技大学葛新权教授主持的北京市哲学社会科学规划重大项目“北京市生活垃圾减量化对策研究”课题组建议：为落实《北京市生活垃圾管理条例》和《北京市“十二五”时期城乡市容环境建设规划》，应尽快组织相关部门制定和发布相关文件，提出更高的城市生活垃圾减量化目标和要求，出台城镇、街

图 31　“提高生活垃圾减量化水平的建议”——《中国社会科学报》对葛新权教授的专家访谈

3. 实验经济学研究领域

在实验经济学理论的指导下，运用现代信息网络技术，设计和开发了大学生就业实验经济学实验平台，开展了北京地区高校大学生就业的系列实验

与竞赛，并根据实验数据的分析，提出北京地区高校大学生就业的促进措施与政策。2010—2012 年，研究基地举办了实验经济学相关学术会议 9 次，举办全国性的大学生就业模拟大赛 3 次，参与大赛的包括：山东大学、北京交通大学、东北大学、北京语言大学、南京航空航天大学、河北工业大学、山东工商学院、深圳大学、北京航空航天大学、清华大学、北京信息科技大学等全国二十余所高校的 5000 多名学生。通过科学研究、实验平台设计与开发，以及学术会议、学术交流活动和实验竞赛的举办，提高了大学生就业教学与研究的实验水平。就业实验软件获得软件著作权，在教学和科研中得到了应用，取得了良好的社会效益。“北京地区高校大学生就业的实验经济学分析”项目于 2012 年获得全国商业科技进步一等奖。

中国商业联合会科学技术奖

全国商业科技进步奖

获奖证书

获奖项目：北京地区高校大学生就业的实验经济学分析

获奖等级：一等奖

获 奖 者：北京信息科技大学

二〇一二年一月

证书号：2011-1-30-D01

图 32 “北京地区高校大学生就业的实验经济学分析”项目荣获 2012 年全国商业科技进步奖一等奖

（二）研究领域内科研工作进展

研究基地在理论创新方面深入开展研究，在知识管理、科技管理、循环经济等领域探索知识有效嵌入业务过程的机制，寻求知识共享模式与业务适应性择用规律，开发了基于本体的知识管理服务平台，为创新主体实施知识管理提供可操作性工具。获得国家自然科学基金项目4项，发表SCI、EI等检索论文8篇，获得北京市科学技术奖二等奖1项，全国商业科技进步奖一等奖1项，具有较高的理论价值，表现出在知识管理研究领域中的深入性。

研究基地开展的理论研究成果具有较高的拓展性，围绕知识管理、科技管理、循环经济的基本理论成果，开发了基于数据挖掘的科技项目管理与评价决策系统，构建了制造业企业管理知识共享与检索体系，开发了智能化和集成化的消费品中有毒有害物质的预警、分析、应急处置分析系统，相关成果应用进一步延伸到区域科技服务、企业科技服务、政府服务以及产业园区服务的各个层面。

研究基地近年获得的国家级科研经费支持持续增长，青年人才不断脱颖而出，理论研究不断深入，实践应用不断扩展，集成应用物联网、云计算等先进信息技术手段，研究了区域创新实体资源协同技术、网络化虚拟实验室构建技术，为产业集群服务平台研发提供理论、方法和技术支撑，具有较强的可持续性。

（三）研究领域内的科研成果转化和智力支持

研究基地首席专家葛新权教授主持的北京市哲学社会科学规划重点项目“北京市城市生活垃圾减量化对策研究”，向北京市政府提出“提高生活垃圾减量化水平的建议”，该建议于2012年3月26日得到时任北京市委常委、市宣传部部长、副市长鲁炜的批示，相关建议被北京市环卫部门采纳；12月12日《中国社会科学报》刊载了题为“为建设美丽中国贡献学术智慧——葛新权教授谈‘北京市生活垃圾减量化对策研究’”对葛新权教授的专访，研究基地的创新成果得到政府和社会的认可。

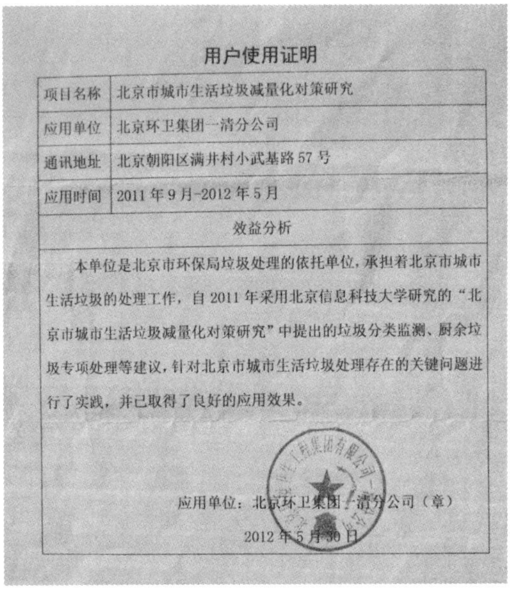

用户使用证明

项目名称	北京市城市生活垃圾减量化对策研究
应用单位	北京环卫集团一清分公司
通讯地址	北京朝阳区满井村小武基路57号
应用时间	2011年9月-2012年5月

效益分析

本单位是北京市环保局垃圾处理的依托单位，承担着北京市城市生活垃圾的处理工作，自2011年采用北京信息科技大学研究的“北京市城市生活垃圾减量化对策研究”中提出的垃圾分类监测、厨余垃圾专项处理等建议，针对北京市城市生活垃圾处理存在的关键问题进行了实践，并已取得了良好的应用效果。

应用单位：北京环卫集团一清分公司（章）

2012年5月30日

图33 “北京市城市生活垃圾减量化对策研究”项目成果使用证明

葛新权教授主持的国家科技支撑项目“制造业产业集群协同服务的空间信息采集与数据库优化”，构建了面向制造业的协同创新服务平台，集成制造零部件数据库和先进制造产业基础数据，在北京汽车制造产业集群应用，并辐射到安徽江淮汽车产业集群、潍坊农机产业集群等区域，为企业提供了协同创新工具支持，为政府管理机构了解产业集群的发展态势提供有力的分析工具，为国家宏观把握产业集群布局，合理配置资源提供基础。

用户应用证明

系统名称	制造业协同服务平台		
应用单位	艺家康庭（上海）生物科技有限公司		
通讯地址	上海市长宁区新华路365弄6号9栋101室	邮政编码	200042
联系人	潘军	联系电话	021-61993039
电子邮箱	Jun.pan@ancientsource.com.cn		

应用情况说明

（主要包括：单位基本情况介绍，应用了平台的哪些功能，应用后产生了哪些效果）

艺家康庭（上海）是国内专业从事净水设备研发、生产、销售于一体的专业水处理公司之一，也是世界高端净水器的生产基地，其产品远销北美、西欧、东南亚等地。

艺家康庭（上海）作为一家专业的水处理公司，多年来一直与美国凯得菲、英国漂莱特、德国拜耳等世界著名水处理公司建立了长期战略合作伙伴关系，在中国水质的基础上结合水处理深度净化技术，立志做更符合中国国情的净水设备。在产品研发上，一直秉持：“健康、高效、节能”的设计理念，经过多年的努力已经建立了专业的研发团队，独立的研发中心，并拥有多项知识产权。在产品品质上，一直本着“品质是保障”的原则，“为人类创造温馨生活” 是艺家康庭（上海）的企业使命。

2011年1月至2012年12月期间，艺家康庭（上海）生物科技有限公司对国家科技支撑计划项目“制造产业集群协同服务的空间信息采集与数据库优化”所开发的“制造业协同服务平台”进行了应用。

通过平台所提供的产品信息库、企业信息库、企业协作、搜索引擎、企业能力评价、制造业资讯、通讯平台等功能，为企业搭建了新的产品推广和市场渠道，使企业可以快速发现潜在合作伙伴，建立合作关系，并实现企业合作和供应网络的优化。

2011-2012年度，艺家康庭（上海）生物科技有限公司通过应用“制造业协同服务平台”，共带来经济效益200万元。同时，该平台也帮助企业打造了全新的产业链和价值链，形成了更强的核心竞争力。

单位盖章：

2012年10月13日

图34 “制造业协同服务平台”企业应用证明

研究基地成员周飞跃副教授参与的上海市浦东新区政府课题“上海浦东新区建立自由贸易区研究”课题成果获得了第七届全国先进生产力理论与实践成果奖、发展生产力杰出贡献特等奖，并获得温家宝总理批示。

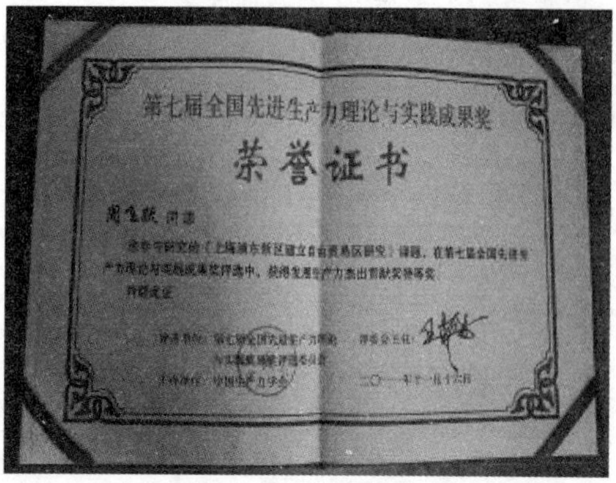

图 35　第七届全国先进生产力理论与实践成果奖发展生产力杰出贡献奖特等奖

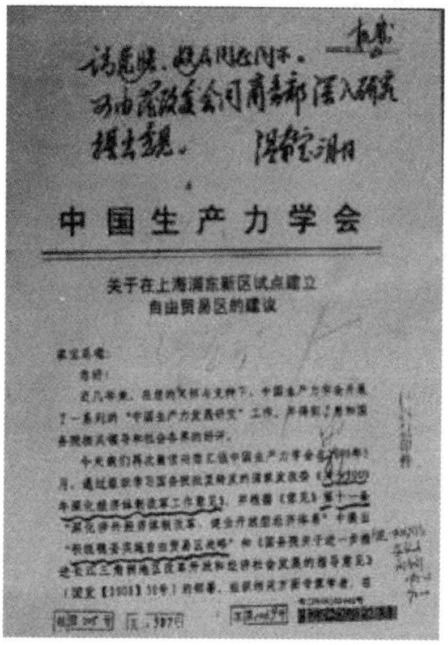
中国生产力学会

关于在上海浦东新区试点建立自由贸易区的建议

图 36　研究成果获温家宝总理批示

研究基地副主任张健教授主持的国家科技支撑项目“循环经济试验区产业集群服务平台关键技术研究”是《国家“十二五”科学和技术规划》现代服务业领域科技服务业方向重点任务，是首批启动的科技服务业 6 个重点项目之一。项目面向循环经济区，研究产业集群科技服务集成平台构建的关键技术，开发产业集群科技服务集成平台、现代物流服务平台以及碳盘查与碳排放权，开发云服务平台，并在循环经济试验区开展示范和应用。

图 37 “十二五”国家科技支撑计划

“循环经济试验区产业集群科技服务集成平台研发与应用”项目启动仪式

唐五湘教授主持的北京市自然科学基金项目“北京市自然科学基金中长期发展规划研究”，结合国家和北京市的科技发展战略为北京市自然科学基金研究中长期规划提供学术支持。

另外，研究基地还承担了中关村科技园区管委会、国家认监委认证认可技术研究所、中国标准化研究院、北京科学研究中心、北京节能环保中心等专业化组织的项目。

从智力支持的角度，研究基地通过项目研究，尤其是通过学术交流、提供咨询、培训等形式服务和促进北京知识管理服务业的发展。在整合功能上，利用研究基地的科研平台优势整合、利用校内外的研究资源，提高为首都经济社会服务的水平，具备较高的社会影响力，为政府决策发挥较大的作用。

(四)研究基地对学术水平、学科建设、队伍建设与人才培养的影响和作用

在第二个建设期中，研究基地以团队的方式获批了多项重量级项目，开展了一系列科学研究，并取得丰硕成绩。如：研究基地的研究成果“知识管理

服务平台研究与应用”获北京市科学技术奖二等奖。研究基地获得了一批国家级和省部级重大项目，如国家科技支撑项目：“制造业产业集群协同服务的空间信息采集与数据库优化”、“循环经济试验区产业集群服务平台关键技术研究”；国家自然科学基金项目：“废弃电子产品资源化共生网络治理研究——以计算机、手机等消费类电子产品为例”、“制造业产业集群知识服务体系建设研究”等；北京市哲学社会科学规划重点项目：“北京市生活垃圾减量化对策研究”。此外，研究基地还承担了多项纵向和横向课题，如《北京地区高校大学生就业的实验经济学分析》研究等；开发了一批软件，其中《一种有毒有害物质预警分析方法及系统》获得发明专利(授权公告号：101334392B；授权时间：2011.11.30)。这些项目成果为研究基地带来了全国性的影响力，同时支持了学科建设，申报并获批工商管理一级学科硕士点和资源循环管理工程二级学科硕士点。研究基地的科研项目带动队伍建设和人才培养，研究基地青年科研人员积极上进，攻读博士研究生4人，获得博士学位2人；中青年教师出国进修16人；晋升教授3人、晋升副教授3人；北京市优秀人才5人、北京市教委中青年骨干教师7人。张健副教授2010年荣获第十九届茅以升青年科技人才奖，2012年入选教育部新世纪优秀人才支持计划。

(五)研究基地为社会和企业服务的引领作用

研究基地参与研制起草国家标准GB/T23703.2—2010《知识管理 第2部分：术语》、GB/T23703.3—2010《知识管理 第3部分：组织文化》、GB/T23703.4—2010《知识管理 第4部分：知识活动》，表现了在知识管理领域中的理论和实践的引领作用。

国家科技支撑项目子课题“试点行业工业企业碳排放数据处理及不确定性分析研究”研制的“工业企业碳排放计量系统”在企业的碳排放计量中发挥了很大作用，使企业获得极大收益，赢得企业的赞誉。

研究基地研究人员承担中关村科技园区管理委员会委托的“核心区促进留学归国人才创新创业政策创新研究”项目、北京市节能环保中心委托的“北京市节能财政支持政策研究”项目，以及安徽精菱玻璃机械有限公司委托的“基于GIS的企业智能化管理信息系统建设”项目等38个委托项目，表明研究基地以科研为核心为社会和企业服务发挥了强有力的引领作用。

用户使用证明

项目名称	工业企业碳排放计量系统
应用单位	[illegible]
通讯地址	[illegible]
应用时间	2010年6月-2012年6月
效益分析	

[illegible]

用户使用证明

项目名称	工业企业碳排放计量系统
应用单位	[illegible]
通讯地址	[illegible]
联系电话	010-64482571 （联系人：[illegible]）
应用时间	2010年6月-2012年6月
效益分析	

[illegible]

用户使用证明

项目名称	工业企业碳排放计量系统
应用单位	[illegible]
通讯地址	[illegible]
联系电话	0538-8932920 （联系人：[illegible]）
应用时间	2011年1月-2012年6月
效益分析	

[illegible]

2012年6月30日

图 38 “工业企业碳排放计量系统”企业应用证明

三、研究项目带动研究基地平台建设情况

(一)研究基地定位和建设目标实现的自我评价分析

1. 定位清晰准确

研究基地在第二个建设期，在知识管理理论与方法的研究基础上，结合

北京信息科技大学及其经济管理学院在信息科技、科技管理、循环经济领域的优势，形成了知识管理与其他应用领域相结合的研究特色，避免了与其他知识管理研究机构的趋同化，凸显北京市知识管理研究基地的核心竞争力，表明研究基地定位的清晰准确。

2. 建设目标基本完成

根据研究基地的定位，研究基地在第二个建设周期设定了相应的建设目标，从表1可以看出，通过三年的努力，研究基地实现了既定目标。

表1　北京市知识管理研究基地建设目标完成情况表

建设目标	完成情况
(1)完成1项国家级项目	超额完成 (1)完成国家自然科学基金项目“废弃电子产品资源化共生网络治理研究” (2)完成国家科技支撑项目“制造产业集群协同服务的空间信息采集与数据库优化”
(2)完成10项省部级课题研究	超额完成 (1)完成北京市社科规划项目研究31项 (2)完成北京市科委软科学项目1项 (3)完成北京市教委重点项目1项
(3)获得省部级或行业科技奖励2项	超额完成 (1)荣获北京市科学技术奖二等奖1项 (2)荣获全国商业科技进步奖一等奖1项 (3)荣获中国商业联合会服务业科技创新奖二等奖 (4)荣获中国机械工业科学技术奖二等奖1项 (5)荣获教育部高等学校科学研究优秀成果奖科学技术二等奖1项 2012年北京市哲学社会科学优秀成果奖二等奖2项已通过公示
(4)申请并获批5项国家级项目	超额完成 (1)获得4项国家科技支撑项目 (2)获得3项国家自然科学基金项目
(5)申请并获批资助2项人才计划项目	超额完成 (1)北京市“高层次人才资助计划”项目 (2)教育部“新世纪优秀人才支持计划”项目 (3)北京市新世纪“百千万人才工程”项目

续表

建设目标	完成情况
(6)三年购置硬件设备	超额完成
(7)每年购置知识管理及相关图书450本	超额完成 3年购置1400册
(8)2010年知识管理实验室软件建设，知识管理网站(知识资源共享平台)升级改造	完成
(9)编辑KM通讯并内部发行	完成
(10)组织国内相关学术会议5次	超额完成
(11)每年组织国外学术会议3次	超额完成
(12)每年组织相关学术交流10人次	超额完成
(13)每年出版专著2本	超额完成

(二)研究资源整合发挥作用情况自我评价

研究基地科研经费主要是通过承担各级各类科研项目自筹经费获得，2010—2012年累计获得各种社会资金投入578万元，远远大于北京市社科规划办、市教委和学校配套经费的投入(三项合计394万元)。不仅如此，通过研究基地的项目研究，产生了一批高水平的科研成果，推动了研究基地的学科建设、学术队伍建设和人才培养。科研经费发挥了重要的乘数作用，推动了北京市知识管理研究基地的快速发展。

(三)在本研究领域中地位作用的自我评价

1. 在知识管理领域具有较大学术影响力

研究基地以知识管理为主要研究对象，研究知识经济与管理领域的运行规律，以及生产、交易、科研活动中的知识管理课题，以知识等为核心范畴，研究整个社会知识创造、知识传播、知识应用、知识再生循环中的知识挖掘、知识计量、知识评价等管理问题。特别是在第二个建设期，研究基地以知识管理的理论为基础，运用信息化的手段，结合科技管理、资源循环管理、实验经济学等领域研制和开发了应用系统，提出了一系列政策建议，使得研究基地在知识管理领域以及拓展领域具有较大学术影响力。

2. 在知识管理服务业中具有先导型的作用

研究基地紧密联系首都创新型城市、循环经济发展、现代服务业壮大的需要，从知识管理的角度研究知识的结构、知识创新机制、知识流程，以及与社会经济各领域的广泛、复杂和基础性的联系，探讨和解决首都可持续发展、创新发展过程中的难点、热点、焦点问题，努力发挥研究基地的人才优势，承担相应的社会责任，为首都经济发展提供咨询服务，为科技北京、绿色北京的发展探索道路。

3. 提供了许多具有指导意义和应用价值的决策咨询意见

三年来，研究基地研究人员积极承担北京市政府有关部门的委托项目，为解决重大实际问题，研究基地专家和研究人员都提出了许多新的见解，提供了切实可行的对策和建议。这些工作密切了研究基地与主要科研管理部门、科技创新企业、企业管理部门的关系，扩大了研究基地的学术影响力。

4. 培养了一批具有较高学术水平的优秀人才

研究基地以课题研究为纽带，集中了校内流通业研究方面的骨干力量，已经逐步形成了一支富有活力又相对稳定的研究队伍，同时注重整合和利用校外的科研力量，发现并吸引其加入研究基地科研队伍。目前，研究基地拥有较为稳定的研究人员三十多人，此外，每年还招收研究生和本科生参与到研究基地的研究工作中。随着在知识管理研究上的不断深入，这批人才的学术水平将逐渐提高，将在学科发展中占据重要的位置。

四、研究基地经费使用投入产出绩效分析

（一）研究基地平台条件建设经费投入情况分析

1. 科研工作环境明显改善

第二个建设期，研究基地大力加强科研基本设施建设。研究基地办公与科研用房面积保持在 200 平方米，研究基地已购置专业数据服务器、PC 机和笔记本电脑，增加了实验经济学实验室，科研条件不断改进。

2. 研究和办公设备经费大幅增长

第二个建设期，研究基地研究和办公设备总值逐年增长，其经费主要是来自北京市教委平台建设专项经费和学校配套经费的支持，三年来合计投入270万元，主要用于服务器、台式计算机和笔记本电脑等硬件设备购置，使研究基地的硬件设备能够满足研究基地科研工作需要。

3. 专业图书资料丰富，使用效果好

三年以来，在整合梳理学校图书馆丰富的图书、音像和文献资料的基础上，依托经济管理学院原有的资料室，不断推动研究基地图书资料的建设。研究基地目前拥有中、外文图书4400册、期刊300册，藏书范围包括研究流通领域的各种理论、实践案例、年鉴数据等文献资料。不断丰富的图书资料为研究基地项目研究和成果积累奠定了深厚的基础。研究基地在第二个建设期累计购置了10多万元的图书资料，其经费主要来自北京市教委平台建设专项资金、学校配套经费。

(二)研究基地科研经费(研究项目经费)绩效分析

研究基地科研经费主要是通过承担各级各类科研项目自筹经费获得，2010—2012年累计获得各种社会资金投入578万元，远远大于市社科规划办、市教委和学校配套经费的投入(三项合计394万元)。不仅如此，通过研究基地的项目研究，产生了一批高水平的科研成果，推动了研究基地的学科建设、学术队伍建设和人才培养。科研经费发挥了重要的促进作用，推动了北京市知识管理研究基地的快速发展。

(三)研究基地吸引社会资金投入科研所产生的效益

第二个建设期，研究基地共获得社会资金投入578万元，这些资金主要来自68个横向课题的项目经费。这些项目的研究成果得到了委托单位的认可，有的被直接应用，产生了良好的社会效益或直接经济效益。

五、研究基地取得的突出成绩与经验

（一）研究基地建设的特色和成绩

1. 自然科学和社会科学结合，形成交叉优势

充分发挥北京信息科技大学文理兼备的学科交叉优势，将自然科学和社会科学在知识管理研究中紧密结合起来。主要体现在：(1)研究基地开展社科研究的科研人员很多都具有深厚的理工科背景；(2)整合信息科技、科技管理、信息管理、生产运营、实验经济、计量经济等科研力量，集结管理工程优势；(3)积极与校内外机械制造、电子计算机、食品工程、农业等自然学科资源联合；(4)运用现代信息手段，积极将研究基地科研成果工程化、程序化和网络化。

2. 跨学校整合重点学术资源，获得协同效应

以研究基地为平台，积极整合校外资源。研究基地是开放型学术平台，通过项目研究把基地变成“产学研”一体化模式的开放型机构。通过对外合作、服务等开展课题研究、学术交流、人才培养、决策咨询、业务培训等活动来实现研究基地的建设目标。重点配置本校比较稀缺的国家级优势学术资源，双边或多边联合科研攻关，如与中国农业大学的合作，优势互补，形成参与单位的协同发展格局。

3. 瞄准并产生重大科研成果，形成全市或全国影响力

在葛新权教授的带领下，面向社会各界高度关注的消费品安全问题，联合中国农业大学等科研力量开展知识管理研究。在第二个建设期中，研究基地的研究成果“知识管理服务平台研究与应用”获北京市科学技术奖二等奖；北京市哲学社会科学规划重点项目“城市生活垃圾减量化对策研究”的研究成果得到北京市领导的肯定；“北京地区高校大学生就业的实验经济学分析”获全国商业科技进步奖一等奖，这些奖项的获得为研究基地带来全国影响力，为在相关研究领域建设领导者品牌打下了基础。研究基地以团队的方式连续承担了一批国家级重点项目，如国家科技支撑项目：“制造业产业集群协同服务的空间信息采集与数据库优化”、“循环经济试验区产业集群服务平台关键技术研究”；国家自然科学基金项目：“废弃电子产品资源化共生网络治理研

究——以计算机、手机等消费类电子产品为例”、“制造业产业集群知识服务体系建设研究”等；研究基地还开发了一批软件，其中《一种有毒有害物质预警分析方法及系统》获得发明专利。表明研究基地的科研成果在相关研究领域得到广泛的认可。

我们下一步将进一步开展科研积淀与对外开发合作，力争再获解决社会前沿问题的科学技术大奖。

4. 学府文化融入研究基地建设

在学校的领导下，经济管理学院一直十分重视学府文化的营造，为教职员工提供一个融洽的氛围。自研究基地建设之始，除了建立健全制度以严格关键节点的管理之外，研究基地还十分重视人文环境的建设，加强对人的关怀和人才培养工作，将学府文化“关爱学生，尊重教师，崇尚学术，民主决策”延伸并融合到研究基地的建设当中，关心研究基地成员的身心健康和关注学术发展，为青年科研人员的成长成才提供服务。

（二）研究基地的典型经验

通过研究基地二期建设，我们取得以下典型经验：

1. 领导和上级部门的重视与大力支持

研究基地从筹备之始到两个建设期都得到学校、北京市教委和北京市社科规划办的大力支持。学校主要领导和学校科研处领导，积极参与研究基地的科研管理与对外合作研究协调工作；北京市教委、北京市社科规划办始终对研究基地寄予厚望，给予信任、关注、支持和指导。

2. 建立战略合作关系，开展国内外学术交流

着眼于培养国际型科研队伍，引进国外先进的创新理念、方法和机制，形成研究基地的国际影响力。研究基地成立伊始就十分重视开展国际交流与合作。围绕知识管理研究基地已经举办 4 次国际会议，外派交流和接待来华访问共达 120 人次。研究基地研究人员分别对美国、加拿大、澳大利亚以及北欧、西欧国家进行学术交流和考察，拓展了国际合作关系，同时与美国威斯康星大学、奥本大学、博林格林州立大学，加拿大蒙特利尔大学、爱尔兰考克大学、澳大利亚拉筹伯大学等联合实施了合作办学项目，培养了一批英语能力强的人才，提高了研究基地科研和教学的国际水平。在此基础上，研究基地将进一步加强国际科研项目合作。

3. 为政府部门提供决策支持，不断提升咨询服务水平

首都的发展是研究基地发展的出发点和立足点。与北京市有关部门密切合作开展研究，是研究基地课题研究能够做到选题准确，成果具有针对性、可转化性的重要保证。研究基地以总体定位为方向，广泛开展对百姓关注消费领域中的各种有关知识管理问题的研究。通过为北京市社科规划办、北京市教委、北京市科委以及各区县委办局提供决策咨询服务，研究基地参与并辅助首都决策的能量逐渐提高。

4. 研究基地建设与学校建设良性互动，和谐发展

在研究基地建设中我们体会到，将研究基地建设作为学校建设的有机组成部分，统筹兼顾，会起到互相促进的双赢效果。研究基地建设的主要内容是科学研究、队伍建设、人才培养和服务社会，由此为知识管理服务业的发展提供保障与智力支持。实际上，这与学校的建设发展目标是一致的。将研究基地建设与学校的建设融为一体，形成良性互动，一方面为研究基地的可持续发展提供了保障；另一方面，通过研究基地这一研究平台，也促进了学校的科学研究、师资队伍建设、学科建设、人才培养等。学校在投入人、财、物力建设研究基地，为北京经济社会发展提供服务的同时，也收获了学术成果、锻炼了学术队伍、创造了更好的人才培养条件。

六、研究基地建设存在的问题与解决办法

（一）目前研究基地科研平台建设中存在的主要问题

1. 研究基地的自设课题还应进一步加强

由于研究基地研究经费有限，自设课题较少。为了培养和稳定研究基地科研人员，同时为争取大项目做前期预研，研究基地应加大自设项目，吸引更多的教师到研究基地开拓更广泛的研究领域。同时自设项目不仅对校内教师招标，还应对校外招标。随着科研队伍的稳定和成长，以及竞争能力的增强，为了提高研究基地招标课题的科研水平，将建立和实施研究基地课题对外公开招标机制。

2. 研究基地科研人员年龄结构存在问题

为了筛选和培养科研骨干人员、建设合理的科研队伍，研究基地实施了有进有出、优胜劣汰的人才选用机制。但由于人才引进机制还存在保守的观念，使得研究基地人员在年龄结构上出现35岁以下的青年教师偏少的问题。

3. 研究基地研究成果需要进一步宣传和转化

虽然在第二个建设期中，研究基地的研究成果已得到各级政府部门、学术研究机构以及各类经济组织的采用和认可，但还需要进一步宣传、推广，加大转化力度。在第三个建设期内，研究基地将着重研究领域方面成果转化的战略思考和整体规划，形成系统的科研成果转化体系，为政府和各类社会经济组织提供更高水平的知识管理服务。

(二)进一步搞好研究基地平台建设的设计和对策

发挥研究基地学科与团队的优势，推进隐性知识显性化，强化科技成果的进一步社会化与产业化，加强与国内外知名科研机构合作，积极寻求机会，参与国家级重点科研项目和国际合作项目研究，提升研究基地的社会影响力。具体如下：

1. 加强组织学术研讨活动，特别是国际化和大型的研讨活动

精心策划、组织学术研讨会，尤其是大型学术会议。不仅面向北京，还应面向全国，面向世界。在全球化、信息化的今天，知识管理问题具有国内的普遍性，乃至全球的普遍性。吸纳、汇集中外专家、各界人士在各个领域的知识管理经验和才识具有积极意义。

2. 稳定科研队伍的同时，加强科研团队建设的开放性

任何一个领域都不是单独存在的，研究基地建设离不开科研团队的建设。结构合理、相对稳定的科研队伍是研究基地建设成功的人才基础，研究基地下一步将在吸纳、激励人才上加大工作力度。同时，加强科研团队建设的开放性，更好地发挥各学科资源优势，促进研究基地整体发展。立足学校，面向业务部门和研究单位、企业；立足北京，面向全国，以课题研究为纽带来组建科研团队，以此推动研究基地建设，提升研究基地的学术影响力。

3. 加强研究基地建设的管理与文化建设，推动研究基地良性运转

加强研究基地建设的规范管理，完善课题研究规划，完善各个研究环节的管理以及研究课题的追踪管理，做好研究室、实验室、资料室的资料和数据管理，健全人员管理和科研成果标注管理。与此同时，进一步推动学府文化建设，营造良好的工作环境，推动研究基地又好又快地发展。

七、研究基地建设下一阶段的设想

（一）研究基地作为科研平台作用的认识和把握

通过三年建设，我们认为研究基地为搭建专业化的科研平台和发展性的学科平台做出了贡献。研究基地在继承与创新相结合的基础上，围绕知识管理的理论和应用研究，与时俱进地拓展了科技管理、循环经济、实验经济学等研究领域，使原有科研平台在专业化的导向下得到跨界延展，这个平台上的专业化理论的研究深度和应用广度为研究人员能够创造出更多、更好的科研成果打下基础。同时，随着研究领域中研究内容的不断深化，不断挖掘学科潜力，使学科建设有了新的突破。因此，在研究基地的建设中把握前沿研究，面向广阔需求是研究基地基业长青的关键所在。

（二）研究基地继续建设的思路与目标

1. 研究基地继续建设的需求分析

(1)理论发展研究的需求。在知识经济时代，社会经济的发展对知识管理理论的研究有更大的需求，需要通过研究基地以专业化的视角探索和研究完整的知识管理理论体系，夯实理论基础。

(2)方法工具研究的需求。随着各种经济组织的管理逐渐走向成熟，对知识管理的方法工具的需求将会日益提高，需要通过研究基地有计划、有针对性地进行开发研制。

(3)应用示范研究的需求。理论和方法工具应用于最佳实践才有意义，为此，需要研究基地通过应用示范的研究，以点带面、点面结合，推广研究成果，让科研成果更多地为社会经济发展和政府决策提供示范经验。

2. 研究基地科研领域、研究方向

目前研究基地的科研领域、研究方向为四个方面。这四个方向是第二个建设初期，根据调研、分析、论证后确定的。下一个建设期应以学科建设为龙头，以科研项目为支撑，进一步深化建设内容，凝练研究方向，发挥研究基地作用，强化学科建设，开展对外合作，搭建发展平台。

3. 下一个建设周期的发展思路和目标定位

(1)发展思路。

第一，开展前沿性课题研究。以研究基地为平台，以知识管理为核心，以点带面，跨学科组建高水平的学术团队，基础理论与应用研究相结合，面向社会前沿问题，承担国家级、省部级重大研究项目。不断探索知识管理及研究的新方法，力争取得高水平的研究成果。

第二，参与政府的重大决策。以服务经济和社会发展为宗旨，发挥研究基地优势与特色，继续加强与国家科技部、国家工信部、北京市教委、北京市科委及其他相关政府部门的横向合作，提高研究成果转化和参与政府重大决策的能力。

第三，解决企业的现实问题。积极开展与企事业单位的信息管理、科技管理、知识产权管理等知识管理合作，为农业、制造业及服务业相关企业提供咨询服务，提交高水平的咨询报告。

第四，扩大研究基地学术影响力。鼓励研究基地成员集中精力和时间，形成具有全国影响力的重大研究成果，在高水平的刊物、国内外会议上发表学术论文，充分利用现代手段传播知识，不断扩大研究基地的学术影响力。

(2)目标定位。

面向社会对知识管理和知识服务的需求，建立知识管理服务资源平台，开展国内外学术交流与合作，研究相关领域的关键技术，形成具有广泛影响力的学术成果，构造知识智库，使研究基地成为全国知识管理的科技研发中心、学术交流中心、咨询服务中心、信息资源中心、人才培育中心，塑造北京市知识管理研究基地知名品牌，推动全社会知识管理的研究与应用。

4. 保障措施

(1)加强研究基地科研团队建设。在今后的建设过程中，以研究方向为脉络，加强知识管理科学、知识管理工程、知识管理服务的团队建设，吸纳高水平的研究人员，扩充研究队伍，到第三个建设期，稳定的团队成员从结构

和数量上都将有所突破。

（2）多渠道筹集研究经费。研究基地成员努力通过各类渠道设法获得经费支持，并组织人员开展联合攻关，力争研究经费再上新台阶。

（3）制度与文化建设。在北京市社科规划办制定的关于研究基地管理的相关制度的框架下，本研究基地将根据自身的实际情况，进一步完善相关科研管理制度，加强研究基地学府文化建设，保证研究基地的研究工作规范、有序、和谐地开展。

5. 人才培养计划

培养研究生。通过课题研究，培养开展北京知识管理科研与服务的高层次人才。同时，吸纳优秀本科生参加研究基地科研活动，提高新生力量的创新能力。

6. 与学校“十二五”规划的衔接

研究基地的发展目标已成为学校“十二五”学科发展目标的重要内容。研究基地每年将得到学校的配套建设经费。除此之外，与校内学院合作，围绕研究基地研究的主要内容，开展更加紧密的科研合作，提升研究基地的研究水平，扩大研究基地的学术影响力和知名度。

北京市政治文明建设研究中心二期建设报告

一、研究基地建设的基本情况

(一)研究领域、研究方向定位、发展建设目标

北京市政治文明建设研究中心(以下简称“研究中心”)是依托北京联合大学人大制度研究所建立的北京市哲学社会科学研究基地。中心研究的主要领域包括人民代表大会制度和工作方面的研究、中国基本政治制度方面的研究、中国基层民主方面的研究。

研究中心以马克思列宁主义、毛泽东思想、邓小平理论、“三个代表”重要思想和科学发展观为指导，开展中国特色社会主义政治文明建设的理论和实践问题的研究，把社会调查、信息收集、学术研究和社会服务有机地结合起来，努力建成一所有特色、高水平和重服务的政治文明研究机构。

(二)组织机构状况、学术委员会作用发挥、科研力量配备以及研究基地以外有关科研力量的整合利用情况

2006年4月8日，研究中心正式成立。中心成立时聘请了24位顾问、30位特约研究员和观察员，成立了中心学术委员会(23人)，搭建了一个比较完整的组织构架，为聚集人才队伍、发挥群体优势建立了基础平台。

目前，研究中心6名专兼职研究人员中，具有正高职称4名，副高职称1名，中级职称1名，其中具有博士学位者4人。研究中心还汇聚了一支专兼职相结合、校内外相结合、理论工作者与实际工作者相结合的人才队伍。

聘请校内外专家、学者和相关机构的领导干部作为研究中心的顾问或学术委员，为研究中心的工作把关定向、建言献策。

用聘任特邀研究员的方式吸收校外专家和实际工作者参与中心的研究并加盟研究队伍；用联合申报课题和组建跨单位课题组的方式实现研究力量的整合与扩大，同时选择相关联的校外研究机构进行合作。

1. 中心主任：徐永利；首席专家：席文启

2. 中心顾问(28 人)

于均波　北京市委原副书记；北京市人大常委会原主任
陈喜庆　中共中央统一战线工作部副部长
索连生　北京市人大常委会原副主任
满运来　北京市政协原副主席
(以下按姓名笔画排序)
王长江　中共中央党校党建部主任
史绍杰　中共北京市委组织部原副部长
刘　伟　北京市委政法委原常务副书记
刘　阳　中共北京市委党校副校长
刘牧雨　北京市社会科学院原院长
刘维林　北京市人大常委会副秘书长；北京市人大常委会研究室主任
杨海蛟　中国社会科学院政治学所副所长
李　林　中国社会科学院法学所所长
李建平　北京市哲学社会科学规划办公室副主任
李敬德　中共北京市委党校教授
李雅清　政协北京市委员会常委
吴玉华　北京市司法局原局长
应松年　国家行政学院法学教研部原主任
宋贵伦　中共北京市委社会工作委员会书记；北京市社会工作办公室主任
宋惠昌　中共中央党校哲学部教授
张文启　北京市社科联原副主席
张平夫　北京市政协原副秘书长
陈之昌　《前线》杂志社社长
陈启刚　中共北京市委宣传部原常务副部长、北京市文联党组书记
周为民　中共中央党校马研部主任
周熙明　中共中央党校文史部副主任
侯少文　中共中央党校教务部副主任
傅　旭　《人民日报》国内政治部原副主任
阚　珂　全国人大常委会法工委副主任委员

3. 中心学术委员会(23 人)

学术委员会主任：席文启
学术委员会副主任：韩玉芳　王维国
委　员(按姓名笔画排序)：
刘文忠　刘　阳　刘维林　李正斌　李　林　李洪雷
李敬德　李燕奇　张飞天　张娅娅　周小华　陈军科
侯少文　唐莹莹　黄远龙　梁　怡　崔英楠　傅　旭
阚　珂

4. 中心特邀研究员和特邀观察员(30 人)

聘请的校外特邀研究员(8 人)：
(按姓名笔画排序)
刘飞宇　中国人民大学法学院副研究员，法学博士
李学勇　《解放军报》主任编辑、副编审，法学博士
李相波　最高人民法院法官，法学博士
李洪雷　中国社会科学院法学研究所副教授，法学博士
李燕奇　《新视野》杂志主编、北京市委党校教授，法学博士
陈星言　北京市人大常委会研究室处长
黄长杰　国务院法制办研究室高级研究员，法学博士
韩玉芳　中共北京市委党校教授
聘请的校外特邀观察员(8 人)：
(按姓名笔画排序)
王　峰　《法制日报》记者
李　微　《检察日报》记者
汲传排　《北京日报》记者
张飞天　《中国人大》记者
杨发航　中国文联研究室处长
鲁来顺　《北京人大》编辑部主任
谢蒲定　《人大研究》编辑部主编
裴智勇　《人民日报》记者，法学博士
聘请的校内特邀研究员(14 人)：
(按姓名笔画排序)
马小芳　北京联合大学人文社科部副教授，法学博士

仲计水　北京联合大学党委组织部副部长，哲学博士
杨积堂　北京联合大学文理学院法律系教授，法学博士
宋　秦　北京联合大学纪检干部，法学硕士
张娅娅　北京联合大学文理学院副教授
陈军科　北京联合大学研究员，哲学博士
范红雨　北京联合大学人文社科部副教授
周文华　北京联合大学人文社科部副教授，哲学博士
孟宪东　北京联合大学人文社科部教授
赵承寿　北京联合大学文理学院法律系副教授，法学博士
黄远龙　北京联合大学文理学院法律系副研究员，国际法博士
梁　怡　北京联合大学人文社科部教授
喜　蕾　北京联合大学人文社科部副教授，民族学博士
韩秀丽　北京联合大学文理学院社科部副教授

（三）研究基地承担国家项目、市社科规划项目、研究基地自设项目以及承担其他项目情况

1. 国家项目（共1项）

“加强人大常委会依法行使监督权的途径研究”（12BZZ010），主持人：徐永利

2. 市社科规划项目（共6项）

（1）“邪教的文化策略研究”（12ZXB010），主持人：徐永利。

（2）“关于改进和完善人大常委会工作方式的调研”（09AcFX072），已结项，主持人：席文启。

（3）“北京市基层群众自治制度建设的现状、问题与对策”（09AbKD074），已结项，主持人：王维国。

（4）“阳光法案的功能定位与风险对策”（11FXB006），主持人：崔英楠。

（5）“立法的民主化、科学化研究”（09BcFX073），已结项，主持人：崔英楠。

（6）“民意表达与社会矛盾化解的根本途径探究”（10AbKD097），主持人：周长鲜。

3. 其他项目(15 项)

(1)“加强和创新农村社会管理的政策措施研究”，民政部委托项目，已结项，主持人：徐永利。

(2)“人大专门委员会制度研究”(12BZZ010)，中央编译局 2012 年社会科学基金项目，主持人：王维国。

(3)“发挥乡镇人大职能作用研究”(2010-16)，北京市社科联项目，已结项，主持人：王维国。

(4)“北京市社区管理体制改革的路径与模式选择”(SM201011417009)，北京市教委项目，已结项，主持人：王维国。

(5)“科学发展视野下的地方立法功能研究”(PHR201108409)，北京市教委项目，主持人：唐莹莹。

(6)“人大学的学科建立及其实践教学探索”(PHR201108427)，北京市教委项目，主持人：周长鲜。

(7)“人大的决定权与党的决策权关系研究”，北京市人大理论研究会项目，已结项，主持人：王维国。

(8)“区县和乡镇人大换届选举中难点问题透视”，北京市人大理论研究会项目，主持人：王维国。

(9)“人大监督中的执法检查”，北京市人大理论研究会项目，已结项，主持人：崔英楠。

(10)“乡镇人大主席团常设性研究”，北京市人大理论研究会项目，已结项，主持人：郑广永。

(11)“排除个案监督的人大司法监督如何维护社会稳定”，北京市人大理论研究会项目，已结项，主持人：郑广永。

(12)“人民代表大会会议程序、机制和方式研究”，北京市人大理论研究会项目，已结项，主持人：唐莹莹。

(13)“人大预算监督的绩效考评体制探究”，北京市人大理论研究会项目，已结项，主持人：周长鲜。

(14)“人大代表联系选区的理论与实践”，北京市人大理论研究会项目，已结项，主持人：周长鲜。

(15)“预算监督：区县人大的探索与启示”，北京市人大理论研究会项目，已结项，主持人：周长鲜。

(四)开展学术活动与学术交流情况

2010 年以来，研究中心举办学术会议 6 次，参加国内、国际学术会议 12 次，国内、国际学术交流考察 8 次。

1. 举办学术会议

(1)2010 年 8 月 26—28 日，研究中心和武汉大学政治文明与政治发展研究中心、三峡大学政法学院在三峡大学联合举办了“政治体制改革的新进展——纪念邓小平‘8·18’讲话 30 周年学术研讨会”(第四届“政治文明建设与发展”论坛)。来自北京市人大常委会、武汉大学、中国社会科学院、中共中央党校、复旦大学、华东师范大学、北京市委党校、北京联合大学、三峡大学等单位的 100 余位专家学者出席了本次研讨会。三峡大学党委副书记何伟军教授出席开幕式并致欢迎词。与会专家学者讨论了在邓小平同志“8·18”讲话精神的指导下，我国政治体制改革的发展历程、现实行动和未来的演进趋势，探讨了有关中外政治体制改革与发展的若干理论和实践问题。专家们交流碰撞的智慧火花结出了丰硕的理论成果，对研究我国政治文明的建设与发展具有积极意义。

(2) 2010 年 10 月 29—30 日，研究中心在昌平召开了“发挥乡镇人大职能作用”的学术研讨会。会议邀请了全国人大、北京市人大和中共中央党校的领导和专家出席。会议上，还增聘中共中央党校周为民、侯少文、周熙明和王长江四位教授为研究中心的顾问。研讨会上，来自实务部门和理论界的领导与专家们对乡镇人大建设的许多方面展开了深入细致的探讨。会议取得了圆满成功。

(3)2011 年 4 月 15 日，研究中心成立五周年座谈会在北京联合大学召开。出席这次座谈会的有来自全国人大财经委副主任尹中卿，北京市人大常委会副主任赵凤山，北京市社会工委书记、社会办主任宋贵伦，北京市人大常委会副秘书长刘维林，北京市政协原副秘书长张平夫，北京市社科联党组副书记陈之昌，北京市社科规划办主任王祥武。还有，来自中央党校、中国社科院、北京市人大、北京市委党校等单位的领导和专家学者与会。

(4) 2012 年 6 月 27 日下午，研究中心举办了所承担的国家社科基金项目“加强人大常委会依法行使监督权的途径研究”研讨会。邀请了市人大副秘书长、研究室主任刘维林，市人大研究室副主任李正斌，市人大研究室副主任傅雁南以及市人大常委会研究室相关处、部负责人与北京联合大学部分学者共同就课题研究的内涵、依据、方法、历史与实践、问题与分析、对策与建议等进行了深入研讨。

(5)2012 年 11 月 2 日，研究中心在北京联合大学举办了所承担的国家社科基金项目“加强人大常委会依法行使监督权的途径研究”开题论证会。会议由市社科规划办主任王祥武主持，出席论证会的专家组成员有全国人大法工委原副主任张春生，全国人大法工委国家法室主任许安标，北京市人大常委会副秘书长刘维林，中国社科院政治学所副所长、研究员杨海蛟，市社科联党组副书记陈之昌，市人大常委会研究室副主任李正斌，中国人民大学政治学系系主任、教授杨光斌，中国人民大学法学院院长助理、教授冯玉军，复旦大学选举与人大制度研究中心主任、教授蒲兴祖，市社科院研究员李贺林，市委党校政治学教研部副主任、教授袁达毅，甘肃省人大《人大研究》主编谢蒲定等，北京联合大学副校长鲍泓和校科研处、其他国家社科基金项目负责人、本课题组全体成员等 30 余人参加了开题论证会。在听取研究中心汇报和认真审阅开题报告后，专家组对开题报告做了多角度多方面的评议，对研究提纲给予肯定，就课题研究提纲本身及课题研究的立场，重点、难点突破，方法、理论创新等方面提出了宝贵的意见和建议。

(6)2012 年 12 月 8 日，研究中心在北京联合大学举办了“加强城乡社区自治建设　推动和谐社会建设”论坛。北京市委副秘书长王翔出席并致辞。北京市委社会工委书记、社会办主任宋贵伦，市社工委副书记、社会办副主任张坚，市社工委委员、社会办副巡视员王智玲等领导出席。来自民政部、中共中央党校、北京市人大常委会、北京市委社会工委、北京市委党校、北京市社科联、北京市社科规划办的领导专家，清华大学、中国人民大学、北京师范大学、国家行政学院、中央财经大学、中国青年政治学院等十余家北京社会建设研究基地负责人共 70 余人出席了论坛。

2. 参加国内、国际学术会议

(1)中国法学会比较法学研究会 2010 年年会于 7 月 16—17 日在广东省肇庆市举行。本届年会的主题是：“全球化背景下司法的比较研究”。研究中心崔英楠研究员应邀参加了本次会议，并提交论文，题目是：“俄罗斯司法体制”。

(2)2011 年 5 月 29 日，研究中心部分人员应邀参加了北京市委党校主办的纪念建党 90 周年暨政治文明建设研讨会。

(3)2011 年 9 月 18 日，研究中心崔英楠研究员、周长鲜助理调研员应邀参加了中国立法学研究会在上海召开的年会。

(4) 2011 年 9 月 20—24 日，研究中心主任徐永利教授和王维国研究员应邀参加了由郑州大学承办的中国政治学会 2011 年年会暨中国共产党与中国政治发展学术研讨会。

(5)2011 年 12 月 23 日，研究中心崔英楠研究员应邀参加了由北京市法学会立法学研究会主办的地方立法与社会管理创新研讨会。

(6)2011 年 12 月 24 日，研究中心主任徐永利教授和王维国研究员应邀参加了由中国政治学会、中国社会科学院政治学研究所《政治学研究》编辑部和深圳大学当代中国政治研究所联合主办，深圳大学青年社会科学工作者联谊会、深圳大学社会管理创新研究所、深圳大学中国地方政府创新研究中心承办的“政治制度与政治体制比较学术研讨会”，并在会上做了发言。

(7)2012 年 6 月 24 日，研究中心主任徐永利教授和王维国研究员应邀参加了中国人民大学在苏州举办的“2012 中美法学院院长论坛”。

(8)2012 年 6 月 29 日，研究中心郑广永研究员应邀参加了“中国政治发展与社会主义公民意识”学术研讨会，地点：兰州。

(9)北京联合大学王维国研究员于 2012 年 7 月 3—8 日，应邀参加了在加拿大蒙特利尔举办的 2012 年 ICSA 国际年会。在会上交流了学术论文，参与了学术讨论。

(10)2012 年 7 月 9—20 日，研究中心崔英楠研究员应邀参加了由北京大学、中国传媒大学等主办的 2012 年“宗教与法治”暑期高等研修班。

(11)2012 年 11 月 27 日，研究中心崔英楠研究员应邀参加了北京市法学会在北京国际饭店主办的首都法学法律界学习贯彻学习党的十八大精神座谈会。

(12)2012 年 12 月 8 日，研究中心郑广永研究员应邀参加了由中国辩证唯物主义研究会在深圳举办的“马克思主义哲学与中国特色社会主义道路理论研讨会”。

3. 国内、国际学术交流考察

(1) 2010 年 8 月 25 日，研究中心全体成员赴湖北省宜昌市夷陵区人大常委会，就乡镇人大工作问题进行学习交流。

(2)2010 年 9 月 24—28 日，研究中心部分成员随北京市人大常委会研究室，赴山西省人大常委会及部分市县人大常委会进行了交流学习。

(3)2012 年 5 月 28 日，研究中心主任徐永利教授、王维国研究员等有关人员赴北京市人大常委会交流会谈了国家社科基金项目“加强人大常委会依法行使监督权研究”的研究工作，北京市人大副秘书长、研究室主任刘维林，市人大理论研究会秘书长席文启，市人大研究室副主任李正斌，市人大研究室副主任傅雁南以及市人大常委会研究室相关处、部负责人接待并参加了交流会谈。

(4) 2012 年 6 月 24 日，研究中心主任徐永利教授、王维国研究员等一行四人赴苏州市人大，与苏州市人大领导座谈了“人大常委会如何依法行使监督权”问题，苏州市人大常委会副秘书长徐铭阳、研究室主任徐海明等向徐书记介绍了苏州市人大的有关情况，双方就人大监督权研究等进行了深入研讨。

(5)2012 年 9 月 16—17 日，研究中心部分研究人员赴山东省人大常委会、临沂市人大常委会、日照市人大常委、泰安人大常委会，就人大常委会行使监督权的实效问题进行考察调研。

(6)应瑞典乌普萨拉大学(Uppsala University)政府系和丹麦阿尔伯格大学(Aalborg University)经济、政治与公共管理系的邀请，研究中心代表团一行四人于 2011 年 1 月 24 日－2 月 2 日访问了上述两所大学。在考察访问中，与瑞典乌普萨拉大学政府系和丹麦阿尔伯格大学经济、政治与公共管理系的系主任和专家就他们各自国家的政治制度及政治学教育进行了深入的交流和探讨，增进了彼此的了解和友谊，并就双方将来的合作达成了初步意向。

(7)2011 年 1 月 23—28 日，研究中心崔英楠、周长鲜赴英国密德萨斯大学(Middlesex University)交流访问。

(8) 2012 年 4 月 28 日—5 月 6 日，研究中心主任徐永利教授、王维国研究员等一行六人赴印度尼西亚及印度高校开展访问交流活动。先后与印尼乌达亚那大学(Universitas Udayana)、印尼师范大学(Universitas Pendidikan Indonesia)和印度伯德温大学、印度可爱国际大学(Lovely Professional University)就教师交流、项目合作等事宜进行了交流洽谈。

(五)科研队伍建设与人才培养情况

中心学科带头人和学术骨干毕业于北京师范大学、北京大学、中共中央党校、中国社会科学院和中国人民大学等名校和科研机构，现已形成了一支年龄结构和职称结构合理的老中青相结合的高水平研究队伍。在学术队伍中，学术带头人突出，研究骨干潜力较大。

(六)科研信息数据平台建设、网页建设情况

2008 年 1 月，北京联合大学批准“人民代表大会制度理论与实践”网站建

设项目。这是一项关系到研究中心长远发展和更好地为社会服务的重大项目，首批经费投入 100 万元。网站于 2009 年 11 月 2 日通过了专家验收，现已正式开通。网站有“中心建设”、“人大要闻”、“学术交流”、“研究课题”、“学术论文”、“学术专著”、“社会服务”、“学术动态”、“法律法规”等板块。

(七)研究基地的管理制度建设情况

为了加强建设与管理，研究中心参照北京联合大学的相关管理规定，建立了《北京市政治文明建设研究中心研究课题管理办法(试行)》、《北京市政治文明建设研究中心学术报刊合作暂行办法》、《北京市政治文明建设研究中心经费支出暂行办法》、《北京市政治文明建设研究中心学术著作出版资助暂行办法》等一系列规章制度。

其中，《北京市政治文明建设研究中心科研课题管理办法(试行)》，就课题申报、课题评审与立项、课题结题等做了明确规定。根据这个办法，研究中心通过开放课题的形式，不仅取得了一批研究成果，而且凝聚了研究队伍，加强了学科建设，扩大了学术影响。

研究中心通过不断实践、总结，初步形成了一套明确分工、统一调配、专人负责、讲求实效的工作运行机制。科研组织管理主要由首席专家、学术委员会进行策划和组织，办公室具体实施。

研究中心重视科研过程中的检查、考核、控制等管理工作，除了建立了一套包括课题评审与立项、中期检查、课题结项在内的科研管理措施外，还针对部分研究人员年纪轻、经验少的特点，加强了课题立项后集体研究、专家指导和审阅工作。研究中心主任、首席专家经常检查、了解课题进展情况，并针对研究过程中出现的调查研究不够深入、理论分析不够透彻、研究思路不够严谨、语言表达不够规范等问题，提出具体的批评指导意见。

(八)研究基地合作单位的协作状况

2007 年 5 月，由研究中心和武汉大学政治文明与政治发展研究中心联合发起成立了“政治文明建设与发展论坛”。以论坛为平台双方建立了长期的合作关系。根据双方约定，论坛每年举办一届，每届论坛的主题经双方研究后确定。原则上论坛由双方轮流主办。每届论坛结束后出版论文集一部。合作双方经常进行学术信息、研究成果交流。双方合作以来，共举办论坛 4 届，在政治学界影响日益扩大。

由于研究中心是依托北京联合大学人民代表大会制度研究所建立的，而人民代表大会制度研究所又和北京市人大常委会研究室建立了长期合作关系，因此，研究中心的活动也经常得到北京市人大常委会研究室的指导和支持。

(九)研究基地决策咨询与社会服务情况

研究中心成立以来积极参与民政部、北京市人大常委会、北京市政法委有关机构的课题调研，努力服务民主法制建设。

2011年12月，民政部委托研究中心就“加强和创新农村社会管理的政策措施”进行调查研究。中心人员在课题负责人徐永利主任的指导下，经过4个月的调查研究、分析论证，于2011年4月10完成了《农村“三留守”人员服务管理状况研究报告》。报告受到了民政部领导的高度评价，并建议中央政法委将其作为制定农村社会管理政策措施的依据和参考。

为落实北京市委第三次人大工作会议精神和新修订的《选举法》，加强乡镇人民代表大会制度建设，进一步推动乡镇人大工作，筹备好2011年下半年进行的乡镇换届选举，北京市人大常委会将“发挥乡镇人大职能作用”确定为2010年的重点调研课题。同时，市人大常委会主任杜德印将这一课题委托给市社科联组织专家进行深入研究，研究中心承担了这项课题，形成了《北京市乡镇人大发挥职能作用情况调研报告》。2011年2月23日，杜德印主任在听取了课题汇报后，对课题研究成果予以肯定，并建议将报告修改后印发有关区县人大常委会，供其开展乡镇人大代表换届选举时参考。随后，课题组根据杜德印主任的意见进行了修改完善。2011年4月28日，北京市人大常委会研究室向北京市区(县)人大常委会下发了《关于印发〈北京市乡镇人大发挥职能作用情况调研报告〉的通知》。并请区县人大常委会有关部门转发乡镇党委书记和乡镇人大专职主席或副主席。该报告获得了北京市第十二届哲学社会科学优秀成果奖二等奖。

2011年，受北京市防范和处理邪教问题领导小组办公室委托，主要由研究中心研究人员组成的北京联合大学“邪教研究海外学术平台展示项目”课题组，通过翻译外国文献、实地采访研究、撰写学术论文、参与国际学术活动，为我国反对邪教进行了一定的学术辩护、提供了一定的学术依据。基于上述成就，该课题组被评为“北京市2011年度防范和处理邪教工作先进集体”。

2011年10月20日，根据研究中心主任徐永利的意见要求，中心人员一行四人前往北京市密云县穆家峪镇学习交流。交流中，穆家峪镇党委书记李长全建议双方可以成立联合课题组，就穆家峪镇发展模式进行分析总结，以便今后能够更好更快地发展。随后，研究中心的同志几次赴穆家峪镇，与镇党委书记、镇人大主席、镇长等主要负责同志进行深入的交流和探讨。研究中心的同志就基层党建、人大监督、人大主席团建设等问题提出了建议。这些建议得到了穆家峪镇党委、镇人大、镇政府的积极回应。穆家峪镇根据当地工作的实际状况，认真研究并采纳了相关的建议。2012年年初，穆家峪镇党委制定了《中共穆家峪镇委员会关于强化监督职能，进一步深化穆家峪镇人大工作的实施意见》等6份文件。穆家峪镇党委关于加强人大主席团建设，强化人大监督职能的探索引起了中央媒体的重视，《检察日报》对之进行了报道。

2010年4月27—28日，北京市人大干部理论研修班(第五届)在昌平召开。研修班由北京市人大研究室和北京市政治文明建设研究中心联合主办。北京市16区县人大研究室的干部和人民代表大会制度研究所的科研人员共50余人参加了研修班的学习。在为期两天的学习过程中，研修班邀请全国人大财经委副主任委员尹中卿、全国人大常委会十届法律委员会委员张春生、中国人民大学政治学系系主任杨光斌教授为学员做了精彩的辅导报告。

2011年8月23—25日，北京市区县人大干部研修班(第六届)在黑龙江省佳木斯市人大常委会举行。研修班由北京市人大研究室和北京市政治文明建设研究中心联合举办。全国人大财经委副主任委员尹中卿出席会议并做了精彩的学习辅导报告。参加这期研修班的还有来自北京市人大研究室、《北京人大》编辑部、北京市政治文明建设研究中心、北京市各区县人大研究室的干部以及佳木斯市人大常委会的干部和学者共50多人。

2012年9月14—15日，北京市区县人大干部研修班(第七届)在山东省人大常委会举行。研修班由北京市人大研究室和北京市政治文明建设研究中心联合举办。北京市16区县人大研究室的人员和中心的科研人员共30余人参加了研修班的学习和交流。

二、研究基地科研水平和科研能力情况

(一)开展的重要问题研究，取得的研究成果

研究中心目前重点就人民代表大会制度和工作、中国特色社会主义政治文明建设的理论和实践进行了研究，并取得重要进展。

例一：由研究中心人员集体编写的《地方人大常委会设立30年研究》一书由人民日报出版社2010年1月出版。该成果对30年来地方人大常委会制度本身和各方面的工作做了系统、深入的分析，对工作中存在的问题的产生原

因和解决措施做了细致阐述，总结了其中的重要经验。该成果具有专业性、指导性和全面性的特点。

例二：由研究中心人员集体编写的《北京乡镇人大建设》一书由国家行政学院出版社 2012 年 5 月出版。该书由全国人大财经委副主任委员尹中卿作序。该书既有北京市乡镇人大工作程序、典型做法的介绍，也有相关法律法规条文的阐述与分析，还有人大制度理论层面的提炼和概括，体现了理论与实践、历史与现实的统一，具有较强的理论性、指导性和资料性。它不仅可以作为乡镇人大干部培训的教材，同时对人大理论与实践的研究者也有较高的参考价值。

（二）科研工作的深入性、拓展性、可持续性

三年来，在上级的支持、指导下，研究中心科研工作在深入性、拓展性、可持续性方面取得了一定的进展。

研究中心科研工作的深入性，主要体现在人大监督研究方面，中心研究人员不仅发表了《人大行使监督职权途径问题研究述评》、《人大执法检查与法律体系的完善》、《区县人大预算监督工作存在的问题及对策》、《人大监督实效评价标准的定性分析》、《人大财政预算绩效监督的全程模式初探》、《人大预算绩效监督考评体制的全方位考察》等论文，而且获得国家社科基金项目“加强人大常委会依法行使监督权的途径研究”立项。国家社科基金项目的立项表明，中心在人大监督领域研究的前期成果和今后研究的重点都得到了同行专家的肯定。

中心科研工作的拓展性，主要体现在加强人大制度理论与实践研究的基础上，完成了《农村“三留守”人员服务管理状况研究报告》、《文化中心城市之国际比较研究报告》、《邪教的传播策略研究报告》，获得了北京市哲学社会科学规划项目“邪教的文化策略研究”，从而使中心的研究领域不断拓宽。

中心科研工作的可持续性，主要体现在人大建设的系列研究。继 2009 年，中心专兼职研究人员就地方人大常委会的设立，《地方组织法》修改和地方人大建设，《选举法》修改和地方人大换届选举，上一级人大常委会对下一级人大常委会的指导、联系与监督，地方人大常委会立法，地方人大常委会听取和审议“一府两院”专项工作报告，地方人大常委会计划预算执行情况的监督，地方人大常委会法律法规实施情况的检查，地方人大常委会规范性文件的备案审查工作，地方人大常委会监督司法工作，地方人大常委会重大事项决定权，地方人大常委会人事任免，地方人大常委会代表工作，地方人大

代表履职，地方人大专门委员会，地方人大及其常委会组成人员结构，地方人大常委会机关建设，地方人大常委会会议制度，公民有序参与地方人大常委会工作等19个方面进行了系列研究。2011年，中心专兼职研究人员又就优化乡镇人大代表结构、提高代表素质，依法开好乡镇人大会议，依法行使决定权，积极行使监督职能，做好乡镇人大工作评议和述职评议工作，做好乡镇人大代表建议的提出督办工作，密切乡镇人大代表与人民群众的联系，积极履行主席团职责，乡镇人大专职主席、副主席的设置与职责，加强联系，指导推动乡镇人大工作等方面进行了系列研究。2012年，中心研究人员就人大常委会监督的内容、途径、方法等问题进行了研究。如果说，2011年前中心科研工作主要是注重人大制度领域的横向问题研究；那么，从2012年开始注重纵向问题研究。

（三）科研的辐射性

首先，研究成果的学术水平和社会影响力不断提高。三年来，研究中心共获得省部级学术奖励2项，科研工作奖励2项，北京市人大理论研究会奖励9项，校级科技工作大会专项奖励5项。其中北京市哲学社会科学优秀成果奖二等奖1项，北京市优秀调查研究成果奖三等奖1项，北京市防范和处理邪教问题工作先进集体、先进个人各1项。

其次，中心的研究成果对社会发展的影响逐步增强。在科研工作中，研究中心瞄准当前社会发展中的热点、难点，重点投入力量，撰写高质量、高水平调查研究报告。例如，中心在完成民政部委托课题“加强和创新农村社会管理的政策措施研究”中，通过和民政部基层政权和社区建设司开展联合调研，从“三留守”人员的现状切入，深入探讨现存的问题及其主要原因，并提出了加强和创新农村社会管理，切实做好农村“三留守”人员工作的建议。该课题成果受到民政部领导、相关专家的肯定，认为这项研究具有积极的实践意义，对于国家加强和创新农村社会服务与管理工作具有一定参考意义。

再次，研究成果对政府各部门的决策咨询作用日益凸显。通过几年的努力和积累，研究中心所取得的一些研究成果被北京市人大常委会机构所采纳。如，2011年3月完成北京市人大常委会委托的“北京市乡镇人大发挥职能作用”调研课题，最终成果（调研报告）受到北京市人大常委会领导的肯定，并在2011年乡镇人大换届选举前印发至全市有关区县、所有乡镇作为换届选举工作的重要参考。

(四)对本研究领域内学术水平、学科建设、队伍建设与人才培养的影响和作用

研究中心的核心力量，人大制度研究所是全国首家成立的专门研究人民代表大会制度的专门研究机构，无论是研究范围、深度、经费、设施，还是学术带头人和研究人员的水平、承担的科研项目的层次、成果的数量和质量，在全国同类研究机构中处于靠前位置。

基于人大制度研究所在政治文明方面的研究成就，北京联合大学依托人大制度研究所将“中外政治制度”确定为校级重点建设学科，从此使研究中心学科建设步入了规范化、科学化的发展时期，学科建设得到了进一步明确和加强。研究中心人才队伍不断成长，中心人员多次接受中央电视台、《人民日报》、《光明日报》、《检察日报》、《人民代表报》等媒体的专访和报道。在采访中，研究中心人员就人大制度建设和人大工作中的热点和难点问题表达看法和见解，受到社会和学界的关注。

(五)对科研为社会和企业服务的引领作用的发挥情况

三年来，研究中心举办的第五、第六、第七届“北京市区县人大干部培训班”，对提高北京市区县人大干部的理论水平和工作能力发挥了积极的作用。

中心研究人员所承担的北京市人大理论研究会项目研究成果对北京市区县人大、乡镇人大工作的开展发挥了一定的参考作用。

三、以研究项目带动研究基地平台建设情况

(一)对研究基地定位和建设目标实现的自我评价分析

三年以来，从研究项目的实施效果看，研究中心的定位是适当的，一期建设验收时所承诺的目标任务都如期完成。

人民代表大会制度是我国的根本政治制度，因此人民代表大会制度和人民代表大会工作研究是研究中心的主要任务。三年来中心围绕人民代表大会制度和人民代表大会工作，开展了多项综合性、应用性研究。中心所承担的各类项目主要是关于人大制度理论和实践方面的研究。在研究成果中既有学术专著，也有高水平的学术论文。

中国特色社会主义政治文明建设的理论和实践问题的研究一直是中心的

研究重点。中心所完成的社会管理调研报告、邪教问题研究报告都具有较高的水平。

（二）对所在研究领域研究资源整合发挥作用情况的自我评价

研究中心对所在研究领域研究资源的整合，主要集中在研究人员和研究资料两个方面。如前所述，中心从建立初期开始，就实行专职与兼职研究人员相结合、理论界人员与实务界人员相结合、校内外研究力量协同合作。加上顾问的指导帮助和媒体观察员的分析评论，使得中心的科研工作不断向前推进。

由于政治文明研究的广泛性，其研究资料的数量、种类也十分庞大。限于存放空间、经费来源和管理人员编制等原因，中心通过和校图书馆合作，在校图书馆建立了“政治文明建设和发展”特色书库，收藏了本学科及相关学科丰富的中外文图书，基本满足了本中心研究人员的资料查阅需要。

（三）在本研究领域中地位作用的自我评价

随着一批具有一定水平的研究成果发表以及各种学术交流活动的开展，中心在本学科研究领域中的地位稳步提升、作用日益凸显。在地方人大工作和社会管理研究方面取得了重要的理论创新成果。

研究中心成立以来，通过参与北京市人大常委会立法调研、工作调研，举办人大干部培训班、研修班等形式，积极为北京市民主法治建设服务。尤其是人大干部培训班、研修班的举办，有利于推进北京人大工作的进一步发展。

研究中心已初步建成了“人民代表大会制度理论与实践”网站，搭建一个人大制度理论与实践研究的信息平台。

“中外政治制度”重点建设学科的新增，有效整合了北京联合大学相关科研力量，发挥人才集体优势。在研究中心周围会聚了一批在哲学、政治学、法学、社会学等方面较有造诣的专家和学者。

四、研究基地经费使用投入产出绩效分析

(一)研究基地平台条件建设经费投入对实际应用的作用发挥情况

三年中，研究中心共投入建设经费338.50万元。其中市教委专项及学校统筹经费共240万元，其余均为中心申请到的纵向、横向科研项目经费。

建设经费主要用于购置办公和科研设备、图书资料、网站建设、出版学术著作、举办学术会议、外出参加学术交流、进行社会调查、聘请专家咨询，以及开展小型课题研究(中心自立)等。

平台条件建设经费的投入，对于改善工作条件、提高研究工作水平和开展学术交流活动等发挥了重要的保障与推进作用。

(二)科研经费投入和使用与研究基地科研成果产出的绩效

三年来，研究中心的经费主要用于科研工作。为了保证上述经费合理地用于科研工作，研究中心除了严格执行上级颁布实施的各项规章制度外，结合本中心实际，制定了相关的具体科研经费使用管理措施，坚持合理用款，严格管理。三年来，科研经费的使用是合理的，科研成果产出的绩效也是符合相关指标要求的。

到目前研究中心未接受任何社会资金的投入。

五、研究基地取得的突出成绩与经验

1. 研究基地建设的特色、成绩

研究中心建设的特色是集体联合攻关，强化系列研究，先后开展了多项系列研究。

无论是中心的重大科研项目，还是系列研究，都是通过组织跨部门、跨学科的联合课题组，进行集体攻关，共同完成，取得了明显的成效。

2. 研究基地的典型经验

在参与实际工作中注重学术研究，在学术研究中注重社会服务。研究中心人员曾先后多次参与到北京市人大常委会和北京市区县人大常委会课题调

研中，以熟悉地方人大工作机制，获取开展人大制度理论和实践研究的第一手资料。正是基于理论探索和实际参与相结合的研究理念，研究中心开辟了注重实际调查、注重信息收集、注重学术研究和注重社会服务的特色研究之路，从而在政治文明建设研究领域形成了自己的特色风格。研究中心以服务于发展社会主义民主政治、建设社会主义政治文明为宗旨，同时把这种服务具体化，如承担相关机构委托的调研项目，承担相关单位人员的培训任务等，并鼓励专职研究人员深入社会，参与相关单位的实际工作。

六、研究基地建设存在的问题与解决办法

（一）目前研究基地科研平台建设中存在的主要问题

研究中心成立以来虽然取得了一定的成就，但无论是人才队伍、科研水平、学科建设，还是知名度、社会服务等方面还有许多有待提高且也可以提高的空间。因此，还需要我们付出更大努力。

（二）进一步搞好研究基地平台建设的设计和对策

今后，研究中心人员要进一步明确自己的研究方向，完善自身的知识结构。适当的时候可以通过“走出去”、“请进来”、短期访学、项目合作、联合攻关、柔性引进等多种方式，促进专职研究队伍研究能力的提升，争取在不长的时间里，围绕政治文明形成每个专职研究人员自己的研究领域和研究品牌。研究成果在坚持应用性的前提下提高学术分量，继续加强学科建设和探索更加精确的调研对象。

七、研究基地建设下一阶段的设想

（一）力争持续完成几项高层次的科研项目，取得几项有影响力的科研成果

虽然研究中心既承担有国家项目，也承担有不少省部级科研项目，研究人员都具有一定的独立从事科研的能力，并可以撰写较高质量的学术论文，但还要争取持续主持和负责几项国家社科基金项目和国家部委委托项目，从而取得更有影响力的科研成果，为研究中心持续发展奠定更坚实的基础。

（二）不断加强学科建设，力争使“中外政治制度”成为“市级重点建设学科”

学科建设是研究中心持续发展的重要基础，只有学科建设取得重大突破，才能稳定队伍，提高水平，彰显特色。因此，通过整合学校学术资源，凝练学术方向，会聚学术人才，不仅要把“中外政治制度”建设成为学校的重点学科，而且要争取成为市级重点建设学科，乃至重点学科。

（三）不断拓展学术活动，将研究中心建设成政治文明建设研究的重要研究基地

近年来，研究中心虽然举办了几次跨地区的学术会议，和国内外的一些研究机构建立了一定的合作关系和机制，但研究中心要成为政治文明建设研究的重要研究基地，还需要举办一些更大范围、更高水平的学术会议，进一步拓展和深化与国内同类知名研究机构，以及国际同类研究机构的交流与合作，保持和提升对学术前沿课题的探索和研究。

（四）不断深化社会服务，赢得北京市人大、全国人大及其他部门的更大支持

高校研究机构以直接或间接的方式，尽最大努力为社会提供服务，既是社会发展的迫切需求与回馈社会的使命担当，也是加强学科建设的有效途径，更是科学研究的意义所在。研究中心自成立以来，通过参与北京市人大常委会立法调研，举办人大干部培训班等形式，积极为北京市经济建设和社会发展服务，得到了北京市区县人大的称赞。今后，研究中心要大力开展社会协同创新，不断深化社会服务，继续争取北京市人大、全国人大及其他部门的更大支持。

北京马克思主义理论研究与传播基地二期建设报告

北京马克思主义理论研究与传播基地(以下简称“马研基地”)自成立以来，在党的十七大、十八大精神指引下，坚持学习和践行科学发展观，在北京市委、市政府的高度重视和大力支持下，贯彻落实《中共中央关于进一步繁荣发展哲学社会科学的意见》和《中共北京市委关于进一步繁荣发展首都哲学社会科学的意见》，在北京市哲学社会科学规划办公室的指导下，在现任马研基地首席专家满运来和负责人谭维克的领导下，围绕主要任务，积极开展工作，在平台建设、资源整合、学术交流、决策咨询、社会服务、优势发挥等方面取得了可喜的成绩。

一、研究基地建设的基本情况

马研基地是在中共北京市委宣传部的大力支持下，经北京市哲学社会科学规划办公室批准而成立的专门研究马克思主义理论及其传播规律的机构。基地以马克思列宁主义、毛泽东思想、邓小平理论和“三个代表”重要思想和科学发展观为指导，用党的十七大、十八大精神统领各项工作，解放思想、实事求是、与时俱进，坚持为人民服务、为社会主义服务的方向和百花齐放、百家争鸣的方针，理论联系实际，积极推进理论创新。

马研基地的主要任务是：研究马克思主义中国化的理论和新时期马克思主义传播规律、途径和方法。重点研究科学发展观指导首都建设与发展的理论与实践、构建社会主义和谐社会首善之区的理论与实践、马克思主义中国化理论与传播研究。

马研基地的发展，旨在努力聚集一批有深厚学术造诣、在国内外有广泛影响力的马克思主义理论人才，推出一批瞄准当今世界学术前沿、具有较高水平的理论精品，当好市委、市政府的思想库、智囊团，为更好地用马克思主义理论指导首都的改革开放和现代化建设做出自己应有的贡献。力争用10年左右的时间，把马研基地打造成为研究马克思主义中国化理论及其传播规律的平台、培养马克思主义理论研究和宣传研究人才的平台、马克思主义学术交流与合作的平台。把基地建设成为人才荟萃、学科合理、体制完善、机制灵活，在国内处于领先地位、在国际上有影响力的马克思主义理论研究与传播机构，建设成为马克思主义的坚强阵地，努力开创马克思主义理论研究、理论宣传和应用研究有效结合的新局面。

马研基地以北京市社会科学院为依托，以该院马克思主义理论研究人才为基本力量，聘请中央有关部门、国家级科研单位、首都高等院校等理论研究和宣传单位的有关专家为特约研究员，立足首都政治、经济、文化、社会、生态文明建设的实践，努力生产高品质的科研成果，引导广大干部群众用科学的态度对待马克思主义，用发展着的马克思主义指导新的实践。

围绕研究方向和发展目标，马研基地建立了由首席专家满运来、顾问李忠杰、张书林，负责人谭维克，秘书长许传玺，副秘书长左宪民、杨奎、邢昀为核心的组织协调机构。建立了由谭维克任组长，许传玺、左宪民、杨奎、邢昀任组员的秘书长联席会。秘书长联席会类似于马研基地的学术委员会，定期召开会议，主要负责基地每年工作计划拟订、研究重点确立，各级各类项目论证、申报、质量评估等学术规范管理工作。经过认真遴选，基地先后聘请了严书翰、许耀桐、闫志民、秦宣、秦刚、夏春涛、夏伟东、伍义林等20多位国内知名专家学者为研究基地特约研究员，13位研究人员为基地专职研究员，组成了一支实力雄厚，精干、高效的研究团队。目前，研究基地专职科研队伍中，研究员(教授)职称7名，副研究员职称6名，助理研究员职称5名；其中硕士研究生学历9人，博士研究生学历6人，博士后1人；其中45岁以上13人，45岁以下6人，基本形成了年龄结构、学历结构、职称结构较为合理的学术队伍。

2010—2012年间，研究基地获得国家社科基金项目1项，现在研国家社科基金项目共3项，其中重点项目1项，一般项目1项，青年项目1项；北京市社科规划项目6项；国家级委托项目2项；北京市领导交办重大项目3项；北京市委托项目4项；其他研究项目30项。

围绕学习贯彻落实科学发展观和党的十七大、十八大精神，纪念中国共产党建党90周年、创先争优等重要活动，马研基地先后参与了“学习贯彻十七届四中全会精神座谈会”、“纪念中国共产党建党90周年理论座谈会”、“全国创先争优理论研讨会”、“学习胡锦涛同志7·23讲话精神座谈会”、“学习贯彻党的十八大精神理论研讨会”等学术交流活动。

在市委宣传部和北京市社科院的支持下，马研基地专职研究人员先后赴国外参加学术交流考察活动近20人次，参加国内学术会议约40人次，院外特约研究员做学术报告或演讲10人次。通过学术交流，扩大了马研基地的影响，有力地推动了马克思主义中国化理论的研究与宣传工作。同时，马研基地结合每年科研工作检查、次年研究重点论证、学术队伍培养、组织体系完善等项任务，先后召开由研究基地首席专家、顾问、特约研究员和专职研究人员参加的工作例会2次，为研究基地的可持续发展确立了方向。

马研基地是依托北京市社会科学院建立的研究机构，其主要图书资料来源于北京市社会科学院图书馆。图书馆现拥有马克思主义理论、科学社会主义、政治学等方面相关图书资料17388册，报纸杂志75种，并有中国知网、搜数网、人民日报图文数据库、国研网、超星数字图书馆、慧科全球报刊新闻资讯搜索引擎、书同文古籍数据库等国内知名科研信息资料网站提供的图书、期刊、学术会议、重要报纸等电子资料，基本满足了研究人员的信息查询需求。在北京市社科院网站主页下的“北京马克思主义理论研究与传播基地”网页，现在已投入运行达5年。

马研基地成立至今，始终保持着与中央党史研究室、北京市委组织部、北京市委宣传部、北京市哲学社会科学规划办公室、北京市社会科学界联合会、北京市互联网宣传管理办公室等党政机关的密切联系；始终保持与中共中央党校、国家行政学院、中国社会科学院、北京大学、中国人民大学、清华大学、解放军中国特色社会主义理论体系研究中心等科研教学单位和北京市中国特色社会主义理论体系研究中心、北京市党建研究会等研究机构积极合作；始终保持与全国党的建设研究会、中国科学社会主义学会、中国马克思主义哲学史学会、北京市科学社会主义学会等学术团体密切联系；始终保持与《人民日报》、《光明日报》、新华社北京分社、《前线》、京报集团、北京电视台、北京人民广播电台等新闻媒体的相互配合，为研究基地高质量研究成果的产生和宣传打下了良好基础。

二、研究基地科研水平和科研能力情况

在北京市哲学社会科学规划办公室的领导下，三年来，马研基地研究人员的科研重点已经成功转型到中国特色社会主义建设和为首都经济社会发展积极建言献策上来。科研人员都能够把自己所从事的研究领域与中国特色社会主义理论体系研究更加紧密地联系起来。为此，马研基地主要坚持“两手抓”的工作方针，即一手抓基础理论研究，目标要使基础理论研究的成果在学术界产生更大影响；一手抓应用对策研究，目标是研究成果能够得到市委、市政府决策部门的认可和采用。目前，马研基地已形成了一批既有较高学术价值，又有明显应用价值的优秀成果，为繁荣发展北京哲学社会科学事业做

出了应有的贡献。

2010 年，马研基地获得国家社科基金一般项目 1 项，“社会主义核心价值观调查及理论提升研究”(项目编号：10BKS066)；获得市社科规划重点项目 1 项，“‘十二五’时期首都社会主义核心价值体系建设的路径研究”(项目编号：10AbKD086)。出版学术著作 3 部，分别是《“人文北京”与首都文化发展的理论与路径研究》、《中国高层决策六十年：中国特色社会主义道路的探索与创新》、《社区政治》；发表学术论文 45 篇，其中在《中共党史研究》、《中国特色社会主义》、《新视野》等核心期刊发表 7 篇。“首都社会主义核心价值体系建设与北京市民价值观调查模型研究”项目，获北京市“优秀调查研究成果”三等奖；共有四项研究成果获得北京市社会科学院第十四届优秀科研成果奖二等奖和三等奖。

2011 年，马研基地获得市社科规划重点项目 1 项，“北京社会主义核心价值观建设与理论提升研究”(项目编号：11KDB014)；获得市社科规划一般项目 1 项，“正确处理创先争优若干辩证关系”(项目编号：11KDB015)。先后出版《中国视野》、《嬗变与重塑：中国特色的富农政策研究》学术专著 2 部，发表学术论文 62 篇，其中在《光明日报》、《教学与研究》、《思想理论教育导刊》、《中国特色社会主义研究》等核心期刊发表论文 15 篇，6 篇论文被《中国人民大学复印报刊资料》全文转载。同年，完成北京市哲学社会科学“十一五”规划项目 2 项。“‘人文北京’的精神实质及实现路径”和“首都社会主义核心价值观调查模型建设研究”两个项目的阶段性成果先后在《北京社科规划》中获得优秀成果推介。“首都市民价值观调查模型建设研究”，在市社科规划办组织结项鉴定中被评为“优秀”等级。2011 年 4—10 月，承担完成北京市委宣传部委托项目“‘十二五’时期‘人文北京’发展规划”的起草和修订任务。2011 年 8—11 月，参与完成了北京市维稳办和市委宣传部委托项目“加强当前我市意识形态领域维稳工作研究”任务。

2012 年，马研基地获得市社科规划重点项目 1 项，“保持党的纯洁性，防范‘四个危险’研究”(项目编号：12KDA003)；获得市社科规划青年项目 1 项，“北京精神知行状况调查及实践创新研究”(项目编号：12KDC034)。出版学术著作 3 部，即“中国古今官德研究丛书”、《马克思主义中国化研究论丛》(第一辑)、《中国各民主党派章程研究》；参编著作 1 部：《北京精神通论》。

“中国古今官德研究丛书”出版，是首都廉政文化建设结出的丰硕成果之一。2010 年 4 月，市纪委、市委宣传部委托北京市社会科学院成立“中国古今官德研究”项目课题组，作为市纪委、市委宣传部倡导推动的重点工程。马研基地负责人谭维克研究员任课题组组长，纪检组长殷爱平为副组长，课题组成员多为马研基地研究人员。在课题组团队组成和研究方式上，始终以出精品成果为目标导向，融合各学科之长，组织多领域科研人员通力协作，联合攻关。在市纪委、市委宣传部领导有力的指导和帮助下，我国首部以“官德”为主题的“中国古今官德研究丛书”(谭维克、殷爱平主编)，于2012年4月由北京出版社出版，时任中共中央政治局委员、北京市委书记刘淇同志亲自为丛书作序。“中国古今官德研究丛书”由《史说官德》、《大道官德》、《为官史鉴》、《申论官德》4本组成，内容丰富，思想性、可读性、实用性强，反映了北京在积极利用古今执政智慧、加强领导干部从政道德建设方面取得的主要成果。丛书课题组本着“以史为鉴，立足当代”的原则，从不同学科和视角，运用多种方法对我国古今官德进行深入研究，全面展示了我国古今官德思想。丛书的编写出版，切实贯彻了党中央关于加强干部道德建设包括从政道德建设的指示精神，对如何加强干部官德建设提出了切实可行的建议，有力地配合了北京市委加强干部队伍建设包括官德建设的部署和要求。2012年6月18日，市委常委、宣传部部长、副市长鲁炜主持召开“中国古今官德研究丛书”出版座谈会，刘淇、郭金龙、王安顺等多位市委领导同志出席。会上刘淇书记明确指出：“市纪委、市委宣传部、市社科院联合组织专家学者编著的‘中国古今官德研究丛书’，是一项利用古今执政智慧、加强领导干部从政道德建设的重要研究成果。这套丛书既是一套学术著作，也是一套很好的学习教材，值得全市广大党员干部尤其是领导干部认真学习。”2012年该丛书入选国家新闻出版总署“首届优秀廉政文化出版物推荐活动入选作品”。

经过精心的组织与策划，马研基地完成了《马克思主义中国化研究论丛》(第一辑)的编辑出版工作。马研基地负责人谭维克研究员为该书作序。该书的编撰与出版得到了基地特约研究员、知名专家和专职研究人员的大力支持和积极响应，闫志民、严书翰、姚桓、夏春涛、刘陈德、赵周贤等为该书提交了一批高质量的研究论文(最终选用19篇论文，其中基地专职研究人员撰稿13篇)。2012年9月，《马克思主义中国化研究论丛》(第一辑)由中共中央党校出版社正式出版发行。《论丛》分为“理论前沿”、“中国探索”、“首都视野”、“海外观察”四个板块(栏目)，计划每年出版一辑。我们将坚持与时俱进的马克思主义理论品格，以理论自觉涵养理论自信，以理论创新孕育理论建树，以发展马克思主义来拥抱科学理论的旺盛生命力，努力使《论丛》成为国内较为系统地研究马克思主义中国化理论的重要载体。

即将出版的还有：获得市社科规划办优秀成果出版资助的《首都市民价值观调查模型建设研究》一书，人民出版社已完成编辑工作，将于2012年年底出版发行。《社会主义思想道德建设研究》一书正在编辑出版过程中。

2012年发表学术论文38篇，其中核心期刊7篇，3篇论文被《中国人民大学复印报刊资料》和《马克思主义文摘》全文转载。完成市社科规划项目2项，分别是“‘十二五’时期首都社会主义核心价值体系建设的路径研究”和“正确处理创先争优的若干辩证关系”(均已结项)。

马研基地非常重视科研成果的转化，注重扩大科研成果的决策影响力和社会辐射力。提出、提炼“北京精神”的设想，为市政府决策发挥了重要的智囊作用，是马研基地近年工作的重要内容之一。2009年马研基地组织研究重大课题——“实现‘人文北京’发展战略的思考”。在课题成果中首次提出了“北京精神”与建设“人文北京”的关系问题。2010年3月26日，马研基地研究人员在北京社科院要报《看一眼》刊登了一篇短文——《北京精神的内涵及其创建》，就提炼“北京精神”的原则以及“北京精神”的内涵等做了初步的概括，报市委、市政府后很快得到时任中共北京市委书记刘淇同志等市委领导的肯定性批示。由谭维克研究员、唐鑫副研究员共同撰写的《加强北京城市核心价值观建设的政策建议》经《看一眼》2011年第17期刊发，得到了时任中央政治局委员、北京市委书记刘淇，市委常委、市委宣传部部长鲁炜同志的肯定性批示。上述报告均提出：城市精神是城市市民认同的精神价值与共同追求，也是展示城市形象、引领城市发展的一面旗帜。两份报告都引起了市委领导的高度重视，并由此发起了“北京精神”的提炼、培育和宣传工作。之后，市委宣传部会同市社科院等有关部门邀请来自中国社科院、清华大学、北京大学、中国人民大学等20多所高校、科研院所的哲学、历史、文学、马克思主义理论、城市建设管理等领域的知名专家学者，多次召开研讨会，对提炼、培育“北京精神”的必要性和方法途径等问题进行深入探讨。参加“北京精神”研究和提炼工作的主要是马研基地科研人员。历时一年多，确定了“北京精神”的表述语。2011年11月2日，北京市公布了“北京精神”——“爱国、创新、包容、厚德”。提炼“北京精神”是首都各族各界人民的强烈愿望，是首都践行社会主义核心价值体系的迫切需要，是首都建设中国特色世界城市的重要举措。

在坚持做好马克思主义理论研究工作的同时，马研基地还关注马克思主义理论的传播工作。三年来，谭维克研究员、许传玺研究员、杨奎研究员等分别接受新华社、人民网、北京电视台、北京广播电台、北京日报、北京晚报、法制晚报、北京晨报、京华时报、新京报等媒体的采访和访谈20余人次，推介了马研基地的研究成果，扩大了马研基地的社会影响。许传玺、杨奎先后被北京市委宣传部聘为中共北京市委第十一次党代会精神宣讲员，北京市学习贯彻党的十八大精神宣讲员。宣讲单位有市委政法委机关、首发集团、市科学技术研究院、市社科院、北京十二中等单位。谭维克研究员、杜丽燕研究员就古今官德专题接受人民网和北京电视台专访；就学习贯彻党的十八大精神，许传玺研究员接受北京电视台专访(《锐观察》直播、《法治进行时》四集系列节目)、杨奎研究员就“如何实现收入倍增”在北京电视台财经频道《财经锋汇》栏目做访谈。许传玺、杨奎还被评为“党代会精神理论宣讲之星”等。

在抓好研究成果质量建设的同时，马研基地始终致力于科研队伍的建设。基地通过举办层次高、影响力强的大型学术交流活动，吸引了一批在国内外有社会影响力的专家学者，为研究基地的各项工作献计献策。现有特约研究员来自中央党校、国家行政学院、中国社会科学院、国防大学、北京大学、中国人民大学、《前线》杂志社、京报集团、北京电视台等单位。由于人员单位的变动，马研基地计划在 2013 年对基地特约研究员队伍进行适当调整和增补。在日常工作中，马研基地注重让经验丰富的研究员牵头，吸收年轻科研人员参与上级交办的重大课题和重点课题的研究，通过课题研究做好对青年人才培养的“传帮带”工作。同时，马研基地积极支持科研人员外出参加学术会议，开展对外学术交流。三年来，先后选派研究人员赴国外参加学术活动 20 余人次，参加国内学术会议约 40 人次，交流学术论文 10 多篇。通过以上措施，研究基地进一步稳定了科研队伍，加深了新老科研人员的交流，加速了青年人才的成长，提高了研究队伍的团结协作能力。

据统计，2010—2012 年，马研基地研究人员共出版学术著作 9 部；公开发表学术论文 145 篇，其中，中文核心期刊 30 篇，有 8 篇论文先后被《新华文摘》、《中国社会科学文摘》和《中国人民大学复印报刊资料》转载；获得省市级以上科研奖励 1 项，学会及其他奖励 5 项。

三年来，马研基地注重践行科学发展观，在强化学科建设和人才队伍建设的同时注重思想建设，2010 年科学社会主义研究所党支部被评为北京市社会科学院优秀党支部；2011 年左宪民被评为北京市宣传系统优秀党务工作者，刘蕾、尤国珍被评为北京市社科院优秀党员，左宪民被评为院优秀党务工作者；2012 年在“创先争优”活动中，科学社会主义研究所党支部被评为市直机关“创先争优”先进基层党组织，杨奎被评为市直机关“创先争优”优秀共产党员，孙照红被评为北京市社科院先锋示范岗，尤国珍被评为优秀共产党员。

三、以研究项目带动研究基地平台建设的情况

马研基地目前的图书资料配备分为三部分：一部分是基地的依托单位北

京社科院的馆藏图书，目前收录的图书中涉及马克思主义理论、政治学、科学社会主义的图书数量就有17388册，其中新进图书多达5477册；现有马克思主义专业期刊16种，相关社科综合类期刊59种，共计75种。一部分图书资料是基地特约研究员和专职研究员个人收藏的近6000册涉及马克思主义理论、中国特色社会主义理论的研究图书，这部分图书可供基地研究人员互相借阅；另一部分是研究基地依托北京市社会科学院网络办公系统，可以方便迅捷地查阅中国知网、搜数网、人民日报图文数据库、国研网、超星数字图书馆、慧科全球报刊新闻资讯搜索引擎、书同文古籍数据库等学术和宣传资料。

马研基地的科研信息数据平台，主要还是依赖于北京市社科院科研处的数据平台。基地建了北京市马克思主义理论研究与传播基地网页，挂在北京市社科院网站，积极宣传和发布马克思主义中国化、中国特色社会主义建设和首都经济社会发展的研究动态和成果。目前，北京市社科院科研处、信息中心和马研基地协同负责科研信息的发布和统计工作。

在科研信息数据平台建设的基础上，马研基地围绕"全面提升科研创新能力，进一步完善优秀成果产生和优秀人才成长的体制机制，当好党和人民的思想库、智囊团"的目标，积极整合资源，开创马克思主义理论研究、理论宣传和应用研究有效结合的新局面。

2011年7月，马研基地负责人谭维克研究员代表首都理论界在北京市委宣传部组织的"北京市纪念中国共产党成立90周年理论研讨会"上做了题为"永葆党的先进性，提升发展新境界"的专题发言。

马研基地秘书长、北京市社科院副院长许传玺研究员承担的北京市社科规划项目"'人文北京'的精神实质及实现路径"的结项成果刊发于《北京社会科学》2011年第3期。

2011年4—10月，由许传玺研究员主持、杨奎和杜丽燕研究员等组成的课题组承担完成了市委宣传部委托项目"'十二五'时期'人文北京'发展建设规划"的起草和修订任务，为该规划的顺利发布、实施做出了重要贡献。

2011年8—11月，谭维克研究员、杨奎研究员承担完成北京市维稳办、市委宣传部联合委托项目"加强当前我市意识形态领域维稳工作研究"。

马研基地依据首都现代化发展的目标，不同时期的工作中心任务有所侧重。目前，基地的工作中心任务主要集中在马克思主义中国化的理论和新时期马克思主义传播规律、途径和方法研究。第一类是国家社科基金项目3个：一是左宪民研究员主持的2009年度国家社科基金重点项目"国际化视野中的中国特色社会主义道路"；二是杨奎研究员主持的2010年度国家社科基金一般项目“社会主义核心价值观调查及理论提升研究”；三是张登文副研究员主持的 2007 年度国家社科基金青年项目“经济全球化与第三世界社会主义研究”。第二类是北京市社科规划项目 3 个：一是谭维克研究员主持的 2012 年度重点项目“保持党的纯洁性，防范‘四个危险’研究”；二是杨奎研究员主持的 2011 年度一般项目“北京社会主义核心价值观调查及理论提升研究”；三是孙照红博士主持的 2012 年度青年项目“北京精神知行状况调查及实践创新研究”。第三类是北京市领导交办和市委有关部门委托项目 3 个：一是北京市委宣传部部长鲁炜交办，宣传部和纪委联合委托项目“北京廉政文化建设研究”；二是北京市史志办委托项目“北京社会科学志・马列卷”、“北京社会科学志・政治学卷”的编撰；三是承担北京市委宣传部委托“中共北京市委宣传部部史”的部分组织编撰工作。

四、研究基地经费使用投入产出绩效分析

马研基地是依托北京市社会科学院建立并运转的北京市级科研基地。为了保证研究基地各项工作的顺利开展，推进首都马克思理论研究与传播走向深入，2010—2012 年，北京市社科规划办以项目形式支持马研基地经费 18 万元；北京市社会科学院想方设法筹措经费，在“十一五”、“十二五”规划期间的经费预算中增加了对马研基地科研经费的投入比例，现每年以项目形式支持马研基地 10 万元经费；同时马研基地三年自筹资金 99 万元，这些经费用于课题研究、学术交流、著作出版、会议经费、调研差旅等方面。与此同时，马研基地围绕经费的投入产出效益重点抓好了以下四项工作：

第一，积极支持科研人员开展项目(课题)研究，在选题上倾向于为中国特色政治、经济、文化、社会、生态文明建设提供理论探索和智力支持的项目；经费资助上对重点课题倾斜，对获得市委、市政府领导批示的课题予以奖励。

第二，大力支持马研基地举办的各类学术交流活动。这主要体现在：先后主办、承办的“创新发展理念——学习贯彻党的十七届五中全会精神理论研讨会”、“推动社会主义文化大发展大繁荣——学习贯彻党的十七届六中全会精神理论研讨会”、“纪念中国共产党建党 90 年理论研讨会”等学术交流活动；马研基地科研人员在研讨会上做主题发言 10 余人次；马研基地每年围绕研究工作检查总结、工作重点论证、学术队伍建设等项任务召开的 3 次工作例会；马研基地鼓励、选派中青年学术骨干参加国内外的理论研讨会，开展学术交流活动的经费保障。

第三，全力资助马研基地所属研究人员主持的各级、各类项目的研发和研究成果的推介工作。一是对国家社科基金项目研究经费的配套支持，北京市社科规划项目经费的配套支持，国家及北京市委托项目的经费资助，马研基地自设重点研究项目的经费支持；二是拟对基地研究人员在《人民日报》、《光明日报》、《北京日报》等全国甲类核心报刊上发表学术论文的科研奖励，以及研究成果得到国家或北京市政府相关部门采纳，实现效益转化的科研奖励。

第四，依托北京市社会科学院的图书资料建设和信息化网络平台建设。例如，为了保障马研基地人员的科研资料和信息查询，北京市社科院增加了图书馆购置新书的经费预算，马研基地中的科研人员可以根据自己的需要让图书馆收录自己所需要的专业图书，极大地方便了对研究所需信息资料的收集。

经过三年的不懈努力，马研基地在经费投入效益方面，取得了较为突出的成绩：

一是从根本上保障了研究基地各项工作有计划、有步骤地落实。通过举办理论研讨会，在深入马克思主义理论研究、传播研究和实证性调查研究的同时，马研基地吸引了一批在国内外有知名度和影响力的专家学者，为基地的发展建言献策，为基地的建设目标和建设重点的适时调整提供创新思路，对基地的研究成果进行质量监督和鉴定，为基地的工作设想进行科学论证，为基地科研队伍建设，特别是中青年科研骨干的成长提供帮助，等等。正是特约研究员和专职研究人员的共同努力，为基地可持续发展注入了创新活力。

二是形成了一批具有较高学术含量和决策影响力、社会影响力的科研成果。2010—2012 年，马研基地撰写北京市社科院要报《看一眼》文章 10 篇，市社科规划办《成果要报》1 篇；其中得到市委市政府领导肯定性批示 8 篇。

马研基地先后出版谭维克主编的《马克思主义中国化研究论丛》(第一辑)，谭维克、殷爱平主编的“中国古今官德研究丛书”(四本)，杨奎主编的《“人文北京”与首都文化发展的理论与路径研究》，尤国珍主编的《中国高层决策六十年：中国特色社会主义道路的探索与创新(第一卷)》；左宪民独著的《中国视野》，尤国珍独著的《嬗变与重塑：中国特色的富农政策研究》，孙照红独著的《中国各民主党派章程研究》等学术著作 9 部，在相关学术领域和决策部门形成了良好的影响。基地研究人员完成的“社会主义核心价值体系建设与首善之区的实践”、“正确处理创先争优的辩证关系”、“以量化指标体系推进‘人文北京’建设研究”、“构建北京社会主义核心价值体系的对策与建议”、“推动宣传思想文化工作科学发展的新理念”、“首都意识形态维稳建设研究”、“北京廉政文化建设研究”等项目，受到了中央和北京市委相关领导的高度重视，为相关政策的决策提供了信息咨询服务。

五、研究基地取得的突出成绩与经验

(一)建设目标和建设任务更加明确

三年来，马研基地更加坚定了发展目标和信心。围绕“研究马克思主义中国化的理论和新时期马克思主义传播规律、途径和方法”的中心任务，在具体研究重点的把握上，马研基地坚持“两手抓，两手都要硬”的原则：即一手抓马克思主义中国化基本理论的深入发掘研究，一手抓应用对策的研究。把马克思主义的普遍真理与中国面临的具体实际问题相结合，对首都政治、经济、社会、文化、生态发展等给予马克思主义的、中国式的科学解答，并在这个过程中进行理论创新，丰富和发展马克思主义，使马克思主义中国化呈现出中国气派与中国风格。同时，从服务首都经济社会发展，贯彻落实科学发展观出发，针对首都发展中面临的新情况、新问题，及时组织力量，开展理论研究和社会调研，破解发展难题。重点研究科学发展观指导首都建设与发展的理论与实践、构建社会主义和谐社会首善之区的理论与实践、北京马克思主义宣传工作的理论与实践。同时，研究重点在不同时期有所侧重。

(二)研究成果质量稳步提高

三年来，马研基地组织研究人员围绕深入学习十七大精神、学习实践科学发展观，总结新中国成立 60 多年来和建党 90 周年来的理论创新，完成了一批高质量的研究任务，出版和发表了一批有分量的学术著作和理论文章。

杨奎执笔的《社会主义核心价值体系建设与北京市民价值观调查模型研究》于 2010 年获得北京市“优秀调查研究成果”三等奖。

有多部专著和论文获北京市社会科学院优秀科研成果奖，其中：

特别奖：孙照红报送的《北京精神的内涵及其创建》刊发于要报《看一眼》，第十五届优秀科研成果奖，2012 年。

一等奖：左宪民的专著《中国视野》，第十五届优秀科研成果奖，2012 年。

二等奖：杨奎的专著《和谐的历史、现实与马克思主义》，张洪武的专著《文化经济学概论》，第十四届优秀科研成果奖，2010 年。

三等奖：左宪民的论文《"北京共识"与中国道路的价值意蕴解析》，张登文的论文《查韦斯从"第三条道路"走向"21世纪社会主义"》，第十四届优秀科研成果奖，2010年；李贺林、杨奎联合编著《人文北京与首都社会主义文化发展研究》，第十五届优秀科研成果奖，2012；尤国珍的专著《蝉变与重塑：中国特色的富农政策研究》，第十五届优秀科研成果奖，2012年。

2010—2012年，马研基地左宪民、杨奎、张登文、刘冀瑗、刘蕾、尤国珍、孙照红等同志分别在《中共党史研究》、《教学与研究》、《中国特色社会主义》等核心期刊上发表了学术论文共30篇。

(三)资源整合能力明显增强

一是与中共中央宣传部、中共中央党史研究室和北京市委宣传部、北京市社科规划办、北京市社科联、中共北京市委党校、中共北京市委讲师团建立了密切的联系。北京市委常委、宣传部部长鲁炜同志对马研基地的建设与发展提出了具体的要求，并对研究基地各阶段成果做了认真研究审定。北京社科联主席满运来作为基地首席专家，身体力行，积极参加研究基地举办的学术交流活动和工作例会，本着严谨、求实的态度，对基地每个阶段的建设提出了具体的希望和要求。北京市社科规划办王祥武主任、李建平副主任等同志，始终关注并经常过问基地各项科研项目的开展情况，悉心指导、建言献策，为提高基地研究成果质量做出了贡献。

二是通过学术交流、项目合作与国内外知名学者、研究机构和高校建立了长期伙伴关系。目前，马研基地已经成为首都马克思主义理论研究与传播者的重要交流平台，一批在国内外享有较高声誉的专家学者，如闫志民、夏春涛、姚桓、张光明、侯衍社等先后来研究基地开展专题讲座，并指导工作，为基地建设水平的提高提供了支持和帮助。同时，中共中央党校、国家行政学院、国防大学、中国社会科学院、北京大学、中国人民大学、清华大学、北京师范大学等单位与研究基地建立了稳定的合作关系，在一些重点项目的联合研究方面积累了丰富的经验。

三是加强与新闻、出版业的交流合作，为马研基地优秀科研成果的传播和人才的脱颖而出创造良好条件。马研基地在充分发挥北京市社科院外宣办沟通联络职能的同时，与《人民日报》、《光明日报》、《前线》、北京电视台等新闻媒体积极配合，推荐宣传一批高质量的研究成果。同时，通过北京市社会科学院要报《看一眼》，将部分优秀成果及时上报北京市委、市政府，为相关政策的决策提供咨询服务。

(四)科研队伍建设成效显著

马研基地科研队伍的培养始终坚持“请进来、走出去，传帮带”的方针。“请进来”，是聘请了一批在马克思主义理论界、马克思主义理论宣传界有较高声誉的专家学者、政府官员作为基地的特约研究员，为研究基地的马克思主义中国化理论研究和应用对策研究提供智力支持。“走出去”，是积极选派一批有较高学术造诣和培养潜力的中青年科研骨干，赴国内外知名学府、研究机构进行学术交流、专题研究，开阔眼界、增长见识、壮大实力，调动基地青年人才学习和研究的能动性(现有1人外出做访问学者)。马研基地积极鼓励和支持科研人员申报北京市社科院各类人才培育发展计划，杨奎研究员进入本院“杰出人才激励计划”人选，尤国珍博士进入本院“青年英才培育计划”人选。“传帮带”，是在不断吸收各著名大学毕业的年轻博士加入基地研究团队的同时，基地资深研究员结合每个人的知识专长，帮助他们确立科学、正确的研究发展方向，为他们的迅速成长提供支持。

马研基地积极组织和支持科研人员外出参加相关学术会议，开展对外交流。2010年6月间，马研基地科研人员赴上海，与上海大学、浦东干部管理学院等单位的专家学者进行了深入的学术交流。同年11月，许传玺研究员应邀赴美国参加国际学术会议。2010年7月，由许传玺研究员领队，鲁亦冬和尤国珍两位同志参加，应邀赴青海参加了主题为“科学发展观与西部和谐社会建设”的第十六届“全国社会科学院系统中国特色社会主义理论体系研究中心年会暨理论研讨会”。同年，杨奎研究员应邀先后参加了中国马克思主义哲学史学会2010年年会——“‘改革开放新起点上的马克思主义哲学’研讨会”、“学习型党组织建设论坛”、“马克思主义中国化论坛——共同思想基础与共有精神家园”等学术交流活动。

2011年8月，马研基地组织科研人员赴辽宁丹东，实地考察参观了抗美援朝纪念馆、鸭绿江大桥等。2011年9月，由许传玺研究员领队，杨奎、左宪民和刘蕾三位同志参加，应邀赴西安参加了主题为“党的领导与中国特色社会主义”的第十七届“全国社会科学院系统中国特色社会主义理论体系研究中心年会暨理论研讨会”，基地左宪民、杨奎、刘蕾、尤国珍各有1篇论文入选，马研基地副秘书长杨奎研究员在大会做主题发言交流。同时，围绕“新时期政协工作对推进社会建设的作用”与北京市政协有关领导进行座谈；围绕“纪念建党90周年”、“社会主义核心价值体系建设”等主题，先后组织召开由市政协领导和全所同志参加的理论研讨会2次。通过广泛地开展学术交流活动，马研基地科研人员开阔了视野，扩大了影响，提高了能力。2011年科研人员累计参加全国性、北京地方性学术交流会、各级学术论坛和由中宣部、北京市委宣传部等组织的研讨会计10余人次。

在扩大学术交流范围的同时，马研基地在推进研究成果转化，提高社会影响力方面也取得了一定成绩。许传玺研究员作为中国政法大学兼职博士生导师，完成了研究生培养、毕业论文指导和答辩任务。杨奎研究员作为中央民族大学马克思主义中国化研究方向客座教授，完成了研究生毕业论文评阅和答辩工作；完成了《新京报》之“我的北京·我的精神”栏目系列专访(共4期)的专家点评。尤国珍博士受中国航空油料集团邀请，为全公司高层管理人员做了题为“建党90周年的光辉经验与历史启迪”的党课；为《京华时报》撰写纪念建党90周年专栏《党史深处，北京记忆》共38期。张登文、刘冀瑗等四人的文章被选入北京市委宣传部《建党90周年学术研讨会论文集》。孙照红博士承担完成了《“北京精神”50问》的编撰和“北京精神解读与宣传征文”任务。杨奎研究员应邀为北汽福田集团做题为“企业哲学体系建设”专题讲座。

2012年年初，杨奎研究员作为全国党建研究会特邀研究员，应邀出席了“全国党建研究会2012年会”。左宪民研究员于同年5月出席了由中央创先争优活动领导小组办公室和全国党建研究会主办的“全国创先争优理论研讨会”，撰写的《正确处理创先争优的六个辩证关系》入选会议论文集；张宁同志参加了由北京市委宣传部组织召开的“理论热点面对面座谈会”。同年12月，左宪民研究员出席北京市社会科学界联合会与北京师范大学联合举办的主题为“科学发展：深化改革与改善民生”2012学术前沿论坛；张登文同志参加了“北京国际共产主义运动学会2012年会”。

2012年度马研基地工作会议于2012年3月15日在市社科院召开。许传玺秘书长向到会各位专家汇报了马研基地近两年的工作情况及今后的工作安排。与会专家围绕马研基地今后的发展纷纷畅所欲言，提出了基地今后发展的真知灼见。马研基地负责人谭维克研究员提出了基地发展的三个主攻方向：一是面临新情况、新经验、新挑战，坚守马克思主义阵地；二是坚持马列主义毛泽东思想，要做到“五真”：真讲、真学、真懂、真信、真用；三是围绕迎接、学习、宣传、贯彻党的十八大精神，开展马研基地的工作。

2012年7月初，由许传玺副院长带队，左宪民、孙照红两位同志参加的第十八届“全国社科院系统中国特色社会主义理论研究中心年会暨理论研讨会”在山西召开，杨奎、左宪民、刘蕾提交的3篇论文入选《文化建设与中国发展道路》文集。在“中国马克思主义哲学史学会2012年年会”上，杨奎研究员当选为第八届学会常务理事，并担任学会副秘书长职务。

2012 年 7 月 25 日，由马研基地和科社所发起承办的院长论坛——当代社会主义论坛，在市社科院举行，北京大学国政系系主任张光明教授、中国人民大学马克思主义学院副院长侯衍社教授，围绕“民主社会主义”和“第三条道路价值观”问题做了专题报告。

杨奎研究员作为中央民族大学马克思主义中国化研究方向客座教授，完成了当年 7 位研究生毕业论文评阅和答辩，并应邀完成了中国人民大学马克思主义哲学专业 3 名博士研究生的毕业论文评阅和答辩工作。

2012 年 11 月，马研基地负责人谭维克研究员带领科研人员到京郊昌平区小汤山镇大柳树村就“北京城乡接合部基层党建工作创新”开展实地调研。

马研基地的依托单位北京市社会科学院，承担着“当好市委、市政府的思想库、智囊团”重要职责。三年来，马研基地在认真接受中央和北京市委托项目研究的同时，有针对性地抓紧了对策研究、方法研究和实现路径等方面的研究工作，先后形成了一批对中央和北京市委、市政府决策具有一定影响力的高质量的研究成果。

六、研究基地建设存在的问题与解决办法

（一）信息网络化平台建设水平有待进一步提高

目前北京市社科院网站主页下的“北京市马克思主义理论研究与传播基地”网页，虽然有北京市社科院科研处和信息中心的人员专门负责科研信息的发布和统计工作，但由于信息管理人员为非研究基地专业人员，存在着网站内容更新还不够及时，网页的内容还不够丰富，大量最新科研成果无法在第一时间发布等问题。马研基地计划通过启动网站建设的二期工程，强化硬件建设，实现网站的独力运营。由基地专职科研人员参与建设和维护，力求及时、准确、高效地为国内外马克思主义理论研究、教育、宣传人员和研究基地内部人员提供最新、最权威的科研动态和成果信息，实现网络信息资源的社会共享。

（二）与新闻媒体的交流与协作需要继续加强

马研基地不仅承担着北京经济社会发展重大问题的研究任务，而且也承担着社会科学知识普及的重要任务。今后，《北京社会科学报》将在开辟社会科学知识普及栏目的基础上，丰富形式，加强对马研基地科研成果的宣传，

加强对社会科学基本知识的宣传。同时，马研基地将继续密切与首都新闻媒体的联系，组织基地科研人员与北京电视台等媒体合作，共同推出社会科学知识讲座；组织基地顾问、专家和科研人员的优秀成果及时在广播、电视、报刊和互联网上传播。

（三）密切与国内外知名科研机构的交流、合作

马研基地在与国内知名研究机构和高校密切交流、合作的基础上，要继续加强与国内外知名科研机构的深层次合作，特别是在加强研究基地专职研究人员知识结构优化、联合攻关，与国内外高校联合培养研究生、留学生等方面力争取得新的突破。

七、研究基地建设下一阶段的设想

正如马研基地首席专家满运来所指出的，马研基地自成立以来，紧紧围绕“四个一”的主要任务，各项研究和宣传工作得以顺利开展，取得了可喜的成绩，可以说是“开局良好、研究顺利、成果丰硕”。今后，马研基地研究人员要立足北京，进一步增强责任感、使命感，坚持“解放思想、实事求是、与时俱进”的思想路线，全面提升科研创新能力，当好市委、市政府的思想库、智囊团。围绕“研究马克思主义中国化的理论和新时期马克思主义传播规律、途径和方法”这一主题，需要突出做好以下工作：

第一，紧紧围绕学习贯彻党的十八大精神，做到改革不动摇、开放不停步；将学习和研究中国特色社会主义理论体系作为工作重点，贯穿始终。要进一步深化中国特色社会主义理论体系的研究工作，深化马克思主义中国化的理论研究与传播路径研究，特别是在构建首都核心价值体系、繁荣发展首都社会主义文化等方面要加强研究，确保马研基地马克思主义理论研究、传播研究的科学性和可持续性。

第二，紧密结合首都发展的重大问题，开展廉洁文化建设研究，推进北京廉政文化建设；开展“学习型、服务型、创新型”政党的整体性研究，推进北京“三型”党组织建设。调查研究是进行理论研究的前提和基础，马研基地要实现多出成果、出好成果和理论创新的目标，就必然要求研究人员深入一线，多搞调查研究，获取准确可靠的信息和资料，从而提出切实可行的对策建议，为市委、市政府的决策提供有效的参考。

第三，继续围绕重大理论与现实问题，努力打造一批质量高、影响大的

理论成果。研究基地项目的选题要围绕重大理论与现实问题展开，要围绕基地的研究特点、研究特长进行论证研究，要突出马研基地的特色和新视角，唯有如此，才能保证基地多出有影响力、有分量的成果，才能吸引一批有影响力、有实力的研究人员和专家学者参与进来，激发他们的积极性和创造性。马研基地正在着手征集和拟定《马克思主义中国化研究论丛》(第二辑)的主题，于 2013 年秋季出版。

第四，继续加强与兄弟单位、各类媒体的合作。在课题的调查研究中，可多借用外力，多搞联合攻关。要围绕研究项目，推动基地研究人员与特约研究员、外围专家学者的密切配合，不断提升基地整体科研创新能力，提高研究队伍素质。同时，加强与平面媒体、电视台、电台、网络等各类媒体的密切合作，进一步推动研究成果的效益转化。

第五，将紧密依托北京市社会科学院，高度重视和积极开展思想建设、学科建设和人才队伍建设，在课题申报、人才培养、科研经费、办公条件、图书资料等方面密切配合，努力将马研基地打造成为首都研究和传播马克思主义中国化理论的研究平台和实践载体。

北京市经济社会数据分析与监测评价研究基地二期建设报告

2010—2012 年，是北京市经济社会数据分析与监测评价研究基地(以下简称“研究基地”)的第二个建设阶段，在北京市社科规划办的指导下，研究基地依托北京市统计局和国家统计局北京调查总队的支持，围绕“两个中心”职责，认真组织开展建设工作，在课题研究、学术交流、队伍建设等方面不懈努力，二期建设取得新的成绩。

三年来，先后在政府统计系统组织完成 100 余项科研立项课题，承担省部级以上科研项目 21 项，参加国内外学术交流 20 余次，公开发表学术论文 70 多篇，创办编辑国际统计信息资料一份，向北京市委、市政府和国家统计局报送《统计报告》30 余篇，办公用房增加 40 平方米，专业图书增加 1000 余册，研究基地建设环境有了进一步改善。

通过二期建设，研究基地取得了可喜的研究成果，6 项课题获省部级科研成果评比奖，《北京建设世界城市统计监测体系及实证研究》等研究成果受到市委、市政府领导的重视，为政府决策提供了重要参考。《北京设计产业统计分类研究》、《北京第二、第三产业融合发展研究》、《北京金融业统计核算方法研究》等反映首都城市发展特点的研究成果为相关产业政策制定提供了重要的参考依据。特别是，研究基地有力地带动了全市政府统计系统科研工作的开展，对改进科研管理、提升科研水平发挥了重要的示范和促进作用；研究基地研究队伍力量进一步增强，科研基础条件得到明显改善。

现将相关工作总结汇报如下。

一、研究基地建设的基本情况

(一)研究领域、研究方向定位和发展建设目标

1. 研究领域和研究方向

与设在高等院校或科研机构的研究基地不同，北京市经济社会数据分析

与监测评价研究基地依托政府统计部门(北京市统计局和国家统计局北京调查总队)，数据资源丰富是其最大优势，因此，研究基地成立后，主要侧重两大研究方向：一方面，按照市社科规划办关于繁荣发展哲学社会科学的工作要求，围绕市委、市政府关注的问题，注重研究首都经济社会发展问题；另一方面，紧密结合依托部门的数据资源优势，注重数据库建设、数据分析、数据服务等突出统计部门特色的研究方向和研究领域。从具体方向看，主要关注如下研究领域和方向：(1)城市科学发展研究；(2)北京建设世界城市及国际比较研究；(3)北京全面建设小康社会进程监测评价研究；(4)大都市统计改革研究；(5)新产业发展及统计标准研究；(6)数据库建设与数据分析等。

2. 研究模式及建设目标

研究基地采取相对独立的组织建制和开放式的研究机制，发挥依托单位工业、农业、投资、商业、社会、人口等多专业的交叉优势，借助首都专家资源，一、二期建设取得可喜成绩。未来三到五年内，研究基地将进一步创新思路，不断努力，力争发展成有统计特色和有较大影响力的经济社会发展研究基地。

(1)发挥数据优势，开展经济社会发展数据分析研究。以研究基地的研究方向为重点，发挥数据资源优势，开展经济社会发展数据分析研究；在课题研究的基础上，利用依托单位已建成的“北京市宏观经济与社会发展基础数据库”和各专业微观数据资源，开展政策模拟和经济实验研究。

(2)“培养”、“借力”并举，实行开放式研究。在有效组织利用依托单位研究力量的基础上，加强人才培养和引进的工作力度，实行开放式研究。

(3)力争多出精品、塑造研究基地品牌。二期建设中，研究基地结合北京建设世界城市发展目标和建设小康社会目标，下大力气开展研究工作，在城市化研究、世界城市国际比较研究、小康监测评价研究等方面完成多项有影响力的研究成果，为首都经济社会发展和政府决策提供了理论支持和决策参考，向打造品牌的方向进一步发展。

(4)加强学术交流、扩大学术影响。二期建设中，研究基地积极组织和参加国内外学术交流活动，先后参加第五十八届国际统计大会、第八届海峡两岸统计与概率研讨会、第十四次全国中青年统计科研讨论会等。举办北京市第十四次统计科学讨论会、2011 统计前沿论坛等学术研讨会议。在《调研世界》、《数据》等国内外专业期刊发表论文 70 多篇。

（二）组织机构、学术委员会的作用

1. 组织机构设置

研究基地负责人为北京市统计局局长苏辉女士和国家统计局北京调查总队总队长李纲先生，研究基地首席专家为国内统计学界知名学者、中国人民大学袁卫教授。研究基地依托单位为北京市统计局和国家统计局北京调查总队。研究基地办公室与北京市统计应用研究所合署办公，办公地点设在北京市西城区广安门南街中建二局办公楼 8 层，现有办公面积近 200 平方米。办公室设科研工作负责人 1 人，负责科研项目的协调组织工作；科研秘书 2 人，负责研究基地日常事务。研究基地目前有专职研究人员 10 人，依托单位兼职研究人员 80 多人。

2. 研究基地设有专门学术委员会

为充分发挥首都专家资源优势，研究基地在成立之初就专门设立了专家学术委员会。2010 年年初，又对学术委员会成员进行了补充，目前共有 22 名委员，分别来自北京大学、清华大学、中国人民大学、对外经济贸易大学、台湾辅仁大学、中国传媒大学、中央财经大学、首都经济贸易大学、中国科学院、中国社会科学院、国家统计局、北京市委研究室、北京市政府研究室、北京市发展与改革委员会、北京市科学技术委员会、北京市社会科学院以及北京市统计局和国家统计局北京调查总队。

专家学术委员会的主要职责是：为研究基地制定发展规划提供指导建议；为研究基地及依托单位开展科学研究提供咨询指导；为研究基地研究人员做前沿知识讲座或科研指导；参与研究基地在研项目中期评估或终期审核等。

表 1　北京市经济社会数据分析与监测评价研究基地学术委员会

学术委员会主任兼首席专家：袁　卫

学术委员（按姓氏笔画排序）

序号	姓 名	职 称	研究方向	所在单位、职务
1	丁立宏	教授	统计、投资分析	首都经济贸易大学副校长
2	王明兰	研究员	宏观经济	北京市政府研究室副主任
3	冯士雍	研究员	抽样调查	中国科学院系统科学研究所
4	李扬	研究员	金融	中国社会科学院副院长

续表

序号	姓 名	职 称	研究方向	所在单位、职务
5	李纲	高级统计师	经济、统计	国家统计局北京调查总队总队长
6	许宪春	高级统计师	国民经济核算	国家统计局副局长
7	李强	教授	社会学	清华大学人文社会科学院院长
8	陈力工	高级工程师	科技管理	北京市科学技术委员会委员、总工
9	邱东	教授	经济、统计	中央财经大学
10	苏辉	高级经济师	财政	北京市统计局局长
11	施建军	教授	统计	对外经济贸易大学校长
12	赵彦云	教授	经济、统计	中国人民大学统计学院院长
13	赵磊	高级经济师	经济	北京市发展与改革委员会副主任
14	胡雪峰	研究员	经济、金融	北京市委研究室副主任
15	柯惠新	教授	市场调查	中国传媒大学调查统计研究所所长
16	袁卫	教授	数理统计	中国人民大学
17	耿直	教授	数理统计	北京大学数理统计研究所所长
18	高培勇	教授	财政宏观理论	中国社会科学院财贸所所长
19	崔述强	高级经济师	经济、统计	北京市委副秘书长
20	梅松	研究员	经济	北京市社会科学院副院长
21	谢邦昌	教授	统计学	台湾辅仁大学
22	潘璠	高级统计师	经济、统计	国家统计局统计科学研究所所长

（三）研究项目情况

二期建设期内，研究人员先后承担省部级以上科研项目 21 项（不含依托单位外部专家承担项目），其中北京市社科规划项目 5 项、北京市软科学项目 1 项、全国统计科研计划项目 10 项、北京市委调研课题 5 项；在统计系统组织科研项目 100 余项，以上科研项目共获得专项经费和依托单位资助近 100 万元。

表 2　2010—2012 年研究基地承担省部级以上研究项目

时间	项目名称	项目负责人	完成情况
北京市哲学社会科学规划项目			
2010 年	北京建设世界城市监测评价研究	苏辉	已完成
	“人文北京、科技北京、绿色北京”行动计划实施进程监测评价指标体系研究	王红	已完成
2011 年	从北京市经济社会发展宏观数据库建设探索政府信息资源共享的有效途径	侯小维	已完成
	北京市城镇居民收入与经济发展协调增长机制研究	李纲	已完成
2012 年	北京人均 GDP 超 1 万美元后经济社会发展趋势研究	潘建民	在研项目
全国统计科学研究计划项目			
2010 年	中国发达城市现代化评价指标体系研究	李萍	已完成
2011 年	北京第二、第三产业融合发展研究	苏辉	已完成
	从北京市经济社会发展宏观数据库建设探索政府信息资源共享的有效途径	侯小维	已完成
	当前政府统计部门民意调查组织模式研究——基于北京市西城区政府统计调查实证	郭启兴	在研项目
2012 年	中等收入群体的统计测度与动态分解研究	于秀琴	在研项目
	北京设计产业统计分类研究	邢志宏	在研项目
	实施“一套表”统计业务流程的设计与研究	邬春仙	在研项目
	提高中心城区居民收入调查样本代表性研究	孙书振	在研项目
	基层统计管理体制改革研究	石凤银	在研项目
	文化产业统计指标体系研究	张小洁	在研项目
北京市委调查研究关注课题			
2010 年	北京建设世界城市统计监测研究	苏辉	已完成
	房地产价格统计研究	潘璠	已完成
2011 年	北京二、三产业融合发展的研究	苏辉	已完成
2012 年	金融业核算统计研究	苏辉	在研项目

三年间，研究基地还协助依托单位在北京市政府统计系统组织科研项目 100 余项，依托单位资助科研经费 50 余万元。2010 年，结合全国第六次人口

普查工作，研究基地配合市人普办组织开展人口资料开发应用工作，市人普办投入研究经费数十万元。

从总体情况看，研究基地研究项目近年来在发挥示范效应、带动政府统计系统提升科研工作水平方面发挥了重要作用。

（四）学术活动和学术交流情况

1. 组织举办北京市第十五次统计科学讨论会

2011 年，研究基地配合北京市统计学会组织举办北京市第十六次统计科学讨论会，研讨会以“统计科学与科学发展”为主题，共征集 133 篇论文，经过专家认真评选，从中选出 55 篇优秀论文。为促进区域学术交流，研讨会还首次邀请天津、河北、山西、内蒙古等邻近省市统计学会代表参加会议，会议内容丰富，交流充分，受到与会代表的好评。

2. 协助组织并具体承担《北京市“十二五”时期统计发展规划》编制工作

2010—2011 年，研究基地配合依托单位具体组织编写《北京市“十二五”时期统计发展规划》。通过组织专家会议等多种方式，多次听取社会各界意见，不断充实完善规划内容，按计划完成规划稿。经市政府批准，依托单位与市发展改革委于 2011 年 9 月 28 日组织召开《北京市“十二五”时期统计发展规划》新闻发布会，《规划》全文在《北京日报》刊发。《北京市“十二五”时期统计发展规划》是事关统计事业发展的重要指导性文件，对做好“十二五”时期全市统计工作具有重要意义。

3. 协助组织北京市第六次人口普查资料开发工作

2011 年，研究基地配合依托单位组织北京市第六次人口普查资料开发工作，先后组织多次专家讨论会，专家意见为组织好资料开发工作提供了重要智力支持。

4. 协助组织统计建模大赛

2010 年、2012 年，研究基地配合依托单位组织两次北京市政府统计系统统计建模大赛，全市 40 多支代表队参加比赛，研究基地专职研究人员组成的代表队均进入决赛并获奖。随后，研究基地办公室又配合依托单位组队参加全国统计建模大赛，最终分别获得二等奖和三等奖。建模比赛对带动研究基地专兼职研究人员学习理论、营造良好学术氛围起到了很好的促进作用。

5. 组织开展学术科研指导讲座

实行开放式研究，利用研究基地平台培养分析研究人员，是研究基地成立之初的目标之一。2010 年以来，依托单位先后进入 50 多位硕士以上学位研究生。为了发挥研究基地专家资源和智力优势，研究基地办公室多次组织专家举办科研指导讲座和专题报告会。比如，2011 年 11 月，研究基地与北京市统计学会秘书处在中国人民大学共同组织了“统计前沿论坛”，论坛邀请研究基地专家赵彦云教授等分别介绍了国际统计标准和数理分析方法的前沿动态，报告引起了与会听众的浓厚兴趣。

表 3 部分专家讲座一览表(研究基地组织的讲座)

时 间	主 讲	题 目	听众人数	地 点
2010 年	潘璠	统计工作现状与若干热点问题的观察与思考	280 人	国家图书馆
2010 年	于秀琴	北京经济形势分析与预测	260 人	国家图书馆
2011 年	万东华	如何做好科研课题	180 人	北京统计培训中心
2011 年	何新华	动态因子模型前沿进展及应用	180 人	北京市统计局、国家统计局北京调查总队
2011 年	许宪春	国民经济核算知识	300 人	国家图书馆
2012 年	施建军	外贸统计知识	280 人	国家图书馆
2012 年	纪宏	浅谈消费者信心指数	260 人	国家图书馆

(五)科研队伍建设与人才培养情况

2010—2012 年，研究基地配合依托单位，大力加强人才培养和科研队伍培训工作。三年间先后选送两批人员(共 39 人)赴美国罗斯福大学进行为期一年的学习。目前，两批出国学习人员均已完成学业，回国工作。2010—2012 年，研究基地还组织了统计知识系列讲座培训班，聘请中国人民大学、北京大学、中央财经大学、首都经济贸易大学等院校的专家学者为研究基地和依托单位青年科研人员进行经济和统计理论知识的系列培训，讲座共举办 10 期，分别介绍了数据挖掘、数据分析、经济建模、政策评价等方面的前沿理论和方法。系列讲座结束后，培训学员以自由组合兴趣小组并选题的方式，围绕北京经济社会发展热点、难点问题，完成 20 多篇研究论文，其中 6 篇论文在 2011 年北京市第十六次统计科学讨论会优秀论文评比中获奖。

参加以上各类学习和培训的学员普遍反映，研究基地组织开展的一系列学习培训活动，使大家开阔了眼界、增长了知识，对于提高今后的分析研究能力有很大帮助。

（六）科研条件与信息数据平台及网站建设情况

1. 研究基地科研条件

研究基地依托北京市统计局、国家统计局北京调查总队设立，二期建设中，依托单位继续对研究基地工作给予大力支持。三年来，先后为研究基地增加硕士以上学位专职研究人员 3 人，其中 1 人为博士。目前，研究基地专职研究人员达到 10 人，其中博士 2 人、在读博士 1 人、硕士 4 人，配备笔记本电脑 6 台、台式电脑 12 台，配备多功能打印机 3 台，安装电话 6 部，研究基地办公面积由成立之初的 100 平方米增加至近 200 平方米，办公条件的改善，为研究基地组织开展各项工作创造了有利条件。

在科研项目方面，市社科规划办给予大力支持，三年来，先后批准规划项目 5 项(其中研究基地项目 3 项)；同时，对研究基地科研工作或项目研究中遇到的困难给予热情指导和帮助。

2. 信息数据平台及网站建设情况

研究基地依托单位下设 20 多个专业处室，专职分析研究人员有 80 多人，其中有专门从事数据管理的数据中心，在数据资源和数据库建设方面具有一定优势；依托单位对研究基地的信息数据平台和网站建设也非常重视，并给予大力支持。目前，研究基地专职研究人员承担北京市宏观经济预警预测分析研究工作，依托单位为研究基地开展相关工作(运行软件)配备了一台专用服务器，并每年支付软件服务公司 10 万元的系统维护费用。在数据库建设方面，研究基地不仅可以享用依托单位的各专业数据库，而且还建立了研究基地的小型综合数据库，该数据库目前有 90 多项主要经济指标、近 15 年的月度数据。

在网站建设方面，研究基地成立之初即设立了专门的网站，目前有专人负责研究基地网站的信息更新和技术维护。

（七）研究基地管理制度和运行机制

研究基地与依托单位科研部门合署办公，实行融合管理的运行机制。为了规范和加强科研管理工作，2009年，研究基地与依托单位共同制定了新的统计科研管理办法，正式印发了《北京市统计局办公室、国家统计局北京调查总队办公室关于印发〈统计研究项目管理办法（试行）〉以及〈外部科研项目组织管理办法〉（试行）》的通知（京统办发[2009]57号），在研究项目申报、中期检查、项目结项等方面进行规范和细化，在项目安排方面统筹考虑，充分发挥研究基地科研项目的示范效应。2012年，又专门拟制了《研究项目经费管理办法》。

为了加强研究基地研究工作，研究基地对专兼职人员在分析研究工作方面不断提出新的要求。在科研项目申报方面，研究基地鼓励科研人员积极参加国家和北京市各类项目尤其是北京市哲学社会科学规划项目的申报，要求相关研究成果标注北京市经济社会数据分析与监测评价研究基地的名称。

（八）研究基地合作单位的协作情况

研究基地依托北京市统计局和国家统计局北京调查总队，注重发挥自身丰富的数据资源优势以及与北京市政府各委办局和国家统计局各专业司局的相关业务关系。2012年，依托单位建设的“北京市宏观经济与社会发展基础数据库”正式上线运行，研究基地研究人员在前期参与了数据库指标框架的设计，目前负责宏观库中宏观预警监测方面的数据更新和研究报告发布。现在，研究基地可以免费共享《北京市宏观经济数据库》的庞大数据资源，开展研究工作更加便利。此外，研究基地一直与中国人民大学统计学院、中央财经大学统计学院、首都经济贸易大学统计学院、北京市社会科学院经济研究所、北京方迪经济研究院、国家统计局统计科学研究所、国家统计局国际信息中心等保持着长期合作关系，并与国际城市统计学会、台湾辅仁大学资讯学系有密切联系。

（九）决策咨询与社会服务

1. 参与研究制定《北京市“十二五”时期统计发展规划》

一期建设过程中，研究基地曾参与《北京市“十一五”时期统计发展规划》

的相关工作，研究基地多名专家参与规划评估工作。二期建设过程中，恰逢依托单位编制《北京市“十二五”时期统计发展规划》，研究基地专职研究人员全程参与并完成了规划编制任务。规划编制完成后，专门征求研究基地专家意见，赵彦云等研究基地专家还参与规划验收评审会，专家们就丰富完善规划内容提出的许多指导意见和建议，为《北京市“十二五”时期统计发展规划》顺利通过审核和发布提供了重要的智力支持。

2. 在国家图书馆举办系列讲座

从 2008 年开始，研究基地配合北京市统计学会在国家图书馆学津堂组织举办《统计大讲堂》，开展系列科普讲座。2010—2012 年，继续在国家图书馆和首都图书馆举办《统计大讲堂》，三年间共举办 31 期系列讲座，研究基地学术委员会委员许宪春、袁卫、潘璠、施建军、赵彦云等分别登上讲台。每场报告都在 200 人以上，而且听众来源广泛；讲座传播了统计知识、宣传了研究基地研究成果，引起了很好的社会反响。2010 年，《统计大讲堂》还被评为市直机关读书活动十大学习品牌之一。

二、研究基地的科研水平和科研能力情况

（一）科研创新与代表性成果

研究基地成立六年来，始终围绕“两个中心”职能和定位开展工作。一期建设中，以新兴产业监测评价、地方政府绩效考核评价研究等为重点，推出了在全国范围有较大影响力的研究成果。二期建设中，结合北京建设世界城市发展要求和全面建设小康社会奋斗目标，以世界城市比较研究、城市现代化发展研究、政府信息资源共享研究、北京市经济社会宏观数据库开发研究等为重点，组织开展并完成了一系列研究项目。其中《北京建设世界城市统计监测指标体系研究》、《人文北京、科技北京、绿色北京行动计划实施进程监测评价研究》、《北京城乡居民收入与经济发展协调增长研究》、《政府信息资源共享途径研究》等研究项目均具有创新意义，上述研究成果分别受到北京市委、市政府和国家统计局的重视，研究成果及应用试点经验为地方政府管理决策和全国统计信息化改革提供了重要的参考依据。

(二)科研成果转化与社会辐射情况

1. 研究基地报告

为了展示研究基地科研成果，2010—2012 年，研究基地积极参加市社科规划办统一组织编辑的研究基地研究成果汇编，分别提交《北京市宏观经济预警预测体系研究》、《北京市城乡居民收入与经济协调发展研究》等三篇研究报告，并被录用。三篇报告均为市社科规划项目。

2010—2012 年，研究基地与依托单位配合，每年将研究基地专兼职人员撰写的分析研究报告《北京市经济社会统计报告》编辑出版，该报告每年提交北京市人大、市政协两会，受到“两会”代表的欢迎和好评。同时，报告还免费赠送国家图书馆，产生了良好的社会效益。

2010—2012 年，针对金融危机影响下的复杂经济环境，研究基地研究人员加强对北京经济走势的预警分析研究，三年中，累计发布 30 余篇分析研究报告，相关成果以《统计报告》的形式报送市委、市政府领导和国家统计局。紧密结合形势变化，发挥数据分析职能，为市委、市政府科学决策提供高质量研究报告，是研究基地的重要职责之一，也是今后需要继续加强的工作。

2. 研究著作

为了及时推介研究基地专兼职人员的优秀科研成果，研究基地于 2010 年和 2012 年分别配合依托单位组织《北京市优秀统计科研成果评比活动》，并将获奖成果以“北京统计研究报告”的书名汇编出版。以 2012 年为例，研究基地专职研究人员完成的《中国发达城市现代化评价指标体系研究》等 2 篇研究报告分获北京市第十一届优秀统计科研成果奖一等奖、三等奖。

3. 学术论文

学术论文数量是体现研究基地科研水平的重要标志之一。研究基地成立近三年来，专兼职研究人员先后在《统计研究》、《调研世界》、《数据》、《中国信息报》等全国各类核心期刊、一级期刊、报纸等公开发表论文 70 余篇。

4. 科研成果社会效应

从科研成果的社会效应来看，二期建设中，研究基地完成的部分研究成果受到市领导关注和重视，部分研究成果在社会上产生了积极影响。如《北京建设世界城市统计监测评价指标体系研究》被市委、市政府高度关注，市领导刘淇、杜德印、王安顺、吉林、李士祥等先后听取专题汇报，市人保局、财政局、园林局等十几个委办局参与指标体系讨论和数据采集工作，研究成果为开展北京建设世界城市监测评价工作提供了重要依据。《中国发达城市现代化评价指标体系》紧密针对北京有望提前实现全面小康，需要率先研究现代化问题的现实需求，专门研究发达城市现代化评价指标体系。课题研究受到国家统计局科研所的关注和大力支持，北京市信息中心等单位专程来交流研讨。《北京市城乡居民收入与经济发展协调增长研究》、《人均GDP超1万美元后北京经济社会发展趋势研究》紧密联系北京人均GDP突破1万美元这一重要标志，结合“十二五”规划中提出的居民收入与经济发展同步问题，就城市经济社会发展规律进行深入研究，研究工作受到市社科规划办和市委研究室的重视和支持，被列为市社科规划项目和市委调研课题。

三、以研究项目带动研究基地平台建设情况

(一)研究基地总体定位

研究基地要想办出特色、办出水平，必须紧跟国际国内相关前沿。二期建设中，研究基地围绕研究方向和研究重点，努力跟踪相关领域前沿，在世界城市比较研究、现代信息技术在统计中的应用等方面，推出部分国内领先成果。

三年来，研究基地研究人员先后完成《北京市设计产业统计分类研究》、《新能源与可再生能源统计标准研究》、《政府信息资源共享研究》等具有创新意义的研究项目。其中，《政府信息资源共享研究》紧密结合全国统计系统“四大工程”①建设需求，从理论层面对北京统计信息化改革实践进行了系统思考；《北京市设计产业统计分类研究》、《新能源与可再生能源统计标准研究》等项目则结合北京建设世界设计之都、建设资源节约型社会的发展方向，在全国尚未制定相关统计标准的前提下，开展相关方面的超前研究和实践，研究工作及阶段性成果已受到国家统计局的关注。

---

① “四大工程”：一是建立真实完整、及时更新的调查单位名录库；二是建立统一规范、方便填报的企业一套表制度；三是建立功能完善、统一兼容的数据采集处理软件系统；四是建设安全通畅、便捷高效的联网直报系统。

(二)研究基地项目带动效应

研究基地设立之初，曾提出5—10年内要争取在国内有一定影响力的目标定位。二期建设中，研究基地按市社科规划办的工作要求，认真组织开展科研工作，努力发挥项目带动效应，对推动研究基地建设和政府统计系统的科研工作水平发挥了重要作用。

(1)三年来在研究基地平台上总共承担了21项省部级研究课题；依托研究基地平台和专家力量，组织各类研讨会议5次，配合依托单位组织出国培训班2期(共近40人，每年1期)，接待外国和港澳台专家和学者来访交流6次；专兼职研究人员在全国各类期刊和报纸发表论文70多篇。

(2)三年来，研究基地已经形成世界城市发展统计比较研究、北京新兴产业统计标准研究、新能源与可再生能源统计标准研究等方面年龄结构合理、具有较强科研攻关能力的研究团队，为北京市和全国相关专业领域提供了大量理论和实践方面的研究成果。

四、研究基地经费使用投入产出绩效分析

(一)研究基地平台条件建设经费投入对实际应用的作用发挥情况分析

研究基地自成立以来，市社科规划办在科研项目审批、科研指导、研究基地建设等方面给予了大力支持。依托单位在办公条件、科研经费方面也给予了大力支持和资助，办公用房由原来的2间增加到4间，办公面积扩大至近200平方米。研究基地专职研究人员目前有台式电脑12台、笔记本电脑6台，小型服务器1台，打印机两部，电话6部。以上条件为研究人员进行分析研究工作创造了良好的条件。

(二)研究基地科研经费(研究项目经费)投入和使用与研究基地科研成果产出的绩效分析

二期建设中，研究基地共获得专项科研经费资助近100万元，其中，市社科规划办共批准规划项目5项(其中研究基地项目3项)，资助研究经费30余万元；全国统计科研项目10项，经费12万；依托单位北京市统计局、国

家统计局北京调查总队结合政府统计系统科研项目资助科研经费 50 万元。另外，研究基地协助依托单位组织人口普查资料开发，相关单位投入科研经费数十万元。

应该说，研究基地在科研方面花费的经费并不多，但研究基地专兼职人员发挥统计部门吃苦耐劳的优良传统，做出了一系列有价值的科研成果。比如，在世界城市统计指标体系研究、北京市设计产业统计分类研究、新能源与可再生能源统计标准研究等方面的成果都迅速投入实际应用，相关的统计监测工作走在全国前列。此外，《北京市宏观经济与社会发展基础数据库》的建设与上线运行，统计信息化建设等方面的成果等在改进统计生产方式、提高数据采集效率、推动统计改革方面也发挥了重要的促进作用。

（三）研究基地吸引社会资金投入科研所产生的效益情况分析

由于研究基地依托政府职能部门建立，出于种种考虑，研究基地目前科研经费主要是财政资金支持，在吸引社会资金方面考虑较少，以后将采取相应办法争取条件吸引社会资金投入科研工作。

五、研究基地取得的突出成绩与经验

（一）理论探索与改革实践相结合，逐步提高科研水平

研究基地既要研究理论问题，也要研究重大现实问题。二期建设中，研究基地紧密结合北京建设世界城市实际和经济社会发展现实需求，以新产业发展监测、区域经济社会数据库建设、统计信息化改革等为研究重点，从理论到实践，逐步提高科研水平。

2009 年以来，针对金融危机影响下经济运行环境复杂多变的特点，着重加强宏观经济预警、经济社会发展趋势分析等方面的监测研究工作，研究基地向市社科规划办申报并获准承担了“北京市宏观经济预警预测体系研究”、“北京城乡居民收入与经济发展协调增长机制研究”、“人均 GDP 超 1 万美元后北京经济社会发展趋势研究”等项目，均紧密结合市委、市政府关注热点和现实需求，研究成果已不同程度地投入实际应用，发挥了很好的决策参考价值。

（二）围绕职能定位，打造特色研究基地

研究基地的最大优势是依托政府统计部门，拥有大量的统计数据，所以，立足统计是该研究基地的最大特色。二期建设中，研究基地配合依托单位建成了《北京市宏观经济与社会发展基础数据库》，该数据库是北京市政府建设的四大基础库之一，也是一项投资数千万元、历时4年多、涉及全市20多个委办局的系统工程，目前是全国各省市中第一家对社会免费开放的综合性经济社会基础数据库。它具有一套科学地反映全市宏观经济与社会发展状况的指标体系，一套支持跨部门、跨行业数据采集与管理的基础数据库系统以及一套全市政府数据信息资源互通共享的运行机制。数据主要来源于全市政府各委办局的基础信息。宏观数据库系统将为党政领导的宏观决策、政府各部门的科学管理、企事业单位的经营环境、科研机构的学术研究以及社会公众的信息共享提供强有力的信息支持。研究基地在市社科规划办资助下完成的“从宏观数据库建设看政府信息资源共享的有效途径”科研项目，对数据库建设的思路、框架及未来信息资源共享的有效途径进行了系统总结和理论思考，研究项目与实际工作进行了有机结合，未来将形成极具社会影响的生产力。

六、研究基地建设中需要加强和改进的方面

研究基地依托政府统计部门设立，充分利用数据资源，进行实证分析是最大优势。二期建设中，研究基地专兼职人员按照市社科规划办要求，围绕市委、市政府关注问题和研究基地的两个中心定位，在数据库建设和北京建设世界城市监测评价、设计产业等新兴产业统计标准研究等方面做出了一系列有价值并投入实际应用的科研成果。但与其他设在高校的研究基地相比，我们在纯理论研究方面的成果还较少，今后需要在规划办和其他研究基地专家的帮助下，加强理论方面的研究。具体来说，应加强以下两方面的工作。

（一）搭建平台，实行开放式研究

虽然研究基地专职研究人员只有10人，但研究基地成立以来正赶上北京统计事业的快速发展期，依托单位先后进入100多名硕士学位以上毕业生，而且这些同志的专业分布广泛，研究基地作为一个开放式平台，通过制定灵活有效的工作机制，可以充分发挥依托单位新生力量的动力和潜力，不断拓

展研究领域，逐步推出研究精品。

（二）不断创新，在数据分析方面挖掘潜力

研究基地的最大优势是依托政府统计部门，可共享利用其资源丰富的统计数据，这个优势是其他研究基地无法比拟的。因此，研究基地今后应扬长避短，在数据分析方面发挥优势，在数据库建设、数据挖掘方面下大力气，不断推出具有科技含量的高水平成果。

七、研究基地下一阶段的设想

（一）对研究基地作为科研平台作用的认识和把握

六年来，研究基地建设实践表明，“北京市经济社会数据分析与监测评价研究基地”的设立和发展是非常必要的，不仅对推动政府统计系统的科研工作发挥了重要作用，而且在拓展研究人员的研究领域、促进理论研究与实际应用结合方面取得明显成效。

（二）研究基地下一阶段建设的思路和目标

1. 明确研究方向、深化研究成果

二期建设中，研究基地在数据分析和监测评价方面进行过多个项目的研究，而且也取得了可喜的成果，但形成品牌和具有长线可持续效应的研究成果相对较少。从研究基地长远发展考虑，后期建设中需进一步明确研究方向，确定研究重点。为此，提出如下初步设想：

（1）加强大都市发展国际比较研究。

随着经济全球化进程的不断深化，大城市在世界经济社会发展中的引领作用越来越突出。北京是中国的首都，是一个快速发展中的国际大都市，把握经济社会发展规律需要大力借鉴发达国家特别是发达城市的先进经验。因此，进行大都市经济社会发展比较研究（特别是国际比较）是非常重要的研究方向。二期建设中，研究基地以世界城市比较研究为重点，撰写发布多篇《统计报告》和研究报告，部分成果被市领导批示。今后，研究基地将在关注国际比较研究的基础上，加强国内大都市经济社会发展方面的比较研究，为城市

发展和政府决策提供更多的参考依据。

(2)加强统计应用研究。

研究基地成立以来，围绕市委、市政府关注的问题，在产业融合发展研究、金融业核算统计方法研究、设计产业统计分类研究、新能源与可再生能源统计标准研究等方面做出了具有创新意义的科研成果。未来，将结合党的十八大会议精神和市委、市政府关注的经济社会发展问题，发挥数据资源优势，加强统计应用研究，为城市发展提供更多有参考价值的研究成果。

(3)加强数据挖掘和经济实验研究。

多年来，研究基地依托单位积累了大量的历史数据，而且目前已经初步建成北京市经济社会宏观数据库，在开展数据挖掘和经济实验研究方面具有得天独厚的有利条件。目前，国际上数据挖掘(Data Mining)技术快速发展，经济实验研究也广受重视；国内部分高校虽然建立了经济实验室，但研究工作因缺乏数据而遇到很大困难。研究基地将借助北京专家资源优势和自身数据资源优势，逐步开展经济实验研究，在产业发展、人口迁移布局等方面利用开展仿真实验研究，为市委、市政府制定相关政策提供科学性较强的决策依据。

2. 拓展工作思路，提升工作水平

(1)加强外部交流，拓展合作研究。

目前，市社科规划办在全市共设立了50多个哲学社会科学研究基地，其中绝大部分设在高校，这些研究基地在理论研究方面具有优势。北京市经济社会数据分析与监测评价研究基地在过去的工作中与部分研究基地进行了合作交流，未来将进一步加强与更多研究基地的交流，在合作研究方面着力推进。

(2)发挥专家作用，完善工作机制。

二期建设中，研究基地专家在科研指导、课题研究方面参与过许多工作，但定期集中交流很少。未来的工作中，要加强与研究基地专家的联系，进一步发挥专家作用。在工作模式上，要完善工作机制，除延续目前咨询指导或举办讲座等形式外，要创新思路，为专家发挥作用提供灵活多样的机会，比如邀请专家参与调研、举办研究基地专家系列讲座等，加强专家与科研人员的互动，帮助研究基地专兼职研究人员开阔视野、提升水平。

(3)加强宣传工作，扩大研究基地影响。

研究基地成立六年来，虽然做了大量工作，取得了不少成绩，但由于缺乏经验，在成果署名标注、工作活动宣传等方面注意不够，使研究基地工作成果受到很大的影响。在未来的工作中，要通过创办“研究基地简讯”、标注成果署名等多种方式加强宣传工作，不断扩大研究基地影响力。

3. 制订工作计划，保障稳步发展

(1)制订长远规划，确保实现目标。

研究基地设立之初，曾确定了明确的发展目标，即力争将研究基地建设成为国内具有特色和一定影响力的数据分析与监测评价研究基地。二期建设中，研究基地建设工作按照预定目标有序推进。未来三年，研究基地将结合北京市“十二五”发展规划导向，制定切实可行的发展规划，围绕数据分析和监测评价职能定位，向更高层次的建设目标发展。

(2)抓好科研项目，推出更多精品。

按照市社科规划办的要求，研究基地建设为每三年一个周期，在第二个建设周期中，研究基地累计承担 21 项省部级项目，其中，在新兴产业统计分类、世界城市比较研究和统计数据库建设及信息共享方面做出了国内领先成果。下一个建设周期中，研究基地要在此基础上，积极申报和争取更多的省部级以上科研项目，在数量、质量上不断追求进步，使研究基地建设工作扎实稳步向前推进。

总之，在二期建设中，研究基地科研工作、人才培养、环境建设等方面又取得新的进展，部分科研成果也为首都经济社会发展和统计改革提供了重要的智力支持。未来，研究基地全体成员有信心，也有决心进一步做好研究基地的建设工作。

北京市经济社会发展政策研究基地二期建设报告

在北京市社科规划办和市教委的领导和支持下，在首都经济贸易大学和北京市政府研究室(简称“市政研室”)的紧密合作、共同努力下，北京市经济社会发展政策研究基地在平台建设、资源整合、科研成果、政策咨询、社会服务、人才培养等方面，取得了新的突破和显著成果。现就2010—2012年研究基地二期建设的主要进展做如下汇报。

一、研究基地的总体定位、研究方向及建设目标

研究基地的二期建设，围绕研究基地的总体定位，进一步凝练了研究方向，明确了下一步的建设目标。

(一)总体定位

北京市经济社会发展政策研究基地(以下简称“研究基地”)是由首都经济贸易大学和北京市经济社会发展研究中心共同创办和建设的北京市哲学社会科学研究基地，是北京市决策咨询和公共政策研究机构。研究基地依托首都经济贸易大学和北京市政府研究室，联合北京市发改委、市社科院、市统计局、中国人民大学等多方参与，共同研究首都经济社会发展中的重大理论和现实问题。其目标定位是要建设成为研究首都经济社会发展的国内一流的理论高地和北京市政府决策咨询和政策研究的重要智库，充分发挥人才“大本营”、成果“主产区”、政策“孵化器”和体制“试验田”的作用，在国内外学术界享有较高声誉，居于国内领先地位。

(二)研究方向

研究基地立足首都经济社会发展实际，依托应用经济学与公共管理学科，借鉴世界特大城市及其大都市区发展经验，重点围绕首都北京的经济、社会、生态协调发展，城乡一体化、区域合作、国际化进程以及城市安全运行等一

系列重大理论和现实问题，揭示规律，研究趋势，破解难题，探索路径，为实现首都北京建设世界城市目标，促进首都经济高效运行、社会和谐繁荣、生态可持续发展提供理论指导，为政府决策提供智力支持，为国内外相关机构和学者提供学术交流及数据库信息平台。

紧紧围绕首都北京的发展目标，即建设"五个之都"：国际活动聚集之都、世界高端企业总部聚集之都、世界高端人才聚集之都、中国特色社会主义先进文化之都和和谐宜居之都，推进首都北京向中国特色世界城市迈进。发挥首都经济贸易大学的综合学科和科研人才集聚的优势，发挥北京市政府研究室把握全局、了解市情并直接参与政府政策制定的优势，发挥政府研究机构和高等院校紧密结合的综合优势，形成以下主要研究方向(见图 1)。

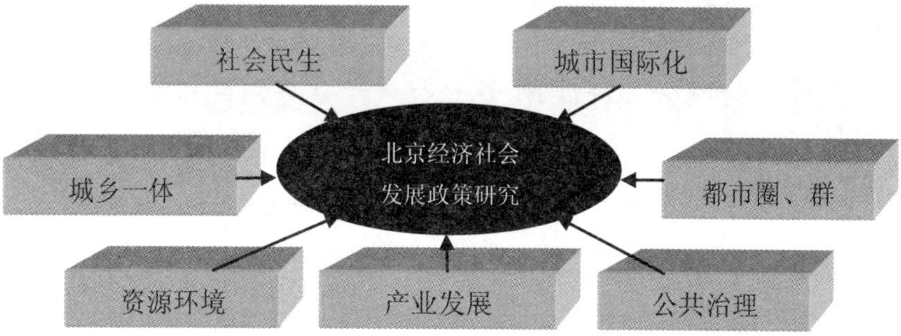

图 1　基地主要研究方向的框架图

其中，资源生态环境是基础，产业发展是支撑，城市基础设施安全运行及其公共治理是保障，以人为本的社会民生是宗旨，建设世界城市是目标，城乡一体和都市圈、群是大都市空间演进和辐射影响力功能作用的体现。研究基地将以重大理论和现实问题为主攻方向，放眼世界、立足全国，进一步凝练方向、汇聚队伍、突出特色、提升优势、打造品牌。

(三)建设目标

研究基地要在现有基础上稳步发展，再经过五年建设，在科学研究、人才培养、咨询服务、学术交流和信息资料、科研体制改革等方面，成为全国高校与地方政府共建的哲学社会科学研究基地的成功典范，使本研究领域的整体科研水平和服务社会能力居于国内领先地位，在学术界享有较高声誉。

二、研究基地平台建设的新进展

研究基地的二期建设，重在完善平台建设、提升科研水平和政策咨询能力三个方面。而完善机制是提升水平和能力的重要保障。在平台建设方面，我们在组织机构、合作方式、团队建设、运作模式、项目管理以及科研软、硬件条件等方面，都有较大的进展、突破和提升，为研究基地科研水平和服务社会能力的提升创造了较好的科研条件和制度保障。

（一）组织机构——双方领导高度重视，合作更加紧密

研究基地最初的依托单位是北京市经济社会发展研究中心（市政府研究室），合作单位是首都经济贸易大学。本研究基地是我市唯一一个由北京市政府研究机构与北京市属高校合作共建的市哲学社会科学研究基地。为了更好地发挥研究基地的作用，2010 年 7 月经北京市政府研究室和首都经济贸易大学双方领导共同协商，经北京市社科规划办批准，将研究基地依托单位变更为首都经济贸易大学，合作单位为北京市经济社会发展研究中心。法定代表人为首都经济贸易大学王稼琼校长，首席专家仍为首都经济贸易大学文魁教授。研究基地依托单位变更以后，首都经贸大学校长、副校长和首席专家亲自过问研究基地工作，在研究基地平台建设、课题立项、研究经费以及举办各种大型学术活动等方面，给予了全方位的支持，并指定城市经济与公共管理学院的首都经济研究所来具体负责推动研究基地工作。

（二）合作方式——灵活多样，彰显综合优势

研究基地的最大优势和特色，就在于充分发挥首都经贸大学的综合学科、人才密集优势和市政府研究室站位高、市情熟并直接参与政府决策咨询的优势，合作共建研究基地，可以形成高校和政府紧密结合、服务社会的综合优势。研究基地双方领导会面之后，首都经贸大学与市政府研究室的合作更加紧密，在二期建设中，双方积极探索了多种合作方式，取得了明显成效。

一是间接合作——政研室出题目，研究基地发布课题指南，通过引导和重点扶持，使高校的课题研究更加贴近首都发展实际。如研究基地配合北京市社科规划项目的申报，根据市政研室提供的北京市政府重点关注的调研课题，在校园网发布了 2010 年北京市经济社会发展政策研究基地的 6 个选题：

如(1)北京建设世界城市与区域协调发展研究；(2)首都圈产业升级与空间优化整合研究；(3)首都地区城市空间结构优化研究；(4)"绿色北京"低碳经济发展研究；(5)首都城市公共环境治理研究；(6)北京建设世界城市的路径研究。通过公开招标、个人申报和专家评审，每年都有2个项目作为北京市社科规划研究基地项目立项。

二是直接合作——研究基地双方合作完成市长重点调研课题。如2010—2013年间，围绕着北京市经济社会发展中的重大问题和市领导关注的热点问题，研究基地双方共同合作，完成了市重点课题三项：①2010年由市政研室牵头的市领导重点调研课题"加快优质公共服务资源优化配置，促进城市人口疏解研究"，首经贸老师承担了其中"新建居住区公共服务资源优化配置的体制机制研究"子课题。②2011年由市政研室牵头的市领导重点调研课题"北京构建现代产业体系研究"，首经贸老师承担了其中"世界产业发展新趋势与北京新产业选择"的子课题研究任务。③2012年由市政研室出题并推荐首经贸老师申报立项的北京市科委规划课题"重点战略新兴产业领域深化金融激励政策的对策建议和经验借鉴"。通过直接合作，充分发挥研究基地合作双方各种优势，使研究基地的研究成果直接为市领导决策提供了服务。

三是交流合作——发挥各自优势，分别组织力量研究，然后相互交流，共谋首都(圈)发展大计。如首都经贸大学委托研究基地，2011年通过公开招标确立并资助了10个研究基地自设项目，其中有5个是研究基地独立资助的项目(每项资助2万元)，5个是和我校CBD研究基地围绕特大城市的基础理论，联合招标的项目(每项资助1.5万元)，2012年均已通过专家验收结项，形成了一批研究成果。又如市政府研究室发挥自身优势，其经济处、产业处、科教文卫处、社会处、农业处等在三年中完成了38个调研课题，在每年我校举办的首都圈发展论坛上进行交流。又如在交流合作方面，由我校主办的首都圈发展高层论坛，北京大学、中国人民大学、天津滨海综合发展研究院、河北工业大学为支持单位，每年来自北京大学、中国人民大学、南开大学、中国社科院、中国科学院、国家发改委、北京市政研室、北京市发改委、天津市发改委、北京社科院、天津社科院等京津冀三地的政府部门、高校和科研院所的领导、专家学者以及我校师生近百人参加论坛，交流最新研究成果，共谋首都(圈)发展大计。

四是跨地域合作——以研究基地为科研平台，整合京津冀三地研究力量合力攻关，共同完成一些重大课题。如2010年，研究基地组织京津冀三地专家学者联合调研、合力攻关，对京津冀的重化工业和战略性新兴产业的发展现状、趋势以及空间布局等进行了全面、深入的实地调研和实证研究，于

2011年12月由中国经济出版社出版了专著《京津冀产业发展升级研究——重化工业与战略性新兴产业现状、趋势与升级》。又如2011年，由研究基地首席专家文魁教授牵头，组织京津冀三地专家学者合作撰写出版了首部京津冀蓝皮书《京津冀区域一体化发展报告(2012)》，于2012年3月由社会科学文献出版社正式出版。这些合作研究，将京津冀区域发展的研究不断推向深入。

五是国际交流合作——做了一些“请进来、走出去”的探索。如美国马里兰大学终身教授丁成日、墨西哥国立自治大学终身教授刘学东都是我校聘请的兼职教授，于2012年在我校主办的“中国特大城市发展高层论坛”和“首都圈发展高层论坛”上演讲，与大家交流学术观点。基地的研究团队也走出国门进行学习考察。

(三)团队建设——各具特色、相互支持的团队格局基本形成

目前，不仅首都经贸大学的各研究团队之间能以课题为载体相互协作、支持，而且学校的研究团队与北京市政府研究室的一些处室也进行了合作研究，共同承担一些课题任务。

(四)运作模式——“团队—课题—论坛”良性循环、持续发展

二期建设中，研究基地在运作模式方面根据发展需要不断探索，较好地实现了团队、课题和论坛的有机结合，形成了研究基地独有的运作模式。

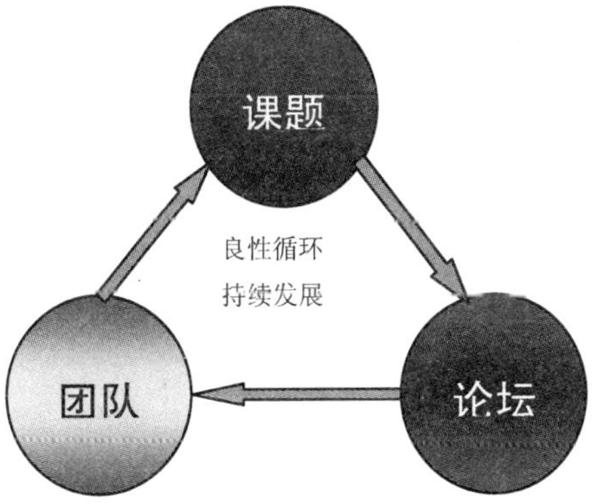

图2　研究基地运作模式示意图

其中，团队建设是研究基地发展的基础和支撑，课题研究是研究基地发展的核心和关键，论坛交流是服务社会作用的体现，也是促进团队建设、课

题研究和扩大影响力的推进器。如果说一期建设，我们还只是在搭建这些平台，那么在二期建设中，这些平台得到了进一步发展，并基本形成了良性循环、持续发展的运作模式和发展态势。

(1)团队建设——团队作战、系列性成果、中青年骨干脱颖而出；

(2)课题研究——整合资源、合力攻关、推出标志性成果；

(3)论坛交流——高层次、持续性、社会影响力不断扩大。

三者相互促进，合力推动研究基地向国内一流的学术高地进军。

(五)经费来源——以市教委创新平台支持研究基地建设，并形成多元化格局

研究基地工作的健康发展，离不开市社科规划办的直接领导和项目支持，离不开市教委科技创新平台的经费支持，也离不开首都经贸大学和市政府研究室的全方位支持和物质保障。

在研究基地经费和项目有基本保障的条件下，除了承担市教委、市社科规划项目以外，还积极承担了各级地方政府委托的横向课题，逐步形成了经费、项目来源多元化的格局。

2010—2012 年，根据不完全统计，研究基地获得的项目经费累计达 627 万元，其中：

①市教委科技创新平台经费 220 万，占 35%；

②委办局委托横向课题经费 284 万，占 45%；

③市社科规划办课题经费 83 万，占 13%；

④其他省部级以上纵向课题经费 40 万，占 6%。

其中，市教委科技创新平台的经费与各级政府委托的课题经费共同构成研究基地经费总额的 80%，但其中市教委创新平台的经费至关重要，没有它的持续支持，各研究团队也难以引来近一半的各级地方政府的委托课题。同时，市社科规划研究基地项目也是研究基地以课题为载体，聚集整合科研力量的重要保证。

(六)项目管理——充分发挥研究基地学术委员会的质量把关作用

无论是推荐申报市社科规划项目，还是评审研究基地自立项目，研究基地学术委员会都要召开专家评审会，在项目的立项和结项各个环节进行专家把关，对保证研究基地项目的质量和提升研究水平起到了重要作用。

（七）科研条件——数据库、实验室、调研研究基地等条件不断改善

（1）图书资料库配备：购置相关硬件、软件设备和图书资料，建立研究基础资源和网络交流环境。研究基地的各研究团队，都分别建立了专业图书资料库，如“首都国际化进程”项目，通过国外各种渠道获得国内缺乏的国外10个国际城市年鉴及统计数据资料70多本，国际城市发展战略及其相关领域最新发展动态与政府文件260多篇，翻译英文、法文、日文等各类资料约50万字，编辑研究基地研究内部参考资料集，为基地研究工作提供了科学分析的依据和保证。

（2）科研信息数据库建设：搭建了“首都经济”、“首都圈发展”、“首都国际化”、“都市城郊经济”等信息资源库平台，指定专业老师组织博士生、硕士生，进行资料数据录入分析和数据网络化处理，初步建立全面系统且便于更新的专业数据库和资源网络平台。组织专业人员进行资料数据录入分析和数据网络化处理，已经在推进研究基地课题的研究中发挥了重要作用。

（3）网页建设：已初步建成“北京市经济社会发展政策研究基地”网页，设置了“研究基地介绍”、“最新动态”、“科研队伍”、“科研成果”、“学术交流”、“平台建设”、“制度汇编”、“信息资源库”等栏目。

（4）调研研究基地建设：研究基地在天津滨海新区建立了首都经贸大学“产学研（滨海）基地”暨“都市圈研究（滨海）基地”，在北京近郊如门头沟、延庆、昌平以及上海崇明前卫生态村等都建立了调研研究基地。这些调研基地在组织学生实习、师生调研考察、课题合作研究等方面发挥了重要作用，为长期、深入研究首都经济及首都圈发展提供了支撑和保障。

（5）实验室建设：研究基地的科研，除了可以依托和利用“数据处理与计算机仿真试验室”、“数字化城市实验室”等优越的实验设备外，学校2012年正在投资建设“城市应急实验室”，一期建设450万元，二期建设550万元。这些优越的试验设施以及试验楼场所，为研究基地的课题研究奠定了坚实基础。

三、研究基地的科研水平和服务社会的能力显著提升

科学研究是研究基地的核心，三年来在各级领导的大力支持下，研究基地在承担重大课题以及为政府提供决策服务等方面都有长足进展，取得了突出业绩。

(一)科研数量——硕果累累，且多元化

表1　科研项目及其科研成果汇总表(2010—2012)

科研项目	省部级以上课题	11项
	委办局委托课题及横向课题	55项
	基地自设项目	10项
科研成果	出版专著	19部
	核心期刊发表论文	70篇
	咨询研究报告	66篇

其中重要的科研课题和主要科研成果见表2、表3、表4。

表2　承担的重要科研课题

序号	课题名称	课题类型	起止时间	经费(万元)	负责人
1	首都城市化进程中城乡一体化问题研究	北京市社科规划重点项目，省部级	2010—2012年	30	张强
2	首都经济圈的目标定位与战略重点研究	北京市社科规划重点项目，省部级	2011—2013年	8	文魁
3	新定位下京津合作发展研究	北京市教委重点课题、北京市社科规划项目，省部级	2010年结项	12	祝尔娟
4	北京依托首都圈建设世界城市的路径研究	北京自然科学基金项目，省部级	2011—2013年	8	祝尔娟
5	北京建设世界城市与京津冀一体化发展	北京市教委重点课题、北京市社科规划项目，省部级	2011—2012年	12	祝尔娟
6	生态区位理论与城市饮用水源区协调发展研究	北京市社科规划项目，省部级	2009—2010年	15	张贵祥
7	首都跨界水源地生态区位与生态补偿研究	教育部人文社科项目，省部级	2012—2014年	7.7	张贵祥
8	“十二五”期间京津冀产业升级整合研究——重化工业和战略新兴产业现状、趋势与升级	北京市社科规划项目，省部级	2010—2011年	0	叶堂林

续表

序号	课题名称	课题类型	起止时间	经费（万元）	负责人
9	北京建设国际一流旅游城市的比较研究报告	北京市社科规划项目，省部级	2012年结项	10	市政府研究室
10	人均GDP超过10000美元后天津经济社会发展的阶段性特征与发展重点研究	天津市发改委“十二五”规划重大招标课题，横向课题	2009—2010年	10	文　魁 祝尔娟

表3　出版的重要专著

序号	专著名称	出版社	出版时间	作者	作者排序
1	京津冀区域一体化发展报告(2012)	社会科学文献出版社	2012年	文　魁 祝尔娟	第一 第二
2	城市安全：首都国际化进程研究报告	经济科学出版社	2010年	段　霞	第一
3	从聚集到扩散：新时期北京城乡区域发展格局研究	经济科学出版社	2012年	张　强	第一
4	京津冀产业发展升级研究——重化工业与战略性新兴产业现状趋势与升级	中国经济出版社	2011年	祝尔娟	第一
5	北京城市规划与管理60年	光明日报出版社	2010年	刘欣葵	第一

表4　发表的重要论文

序号	论文名称	出版刊物	出版时间	作者	作者排序
1	基于全景观察的世界城市指标体系研究	中国人民大学学报	2011年	段　霞 文　魁	第一
2	世界城市建设与区域发展——对北京建设世界城市的战略思考	现代城市研究	2011年	祝尔娟	第一
3	“十二五”时期京津冀发展阶段及趋势特征分析	经济与管理研究	2010年	祝尔娟	第一
4	天津“十二五”发展阶段及趋势特征的分析	天津社会科学	2011年	祝尔娟	第一

续表

序号	论文名称	出版刊物	出版时间	作者	作者排序
5	推进京津冀区域经济一体化——2011 首都圈发展论坛综述	经济学动态	2012 年	祝尔娟	第一
6	我国区域政策的科学基础与基本导向	经济学动态	2010 年	邬晓霞	第一
7	中国国家区域援助政策的沿革及调整方向	中国人民大学复印报刊资料	2011 年	邬晓霞	第一
8	临空经济与区域经济发展的耦合作用机理——以首都第二国际机场兴建为例	经济社会体制比较	2011 年	赵　文	第一
9	首都体制的内涵和特点探析	北京行政学院学报	2011 年	刘欣葵	第一
10	论中国低碳城市的发展道路	学习与探索	2012 年	单吉堃	第一

(二)科研水平——重大课题及标志性成果取得突破

1. 代表研究基地科研水平的三个成果

成果一：文魁、祝尔娟教授组织京津冀三地专家撰写出版的《京津冀区域一体化发展报告(2012)》，是研究基地 2012 年推出的首部系列性、标志性成果。

该书由文魁、祝尔娟主编，社会科学文献出版社 2012 年出版，是研究基地推出的首部京津冀蓝皮书。它的出版，对研究基地发展意义重大。(1)提升了研究基地的研究规格。进入全国“蓝皮书”系列，它自有一套严格的评价系统。按照“权威性、前瞻性、原创性、实证性、应用性”等要求，在成书过程中，使基地的研究更加规范，为今后的研究提出了新的、更高的标准，有利于研究基地推出更多标志性研究成果，形成学术品牌。(2)它是研究基地通过整体策划，整合京津冀三地专家协力攻关的智慧结晶。按照主编文魁教授的设想和五年规划，研究基地将推出系列标志性成果，并以蓝皮书为载体，聚集形成一支稳定的京津冀三地专家队伍，推动首都经济和首都圈研究不断深入。(3)蓝皮书的社会影响力很大。首部京津冀蓝皮书的面世，引起新闻媒体的广泛关注和社会的热烈反响。包括经济日报、光明日报、香港大公报、经济观察报、中国青年报、21 世纪经济报道、北京青年报、北京日报、北京晨报、北京晚报、京华时报、法制晚报、渤海早报、燕赵都市报、中国网络电视台、人民网、新华网、香港凤凰网、中国新闻网、网易、搜狐、雅虎、大众网等近百家媒体竞相报道，并对该书的理论研究、规律揭示、路径探索和对现实的指导意义进行了高度评价。许多作者接受了新闻媒体的专访。组织出版京津冀蓝皮书，对提升首都经贸大学以及研究基地的学术地位和影响力都具有重要意义。

成果二：张强教授2010年主持了北京市社科规划重点项目“率先迎接工业化后的挑战——首都城市化进程中城乡一体化问题研究”结项获优秀。

该报告为张强教授主持的北京市社科规划重点项目“首都城市化进程中城乡一体化问题研究”的最终成果，2011年10月结项，获得评审专家的高度评价，并被评为优秀。课题研究总结了发达地区城乡一体化先行发展和制度创新的经验，针对发达地区城乡一体化，提出了很有新意的独到观点，如指出城乡一体化是为解决中国特有问题的国产概念；实现城乡一体化目标，必须坚持城乡之间有所同，有所不同；“十二五”期间城乡一体化需要着力解决的三大主题是：统筹城乡分区发展的空间战略，以新的理念引领城乡制度设计，将重点转向缩小城乡水平差距。该研究成果的水平位于全国该研究领域的前列。

成果三：段霞主持的“北京建设世界城市的指标体系和努力方向研究”，得到刘淇书记批示，获北京市优秀调研成果奖二等奖。

该成果是段霞教授主持并完成的北京市发改委“十二五”规划项目“提升北京首都国际化水平的目标、重点及对策研究”和北京市社科联招标项目“北京建设世界城市的指标体系和努力方向研究”的主要观点的凝练和结晶，由段霞教授、文魁教授发表在中国人民大学学报（CSSCI）2011年第5期上。该研究成果获得时任北京市委书记刘淇的批示，并获得北京市优秀调研成果奖二等奖。

2. 研究基地获得省部级以上奖励的5项成果

表5　获得的省部级及以上奖励

序号	奖项成果名称	等级	获奖名称	获奖人（排序）	获奖时间
1	北京建设国际商贸中心研究	省级奖	北京市第十二届哲学社会科学优秀成果奖二等奖	史利国	2011年
2	北京建设世界城市的指标体系和努力方向研究	省级奖	北京市第十届社会调研优秀成果奖二等奖	段　霞	2012年

续表

序号	奖项成果名称	等级	获奖名称	获奖人（排序）	获奖时间
3	北京“十二五”期间行政管理体制改革研究	省级奖	北京市第十届优秀调查研究成果奖二等奖	史利国	2012 年
4	关于京津产业合作研究	省级奖	北京市第九届优秀调研成果奖三等奖	祝尔娟	2010 年
5	加快推进优质公共资源均衡配置，促进城市中心区人口和功能疏解	省级奖	北京市第十届优秀调查研究成果奖优秀奖	赵秀池	2012 年

（三）决策咨询——社会服务的能力明显提升

1. 研究团队承担了多项“十二五”规划重大课题研究

研究基地建设遵循“服务北京、服务首都圈”的宗旨，各研究团队积极承担京津冀三地政府“十二五”规划重点课题研究，包括北京市发改委、天津市发改委、北京市海淀区发改委、北京市朝阳区、北京市社科联、北京市规划委等部门委托课题，在为北京市及首都圈经济建设和社会发展方面做出了突出贡献。比较有代表性的科研项目有：

(1)段霞等承担了北京市发改委“十二五”规划项目“提升北京首都国际化水平的目标、重点及对策研究”(2010 年结项)；

(2)段霞等承担了北京市社科类重点调研课题“北京建设世界城市的指标体系和努力方向研究”(2010 年结项)；

(3)文魁、祝尔娟等承担了天津市发改委“十二五”规划重点课题“人均 GDP 超过 10000 美元后天津经济社会发展阶段性特征与发展重点研究”(2010 年结项)；

(4)祝尔娟等承担了北京市海淀区发改委“十二五”规划重点课题“人均 GDP 超过 10000 美元后海淀区经济社会发展阶段性特征与应对策略研究”(2010 年结项)；

(5)彭文英等承担了北京市海淀区发改委“十二五”规划重点课题“海淀区‘十二五’期间环境优化与发展研究”(2010 年结项)；

(6)张贵祥等承担了北京市朝阳区发改委“十二五”规划重点课题“朝阳区‘十二五’期间促进人口资源环境相协调问题研究”(2010 年结项)；

(7)赵秀池承担了北京市社科联项目：“加快推进优质公共资源均衡配置，促进中心区人口和功能疏解”(2010 年结项)；

(8)刘欣葵等承担了北京市规划委课题“‘十二五’时期首都环境规划前期研究”(2010 年结项)；

(9)祝尔娟等承担了天津滨海新区发改委招标课题“提升滨海新区国际化水平研究”(2012 年结项)；

(10)祝尔娟等承担了北京市科委课题“推动首都经济加快融入世界产业新格局研究”(2012 年结项)等。

2. 市政府研究室完成了 38 项关于首都发展的重点调研课题

(1)北京构建现代产业体系研究；

(2)北京现代制造业发展研究；

(3)首都金融业发展的战略思考；

(4)水资源约束下北京工业发展的思考；

(5)关于北京实体经济发展的几点思考；

(6)“十二五”期间北京行政管理体制改革研究；

(7)北京：离世界城市有多远；

(8)北京城市物流发展研究；

(9)北京建设国际商贸中心研究；

(10)北京建设国际一流旅游城市的比较研究报告；

(11)“两个率先”需要进一步推动权限下放——北京行政权限下放问题调研报告；

(12)从“城中村”走向城市社区——从朝阳区高碑店村的发展看城乡接合部的未来；

(13)从旅游视角看北京城市建设与管理——打造国际一流旅游城市的思考与建议；

(14)根除非法一日游的思路与对策研究；

(15)建设世界城市：北京的基础、差距及对策思考；

(16)首都口岸经济体系建设研究报告；

(17)北京建设国际体育中心城市研究；

(18)北京市学前教育办学体制改革研究；

(19)加快建立义务教育资源均衡配置的长效机制——北京义务教育均衡发展研究；

(20)强化政府主导，以增加学位供给为突破口，加快推进学前教育科学发展；

(21)奥运会后北京人口科学发展研究；

(22)北京市流动人口调控政策分析与启示；

(23)国际特大城市人口调控经验；

(24)关于加快建立城乡居民基本医疗保险制度的研究；

(25)提升社区自治水平的探索与启示；

(26)改进北京市养老机构建设的思路和对策；

(27)日本、加拿大养老服务体系特色与借鉴；

(28)北京市公益性社会组织发展研究；

(29)北京市促进残疾人就业问题研究；

(30)适应市场经济要求，大力推进养老服务社会化发展；

(31)北京住房租赁市场问题研究；

(32)提升首都城市环境精细化管理水平的实践与启示；

(33)北京农业科技支撑作用研究；

(34)北京农业保险创新问题研究；

(35)北京蔬菜供应保障的总体状况；

(36)北京蔬菜供应保障存在的问题及政策建议；

(37)北京应提早启动海水淡化工程；

(38)北京农村集体建设用地集约利用问题研究。

3. 多项研究成果及政策建议获领导批示，被相关部门采纳

表6　获市领导批示的科研成果

序号	课题名称	成果形式	作者
2010年			
1	北京建设国际商贸中心研究	《工作研究》	政研室
领导批示	副市长程红批示：“有些建议有很好见地，请商务委、口岸办阅研，在推进工作中积极借鉴。”“请市商务委阅研《报告》和专家鉴定意见，并将其统一纳入，做好建设国际商贸中心相关宣传的准备工作。” 获北京市第十二届哲学社会科学二等奖。		
2	从旅游的视角看北京的城市建设与管理——打造国际一流旅游城市的思考与建议	《工作研究》	政研室
领导批示	副市长丁向阳批示：“慧光同志：利国等同志组织的课题组对我市旅游资源、发展重点、战略思考的研究很深刻，请印发旅游局领导班子成员和处长同志学习了解并据此研究发展意见。”副市长夏占义批示：“孝东同志阅研。”		

续表

3	加快推进优质公共资源均衡配置，促进中心区人口和功能疏解	研究报告	赵秀池
领导批示	市长郭金龙：请市政府负责同志参阅。市发改委、规委、住建委、教委、卫生局、交通委主要负责同志阅。		
4	北京建设世界城市的指标体系和努力方向研究	研究报告	段霞
领导批示	市委书记刘淇：秋秋同志，市社科联认真组织力量，很好地完成了有关北京建设世界城市的课题，为进一步推进工作提供了咨询建议，可综合3个报告提出框架建议。		
5	水资源约束下北京工业发展的思考	《工作研究》、《北京日报》	政研室
领导批示	中央政治局委员、市委书记刘淇批示："吉林、仲文同志：这篇报告质量高，建议在发改委、经信委、国资委内学习讨论，对'十二五'期间如何做强二产统一思想有帮助。"市委常委、常务副市长吉林批示："请张工同志、毓秋同志落实。"副市长苟仲文批示："请李平、朱炎同志研究落实。"以本课题成果为基础的文章《北京工业节水的思考》发表于2011年3月1日的《北京日报》。		
2011年			
6	北京城市物流发展研究	《工作研究》、《市长参阅》	政研室
领导批示	副市长程红批示：此报告很好，感谢同志们的辛勤工作。刊发4期《市长参阅》，分别是"借鉴国外经验，增强公共性，促进我市物流区加快发展"、"我市社区菜市场亟须物流解决方案"、"浙江大力推动物流公共信息平台建设"、"建设网络、挖掘存量、创新运营，加快构建我市电子商务配送体系"，分别获得副市长苟仲文、副市长程红批示。		
7	北京打击非法一日游课题	《工作研究》、《市长参阅》	政研室
领导批示	刊发1期《市长参阅》，副市长丁向阳批示："请安钢、慧光同志阅研。请慧光同志组织落实。这个建议很好。'北京旅游网'首个功能就是解决散客信息问题。不知落到实处没有?"		
8	朝阳区"十二五"期间促进人口资源环境相协调问题研究	课题报告	张贵祥
领导批示	北京市朝阳区发展和改革委员会批示："这些成果将作为朝阳区'十二五'期间国民经济和社会发展的行动纲领，将产生一定的社会经济效益。"		

续表

2012年			
9	北京建设国际一流旅游城市比较研究	课题报告	政研室
领导批示	副市长丁向阳批示："感谢立云同志和研究室诸同志对旅游工作给予的智力支持和指导。此报告立意新，视野宽，思考深刻，建议明确，是一篇好报告。"		

(四)服务社会——"提交议案、创刊内参、主办论坛、人才培养"全面推进

1. 提交"城市学者建言提案"，为政府决策建言献策

2011年是"十二五"规划开局之年，研究基地积极支持城市经济与公共管理学院开展"城市学者建言提案"活动，在北京市"两会"期间，提交了12篇提案，分别是：

(1)关于积极培育新的经济发展方式，建设世界城市的提案(段霞教授)；

(2)关于加强便利性设施和服务建设，提升城市活力的提案(段霞教授)；

(3)关于加强房地产市场监管的对策建议(王德起教授)；

(4)关于联合津冀共建首都圈的提案(祝尔娟教授)；

(5)关于重视对种粮农民权益保障的提案(王文副教授)；

(6)关于北京服务功能疏解与交通智能化的提案(张贵祥教授)；

(7)关于建设北京市南城国际交流与会展中心项目建设的提案(张贵祥教授)；

(8)还权赋能、动态演化，推进北京城乡区域统筹建设提案(刘业进副教授)；

(9)关于提升北京市文化创意产业集聚区的提案(王晖副教授)；

(10)关于建设北京CBD国际金融创新区的提案(张杰副教授)；

(11)关于开展社区健民工程的建议(刘欣葵教授)；

(12)从社区分层分类调查入手，建立本地化社区工作(冯浩副教授)。

2. 创刊"首都经济与首都圈"研究动态，为政、企、研提供信息服务

2011年10月"首都经济与首都圈"(研究内参)创刊，内容包括"政府视角"、"媒体追踪"、"学术争鸣"三个板块，目的是为政府、企业和研究工作者提供一个及时了解京津冀区域发展新动态、新举措、新趋势以及理论研究的新进展、新思路、新观点的"窗口"，更好地为首都服务，为首都圈发展服务。该内刊在提供决策咨询服务、推动学科建设、提升教研人员教学水平和科研

能力等方面，发挥越来越重要的作用。

3. 主办高层论坛，为学术界搭建交流平台

2007年以来，“首都圈发展高层论坛”和“城市国际化论坛”已连续主办6年，成了首都经贸大学的学术品牌。2012年首次举办“中国特大城市发展高层论坛”。随着这些论坛的成功主办，支持单位越来越多，社会影响力越来越大，也成为新闻媒体的关注焦点。如2010年首都圈论坛关于“首都经济圈”的讨论和专家发言，引起政府和社会各界的高度关注。

4. 人才培养采取“课题资助、调研考察、学术会议”多管齐下

一是通过课题资助培养中青年科研骨干。研究基地二期建设，在提升成果质量和为政府决策服务能力的同时，注重团队建设和对具有博士学位的优秀中青年教师的培养。2011年9月，研究基地根据首都经济社会发展急需解决的重大问题，进行公开招标和专家评审，确立并资助了5个研究基地自设项目(每个项目2万元)和5个联合招标的特大城市研究课题，现均已结项，不仅形成了一批研究成果，而且锻炼了队伍。这些课题的负责人均为45岁以下的中青年骨干教师和博士生，他们分别是：

(1)叶堂林：北京与河北“环首都经济圈”战略对接研究；

(2)吴庆玲：推进首都新城建设研究；

(3)单吉堃：北京市低碳城市建设目标与政策体系；

(4)赵文：首都经济圈临空经济耦合作用研究；

(5)张智新：首都圈区域治理研究；

(6)叶堂林：特大城市形成演化规律研究；

(7)周伟：特大城市现代产业体系研究；

(8)祝辉：特大城市承载力研究；

(9)王曼怡：特大城市辐射力研究；

(10)祁敬宇：特大城市金融问题研究。

二是通过带调研考察、鼓励其参与课题研究，着力提升青年教师、博士生、硕士生的综合素质和科研能力。充分利用研究基地在天津滨海新区建立的首都经济贸易大学“产学研(滨海)基地”暨“都市圈研究(滨海)基地”，在北京近郊如门头沟、延庆、昌平以及上海崇明前卫生态村等建立的调研基地，带研究团队和学生调研考察、实习锻炼、参加学术会议、参与课题研究，着力提升青年教师和学生的综合素质和科研能力。

四、研究基地的主要差距与下一步的发展思路

(一)主要差距

1. 管理机制有待完善

(1)各研究团队之间协调不够，相互支持有待提高；

(2)研究基地科技信息资源共享有待提高；

(3)首都经贸大学与市政研室的合作目前还只是局部合作，全面、紧密合作有待进一步探索和方式创新。

2. 科研水平有待进一步提升

(1)国家社科基金重大项目、国家自然科学基金项目、教育部重大项目等有待实现突破；

(2)要尽快从“地方队”上升到“国家队”，在一些重大问题上要有我们的声音。

3. 研究基地的影响力有待进一步提升

目前研究基地的学术影响力还主要局限在国内，尚缺乏国际学术影响力。

(二)发展思路

1. 下一步的建设目标

到 2015 年，在本研究领域的整体科研水平居于国内领先地位，成为国内一流的研究高地；进一步提升为政府决策咨询的服务能力，成为对地方政府决策有重要影响力的智囊团和政策咨询中心；进一步提升国际学术影响力，成为国际化交流平台和具有国际影响力的研究基地。

2. 下一步发展设想

要在现有基础上稳步发展，再经过五年建设，力争在科学研究、咨询服务和社会影响力三个方面取得新的突破：

一是要“顶天”，科学研究进入国内领先行列，成为国内该研究领域的理

论高地。注重基础理论研究，瞄准理论前沿，把研究基地建成国内一流的研究高地。要有计划地开展长期、持续性的若干基础理论研究，如特大城市、世界城市、都市圈城市群、都市城郊经济、大都市现代产业、大都市安全运行等研究。要进一步凝练方向、汇聚队伍、突出特色、提升优势、打造品牌，全面提高学术影响力和话语权。

二是要“立地”，充分发挥政府与高校紧密结合的研究基地优势，成为地方政府的智囊团和政策咨询中心。要注重应用研究的成果转化，突出问题导向，服务国家战略和地方战略，以研究和回答首都经济社会发展中的重大理论问题和现实问题为主攻方向，面向国家战略，融入经济建设，提高服务社会的综合能力。推进高校与政府部门的实质性、高水平合作，共同为政府决策提供具有重要影响力的政策咨询服务。

三是要增强国际影响力，包括国际参与能力、国际对话能力和国际学术影响力。通过内外学术交流和合作研究，将研究基地的影响力从地方扩大到全国乃至世界。把研究基地建设成为具有国际学术影响力的研究基地和我国社会科学国际合作交流的重要窗口。通过“走出去”和“请进来”，与国外高校建立学术交流的合作关系，提高国际对话能力。通过主办国际性学术会议，逐步扩大研究基地的国际学术影响。通过与国外学者开展合作研究，增强国际参与能力。

（三）保障措施

1. 进一步凝练研究方向，扩展研究广度和深度，形成各具特色、相互支持的研究体系

根据首都经济社会发展的内在要求和现有研究基础，依托首都经济贸易大学的综合学科和博士点，围绕增强首都北京特大城市和世界城市的承载力、支撑力、辐射力、凝聚力和影响力，逐步形成各具特色、相互支持的研究体系。

2. 注重扶持学术带头人，培育研究团队，打造首都经济社会发展政策的研究高地和人才高地

以学术带头人为核心，以课题为载体，以人才队伍建设为根本，聚集和整合研究力量，开展长期持续性的研究，不断推出标志性成果，建设首都经济社会发展政策的研究高地和人才高地。

3. 探索多样化的合作方式，使研究基地更好地发挥服务社会和政府智库的作用

如在合作研究、联合调研、共办论坛、资源共享等方面，进一步加强研究基地现有研究团队和北京市政府研究室产业处、经济处、社会处、科教文卫处以及农业处等部门的联系与合作。通过公开招标和委托课题，聚集和整合学校内外、京津冀高校和研究机构的力量，充分发挥政府的智囊团和政策咨询成果“孵化器”的作用。

4. 创新组织管理，激发内在活力，形成“课题——成果——论坛”相互促进的运行机制

依托市教委科技创新平台，以市社科规划项目为载体，支持研究团队长期持续的研究；并将课题研究与学术论坛有机结合起来。鼓励各研究团队不断推出系列性的标志性成果，对其给予重点扶持、奖励和高级别的成果认定。创新组织管理，完善评估办法，优化资助方式，加大经费投入，推进研究基地建设实现新的跨越发展。

5. 加强研究基地数据库建设和实验室建设，创造有利于科研创新的软硬件环境

包括社会调查数据库、统计分析数据库、基础文献数据库、案例集成库等专题数据库建设。充分利用首都经贸大学的数字化城市实验室、应急试验室和空间模拟演化实验室等研究资源，推进理论研究、实证研究和政策研究。

6. 进一步扩大开放，建设国际化交流平台和具有国际影响力的研究基地

通过“走出去”和“请进来”，与国外高校建立学术交流的合作关系，提高国际对话能力。通过主办国际性学术会议，逐步扩大研究基地的国际学术影响。通过与国外学者开展合作研究，增强国际参与能力。

北京知识产权研究基地一期建设报告

2009年11月8日，北京市哲学社会科学规划办公室与北京市教育委员会联合批准的北京知识产权研究基地在北京化工大学正式成立。2009年12月31日，北京知识产权研究基地正式获得授牌。

经过三年的不懈努力和建设，北京知识产权研究基地在政策咨询、资源优化、教研融合、人才培养、国际交流、产学研结合等方面都做出了自己的特色，取得了良好的社会效应。现结合北京知识产权研究基地的建设目标、研究领域和发展方向，对研究基地三年以来的建设成就、发展历程、特色经验和不足之处做一个全方面的报告。

一、研究基地建设的基本情况

北京知识产权研究基地是一个集教学、科研、培训、咨询和产业化于一体的"跨学科、多方向、开放式"的研究机构，以"面向实际，服务北京决策"为主线，以"立足北京、依托北京、情系北京、服务北京"为核心，以"决策咨询、理论研究、人才优化、平台建设"为重点。国内外合作大学及科研单位主要有：美国休斯敦大学知识产权与信息法研究所(Institute for Intellectual Property & Information Law of University of Houston)、美国圣玛丽大学法学院(St. Mary's University School of Law)、中国人民大学知识产权学院、中国政法大学知识产权研究中心、中国社会科学院知识产权研究中心。国内合作支持单位主要有：科技部、教育部、国家知识产权局、国家工商总局商标局、国家外国专家局、北京市知识产权局、北京市版权局、北京知识产权研究会、北京务实知识产权研究中心。校内合作协调部门主要有：文法学院、经济管理学院、科技处、国际交流与合作处、大学科技园管委会、高新技术研究院、北京北化大投资有限公司等。

(一)建设目标、研究领域和发展方向

1. 近期建设目标

通过加大投入，改善条件，深化改革，创新机制，优化资源，聚拢人才，

逐步建立起符合知识产权事业发展规律的决策咨询体系、产业发展体系、研究创新体系和人才培养体系，全面提高思想增值能力、科学研究能力和知识创新能力，促进首都乃至全国知识产权事业的发展。具体包括：

(1)成为北京市政府相关部门在知识产权决策、咨询、外交方面的重要支持力量。

(2)成为国内政校企结合、多学科综合、产学研融合的典范和样板。

(3)成为北京市高校与政府之间、各高校之间、高校和科研机构之间、高校与企业之间、京内外学者之间、国内外学者之间开展知识产权学术研究与交流的重要平台。

(4)成为北京市知识产权科研、产业信息集散地，并具备知识产权信息全程跟踪、检索、整理、分析和优化的能力。

2. 远期建设目标

(1)成为北京市知识产权政策、法规制定的思想智库、科研中心、人才摇篮、学术平台以及信息高地。

(2)成为在国内和国际有相当知名度的综合性、开放性、学术性、前沿性的科研机构。

(3)最终申报成功国家级知识产权重点研究基地。

3. 研究领域和发展方向

(1)北京知识产权与技术转移体系研究。

立足北京市的教育资源、科技资源和知识产权资源优势，为深化科技机制改革、优化知识流动和技术转移的环境、增强企业技术创新能力提供智力支持和知识储备。研究基地将重点研究知识产权与技术转移体系。该领域和方向具体包括：

①北京市技术转移体系研究。将在对北京市高校、科研事业单位、企业等进行实践调查的基础上，研究技术转移的主要模式、技术转移的基本规律、技术转移的经济效益、技术转移的激励机制、技术转移的管理体系、技术转移中的知识产权保护现状等问题，提出加强北京市技术转移的指导性意见，以促进北京市科学技术成果的成功转化。

②北京高校专利技术产业化研究。通过分析北京市高等院校与科研机构科研成果转化难的症结，从学校、科研机构、政府以及企业方面提出对策，探索各种促进转化的新机制和新模式，例如鼓励企业联合大学、科研机构进行重大技术创新项目选择、共建技术创新中心、共同承担技术研发项目、共

担风险开展技术成果产业化等，形成以企业为主体、市场为导向的新型“产学研”合作机制。

③北京高科技企业知识产权管理研究。针对北京市高科技企业，研究企业的知识产权战略与管理机制，使知识产权战略与产业国际竞争和企业经营战略紧密结合，进一步提高企业运用知识产权制度的能力和水平，增强技术创新能力和市场竞争力。

④北京市政府知识产权管理与战略研究。研究政府如何在以企业为主导的产业发展和知识产权建设中，从政策制定、资金投入到预警、监控、评估机制建立，知识产权公共信息服务平台建设，充分发挥政策指导、规范、监督、扶持等作用，优化支出结构，使政府资源效用最大化，为企业创造最有利于创新的环境。

⑤北京知识产权市情研究。将对北京市知识产权数量和结构进行分析，包括专利的数量和结构分析，商标的数量和结构分析，版权的数量和结构分析等；北京市知识产权价值分析，包括北京市知识产权在北京地区实施而产生的经济价值，北京市知识产权权利人在北京以外的地区许可他人实施其知识产权而产生的经济价值，以及北京市实施并非属于北京自主知识产权所创造的经济价值。

(2)北京知识产权保护机制研究。

纵观国际上著名城市的发展历程，其产生和发展最终取决于城市的科技创新能力，纽约、伦敦、东京等世界城市的形成均是以当时世界上科技创新最为活跃的区域为根基的。北京提出建设创新型城市和世界城市的目标，就要充分发挥知识产权在经济社会发展中的作用，为知识产权提供良好的保护环境。研究北京如何形成良好的知识产权保护机制，具有重要的现实意义。该研究方向的主要内容有：

①北京知识产权保护环境指标评价体系研究。北京市知识产权环境指标评价体系，包括指标的构成、指标的权重、评价体系的实证分析等，评价体系的指标是研究该体系的核心内容，要合理设置那些能够准确反映知识产权保护的水平，从而为北京市经济发展提供重要的决策依据的指标，比如专利的市场转化率、盗版程度、假冒名牌的比例等。

②北京市知识产权司法保护机制研究。北京市知识产权司法保护对知识产权侵权判定的把握，知识产权司法救济的水平，知识产权侵权中停止侵权判决的条件，知识产权损害赔偿数额的司法裁判等。

③北京市知识产权行政保护机制研究。北京市开展的12312综合接收知识产权举报投诉的窗口在知识产权行政保护中发挥的作用；北京市知识产权行

政保护机制的历史及现状；不同类型知识产权客体的行政保护机制的绩效等。

(二)学术机构、组织结构及日常办公系统

1. 学术机构

北京知识产权研究基地的学术机构主要包括顾问委员会和学术委员会：顾问委员会负责对研究基地发展的方向、目标等重大问题提出建设性意见和宏观指导，由我国老一辈知识产权法著名学者、中国人民大学郭寿康教授担任主席；学术委员会负责讨论确定研究基地的发展战略、研究领域、科研规划等重要事宜，由研究基地首席专家、中国人民大学刘春田教授担任主任。

(1)顾问委员会。

郭寿康，首届“全国杰出资深法学家”，中国知识产权法学研究会名誉会长，中国人民大学教授、博士生导师。

文希凯，国家知识产权局条法司前副司长(正司级)，国家知识产权战略制定领导小组办公室前副主任兼秘书长，中国知识产权培训中心教授。

程永顺，北京市高级人民法院知识产权庭前副庭长，北京务实知识产权研究中心主任。

王友彭，北京市知识产权局前局长，北京知识产权研究会会长，教授级高级工程师。

吴观乐，柳沈律师事务所高级顾问。

(2)学术委员会

刘春田，研究基地首席专家，中国知识产权法学研究会会长，中国人民大学知识产权学院院长，教授、博士生导师。

郭　禾，中国知识产权法学研究会秘书长，中国人民大学知识产权学院副院长，教授、博士生导师。

李顺德，中国知识产权法学研究会副会长，中国社会科学院法学研究所研究员、教授、博士生导师。

李明德，中国知识产权法学研究会常务副会长，中国社会科学院法学研究所研究员、教授、博士生导师。

马维野，国家知识产权局协调管理司司长。

吕志华，国家工商总局商标局副局长。

王野霏，北京市版权局副局长。

林　耕，北京技术市场管理办公室前主任。

雷风云，国家外国专家局教科文卫司副司长。

2. 组织结构

(1)研究基地主任。

研究基地主任为北京化工大学文法学院院长甫玉龙教授，负责统筹管理研究基地发展的全部事务和重大事项的决策。

(2)首席专家。

研究基地首席专家为中国人民大学知识产权学院院长刘春田教授。

(3)专职副主任。

研究基地设两名专职副主任，分别由范晓波副教授与和育东教授担任。

(4)专职研究员。

甫玉龙、范晓波、和育东、张慧霞、王鹏、蔡中华、杨巍、邸晓燕、余俊。

3. 日常办公系统

(1)行政办公室。

协助研究基地负责人处理行政方面的日常工作；负责研究基地的文件、信函、通知等的收发、整理；负责研究基地内部的会务组织和记录工作。

(2)基础研究室。

承担知识产权基本理论、学科体系的基础性研究；瞄准学科前沿，探索学科基本规律的基础性研究；研究基地学术队伍建设和研究生培养。

(3)综合研究室。

开展体现知识产权学科交叉、内容丰富、方法多样的综合研究。

(4)对外交流室。

负责和协调研究基地的对外联络、为研究基地的教学和国际学术交流提供信息和联系服务。

(三)研究基地承担科研项目情况

2010—2012年，北京知识产权研究基地共承担国家级项目2项，教育部项目1项，市社科规划项目5项，还承担了科技部、国家知识产权局、国家外国专家局、北京市知识产权局等单位委托的多项科研项目。

(四)学术活动与国际交流情况

2010—2012年，北京知识产权研究基地与美国休斯敦大学知识产权与信息法研究所、美国圣玛丽大学法学院、新加坡知识产权学院等单位的专家学者建立了密切的学术联络与交流机制。范晓波副教授作为青年骨干教师于2010 年 8 月至 2011 年 2 月到美国休斯敦大学知识产权与信息法研究所进行了为期 6 个月的研究访问。和育东教授于 2011 年 1 月至 7 月到圣玛丽大学法学院进行了为期 6 个月的研究访问。余俊副教授于 2011 年 1 月应新加坡知识产权学院邀请，参加了该学院主办的第三届“全球知识产权论坛”并做专题演讲。蔡中华教授即将于 2013 年到美国进行为期一年的学术研究。

2010—2012 年，北京知识产权研究基地共主办学术会议 10 场(见表 1)，学术讲座 9 场(见表 2)，师生学术沙龙 7 场(见表 3)。

表 1　2010—2012 年北京知识产权研究基地主办学术会议一览表

序号	会议名称	时间	人数	参与国家
1	专利侵权诉讼抗辩	2010.05.08	20	中国
2	美国知识产权诉讼实务研讨会	2010.06.13	120	中国、美国
3	北京创业板企业知识产权管理研讨会	2010.11.15	120	中国
4	北京知识产权教育与人才培养论坛	2010.12.03	130	中国
5	知识产权司法鉴定研讨会	2011.09.11	100	中国
6	商业秘密认定研讨会	2011.11.12	80	中国
7	科技创新与高校技术转移	2012.04.23	30	中国
8	美国知识产权的侵权法保护	2012.06.06	100	中国、美国
9	北京市企业知识产权管理规范工作推进暨培训大会	2012.10.17—18	120	中国
10	涉外企业知识产权培训会	2012.12.12	80	中国、美国

表 2　2010—2012 年北京知识产权研究基地主办学术讲座一览表

序号	讲座名称	时间	主讲人	主讲人单位、职务
1	知识产权文化	2009.09.10	马维野	国家知识产权局专利管理司司长
2	知识产权国际保护	2009.12.20	吕国良	国家知识产权局国际司司长
3	专利情报在企业竞争战略中的应用	2010.10.28	陈燕	国家知识产权局发展研究中心主任
4	企业知识产权预警实例分析	2010.10.28	刘秀娟	汉王科技知识产权部主任

续表

序号	讲座名称	时间	主讲人	主讲人单位、职务
5	中美专利法比较	2011.12.13	邓炳华	北京化工大学客座教授（美籍华人）
6	高校专利成果转化	2011.06.02	林耕	北京市技术市场管理办公室前主任
7	英国高校技术转移	2012.09.10	余俊、杨巍	北京化工大学副教授
8	美国高校技术转移	2012.10.05	和育东、王项	北京化工大学教授
9	表达自由视野下的版权法	2012.11.27	宋慧献	中国版权保护中心编审、中南财经政法大学知识产权研究中心研究员

表 3　2010—2012 年北京知识产权研究基地师生学术沙龙一览表

序号	沙龙主题	参与人
1	著作权许可案例研讨	范晓波与硕士研究生
2	商标许可案例研讨	范晓波与硕士研究生
3	专利许可案例研讨	范晓波与硕士研究生
4	职务发明报告制度研讨	和育东与硕士研究生
5	知识产权法定主义	和育东与硕士研究生
6	知名商品特有包装装潢的法律保护	余俊与硕士研究生
7	IPAD 商标案解析	余俊与硕士研究生

（五）科研团队建设

北京知识产权研究基地充分发挥北京化工大学综合性高校的优势，建立了法律、经管、工科等多学科人员共同组成，并吸纳政府机构、企业、中介组织等共同参与的研究体系。研究基地 9 名专职研究员均毕业于北京大学、中国人民大学、中国政法大学、北京师范大学、中国社会科学院等国内名校院所，包括教授 3 名、副教授 4 名、讲师 2 名，其学科背景涉及法学、经济学、管理学等领域，其中 5 名研究员具有海外留学经历，2 位曾从事博士后研究，全部具备指导硕士研究生的资格。研究基地还聘任了来自中国社会科学院、国家知识产权局、北京知识产权局、北京市技术市场管理办公室等多家单位的负责人和专家担任研究基地兼职研究员，他们定期或不定期到研究基地参加学术研讨，为学生主讲课程，并共同参与项目研究。

此外，为凝练学科方向，增强承担大型研究项目的能力，产出更多高水平的原始性创新成果，培养出更多的拔尖创新人才，提升大学的科技持续创新能力，鼓励多学科交叉，2011 年，北京化工大学为北京知识产权研究基地的校内研究人员专设了校级科研创新团队，由甫玉龙担任团队负责人，并将知识产权政策作为团队研究的前期重点，争取在三年内取得一定数量的高水平的研究成果，带动我校法学学科与专业的建设和发展。

（六）人才培养情况

作为依托于高校建立的知识产权研究基地，人才培养是其主要任务之一。北京化工大学是教育部直属的全国重点大学，是国家“985 工程优势学科创新平台”和“211 工程”建设高校。在知识产权人才培养方面，北京化工大学充分发挥综合性院校的优势，设立了一套独具特色的人才培养模式。

在本科生教育方面，所有的法学本科专业学生都必修知识产权法学，除此之外还开设“国际知识产权法”、“知识产权法案例分析”等课程，通过一系列教育教学，使法学本科生熟悉知识产权法，毕业后能够从事相关工作。法学之外的其他专业本科生可以选修“知识产权法”和“专利法”两门课程，每年选修学生在 100 人左右。这些学生通过接受知识产权教育，初步掌握了知识产权或专利法的一般原理，为今后从事相关工作打下法律基础。

2012 年 6 月，北京化工大学开始设立法学（知识产权法）双学位，面向全校本科生招收法学双学位学生。法学（知识产权）双学位的设立为充分利用法学专业的优势特色、利用我校较为强大的知识产权法师资队伍，为培养既懂理工科知识又懂法学（知识产权）知识的复合型人才、增强我校理工科学生的就业竞争力提供了一个很好的平台。法学（知识产权）双学位专业旨在为立法、司法、行政与执法监督、专利与商标审查、知识产权代理等法律服务以及企业知识产权管理、社会管理等实务部门培养德才兼备、有理工科知识背景、掌握法学基本原理与知识产权实务操作，同时又适应社会主义市场经济、法治建设以及实施“建设创新型国家战略”、“国家知识产权战略”需要的高层次复合型、应用型法律人才。第一届（2012 年 9 月招生）双学位招生学生报名踊跃，共计 150 多人，这些学生将接受理工科和法学双重教育，毕业后将成为具备良好的理工科基本素养，能够从事各类知识产权实务工作及相关研究工作的复合型人才。

在研究生教育方面，北京化工大学自 2007 年开始招生民商法学硕士（包括知识产权方向)研究生，如今已培养知识产权方面研究生 20 余名，这些学生专业基础扎实，成绩优秀，在法学所有专业学生中名列前茅，就业前景良好。2009 年，北京化工大学开始招收工程硕士知识产权管理方向研究生，该方向是为了满足社会对懂技术、懂管理、懂法律的高层次复合型知识产权管理人才的需求而设，是国内首个招收知识产权方向工程硕士的学校，如今已有毕业生 40 余名。经过知识产权专业培训，这些学生毕业后在各自工作岗位上将对所在单位知识产权建设发挥重要的作用。2011 年，北京化工大学开始招收工商管理硕士(MBA)知识产权管理方向研究生。同年，北京化工大学获得法学一级学科硕士授予权，四个专业中包括了知识产权法学专业。2012 年，知识产权开始作为国家教育部自主设置的目录外二级学科招收知识产权法学硕士研究生。

(七)文献信息平台建设

北京知识产权研究基地有专门的资料室，占地面积 300 平方米，拥有法律图书 1 万余册，中外期刊 70 余种和 LexisNexis(律商网)、中国知网、北大法意等专业数据库。研究基地还设有知识产权实验室，主要负责知识产权类实验项目、教材、指导书、软件的规划、建设等组织工作。用于指导知识产权双学位学生进行模拟专利代理、著作权代理和商标事务代理等。

研究基地建立了专门网站 bjip. buct. edu. cn(原域名 www. bjip. org)，于 2010 年 1 月正式上线运行，聘用专门人员负责日常维护和更新，实时发布研究基地动态和最新成果。2012 年 11 月，研究基地又对网站进行了改版升级，并已投入使用。

(八)管理规程和机制建设

研究基地目前已制定《北京知识产权研究基地章程》、《北京知识产权研究基地学术委员会条例》、《北京知识产权研究基地学术会议及学术研讨班举办条例》、《北京知识产权研究基地实行全员聘任制的办法》、《北京知识产权研究基地考核及奖惩办法》、《北京知识产权研究基地接受国外进修人员和聘请海外专家条例》、《北京知识产权研究基地出国人员派遣条例》、《北京知识产权研究基地财务制度》等系列管理规程，确保研究基地的有序发展、合法发展、良性发展。

由首席专家挂帅的研究基地学术委员会负责审核确定研究基地的发展战

略和科研项目的总体布局，并对研究基地研究人员申报的项目进行预评估、中期评估和结项评估。

研究基地主任负责统管研究基地的日常运行机制。两位专职副主任分别承担各自职责。研究员对各自承担的科研项目负责，其他研究员提供必要的协助。研究基地研究生的培养由导师主抓。研究基地办公室负责日常管理。

（九）发展协作联盟建设

北京知识产权研究基地积极进行有利于研究基地发展的协作联盟建设，除紧密依托北京化工大学的雄厚工科实力，并实现校内合作部门信息资源共享、人才共同培养、科研项目共同研究之外，还始终注重与校外优势单位的相互合作，并已经同中国人民大学、中国政法大学、中国社会科学院等单位在文献出版、会议筹办等方面开展了多次合作。

（十）决策咨询与社会服务情况

作为立足北京的知识产权决策咨询、科学研究、宣传教育和教育培训的重要研究基地，北京知识产权研究基地为中央和北京市的知识产权决策提供了诸多有价值的参考。例如，研究基地承担了科技部的委托项目“科研事业单位的技术转移体系研究”，不仅完成了内容翔实的调研报告，而且起草了《加强事业单位技术转移的指导意见（草案）》提交给科技部。承担了中关村管委会“中关村战略性新兴产业重点领域知识产权现状研究”、“中关村战略性新兴产业知识产权专项工作指引”课题研究。和育东教授承担了国家知识产权局专项委托项目“知识产权侵权惩罚性赔偿制度研究”。此外，北京知识产权研究基地还协同配合北京市知识产权局、北京知识产权研究会、北京知识产权服务中心、首都企业家俱乐部等单位共同组织知识产权研讨、交流和宣传活动，吸引社会各界人士关注和关心北京知识产权事业的发展。

二、研究基地科研水平与科研能力状况

（一）有研究基地特色的代表性成果

北京化工大学实力雄厚的理工科为知识产权研究奠定了坚实的基础，法学、管理学、经济学等学科的发展为北京知识产权研究基地提供了学科支撑。

北京知识产权研究基地的建设成就之一就是以学术研究为引擎取得了大量有特色和创新性的科研成果。其中，能够反映研究基地特色的代表性成果主要有：

1.《中国专利政策研究报告》

《中国专利政策研究报告》一书由研究基地8名专职研究员合作完成，于2012年11月在知识产权出版社出版。该书从我国专利政策这一独特的视角展示了研究基地科研团队的研究成果和水平。全书分为“专利创造政策”、“专利运用政策”、“专利保护政策”、“专利管理政策”四编。该书无论是对专利政策的理论探讨，还是对专利创造、运用、保护、管理各项政策中现实问题的研究，主要是基于数据、案例的实证分析，力求做到专利政策理论具有科学性、专利政策建议具有可行性。

2.《中国知识产权管理报告》

《中国知识产权管理报告》一书由范晓波副教授主持编写，于2009年1月由中国时代经济出版社出版。该书从政府知识产权行政管理、企业知识产权管理、高等学校知识产权管理、知识产权教育与人才培养等多个方面较为全面地展现我国知识产权管理的现状以及相关研究成果。

3.《知识产权》

《知识产权》一书由范晓波副教授主持编写，于2010年1月由科学出版社出版。该书重点论述了著作权、专利权、商标权和商业秘密的法律关系及其取得、运用和保护的方法，分专题讨论了知识产权管理的策略，如“技术创新中的知识产权风险识别与控制策略”、“知识产权商业化策略和知识产权诉讼策略”等，并分析了华为、比亚迪、朗科、腾讯等著名企业的知识产权管理案例。该书适合高等院校工程硕士、工商管理硕士、其他相关专业研究生和本科生以及企业管理人士阅读。

4.《美国专利侵权救济》

《美国专利侵权救济》一书由和育东教授独立完成，于2009年7月由法律出版社出版。该书是我国著名民法学者梁慧星教授主编的“中国民商法专题研究丛书”之一，是一部研究美国专利法中专利侵权救济的理论专著。该书对美国专利侵权救济制度的理论与实践进行了系统考察，从法律经济学角度分析专利权的市场价值，侵权行为给专利权人造成的经济损失，专利侵权救济的强度以及专利侵权诉讼中诉权归属问题上的经济理性。对永久禁令、初步禁令、337 条款下的排除令、非法获利、所失利润、合理许可费以及惩罚性赔偿等救济方式分别进行研究，并从专利丛林问题的角度解释了当前美国专利政策的走势。

5.《专利侵权民事救济的经济分析》

《专利侵权民事救济的经济分析》一书由王鹏助理教授独立完成，于 2010 年 6 月由吉林大学出版社出版。该书从经济学的角度厘清了中国专利侵权法律制度最基本和最主要的内容及逻辑结构，并构建了一个完整、详尽和统一的经济分析框架，应用各种经济分析方法诠释中国专利侵权法律制度的经济理性，分析该制度各部分内容的经济效率，揭示了该制度的经济本质，研究中将法学与经济学分析方法紧密结合起来，对法经济学与中国具体立法、司法实践相结合，特别是运用法经济学方法研究中国具体法律制度，具有重要的启示意义。

6.《商标法律进化论》

《商标法律进化论》一书由余俊副教授独立完成，于 2011 年 11 月由华中科技大学出版社出版。该书是我国著名知识产权法学者刘春田教授主编的“中国知识产权文库”系列之一，是一部研究商标法律进化发展的理论专著。该书既从整体上对商标制度的来龙去脉做了宏观考察，亦从个体上对一些具体制度、具体原理、具体概念的缘起和功能进行了细微分析。该书对理解商标的起源、商标的本质、商标的功能、商标权的正当性等问题大有裨益。

（二）科研布局的开拓性、延伸性和连续性

北京知识产权研究基地十分注重科研工作的总体布局和科学规划：一是不断强化科研布局的开拓性：敏锐把握国际国内知识产权事业和学术发展的趋势，发现新问题，开拓新领域，运用新方法。二是不断强化科研布局的延伸性：对已经结项的科研项目，设立专门的数据更新平台，实时跟踪，随时更新，适时再研，充分利用已有的科研成果，充分开发已有成果的衍生产品。三是不断强化科研布局的连续性：把研究基地的永续发展与国家和北京市的知识产权战略目标结为一体，与北京市的科学发展深度融合，推动研究基地的永续、良性发展。

(三)科研成果的转化和辐射效应

1.“知识产权惩罚性赔偿研究”

国家知识产权局于2012年2月委托北京化工大学开展的“知识产权侵权惩罚性赔偿制度研究”课题研究项目，为国家知识产权局关于《专利法修改草案》的起草工作发挥了决策咨询作用。该课题报告在惩罚性赔偿理论研究基础上，论证了我国引入知识产权侵权惩罚性赔偿制度符合经济发展的需要，是遏制知识产权侵权行为较好的制度选择。报告提出，知识产权侵权惩罚性赔偿要以侵权人故意为要件，总赔偿数额应为补偿性损害赔偿的三倍以内。这些惩罚性赔偿制度设计符合我国现实需要，已融入了《专利法修改草案(征求意见稿)》第六十五条第三款：“对于故意侵犯专利权的行为，管理专利工作的部门或者人民法院可以根据侵权行为的情节、规模、损害结果等因素，将根据前两款所确定的赔偿数额最高提高至三倍。”

2.“高等学校学科创新引智研究基地知识产权管理机制研究”

《高等学校学科创新引智研究基地知识产权管理机制研究报告》共3万字，该报告对我国高校学科创新引智研究基地知识产权管理现状与问题进行分析，在对国外高等院校知识产权管理的做法和经验研究的基础上，提出如何加强和完善我国高校学科创新引智研究基地知识产权管理的政策建议，以进一步通过引智推进科研创新、人才培养来推进我国创新型国家的建设。该报告得到国家外国专家局领导的批示，将在今后政策制定中吸收报告对策建议的内容并在引智研究基地评估中纳入知识产权管理因素。

(四)对所属领域学术水平、学科建设与人才培养的影响和效应

北京知识产权研究基地的建立也促进了相关学科的发展和相关专业的建设。北京化工大学从2007年起开始招收项目管理专业知识产权管理方向工程硕士研究生；经主管部门批准，从2012年起在法学一级学科之下自主设置知识产权法学二级学科，招收知识产权法学硕士研究生。2012年，北京化工大学还设置了有史以来第一个双学位专业——法学(知识产权)专业，主要面向理工科本科生招生。

三、以科研项目推动研究基地平台建设情况

（一）项目实施情况对研究基地建设目标实现的自我测评

三年来，研究基地研究人员承担了教育部、科技部、国家知识产权局、国家外国专家局、北京市社科规划办等单位的十多项课题，这些项目中，既包括在理论发现上有重要突破的成果，如“专利权本质论”，也有面向实际需求，解决实际问题的成果，如“知识产权侵权惩罚性赔偿制度研究”、“专利‘法定不侵权’抗辩：以北京司法实践为中心”；既有面向知识产权与科技体制宏观决策的成果，如“科研事业单位的技术转移体系研究”、“知识产权与北京建设世界城市战略研究”，也有回应知识产权法制变更需求的成果，如“数字图书馆知识产权问题研究”；既有面向行业的研究课题，如“中关村国家自主创新示范区科技成果管理试点政策研究”、“促进科研机构转化科技成果激励政策研究”，也有面向高校的研究课题，如“高等学校学科创新引智研究基地知识产权管理机制研究”、“高校专利转化问题与对策研究”等。这些项目的共同特点是，它们都是适应国家和北京经济建设需求的重要课题，都是服务于国家和北京市科学发展的重要项目，为中央创新型国家和北京建设创新型城市和世界城市战略目标的实现起到了重要的决策和咨询参考作用。

（二）对整合本领域学术资源所发挥作用的自我测评

1. 高端智囊的整合

研究基地的顾问委员会和学术委员会都由国内著名知识产权法专家学者组成，他们都是中国知识产权事业建设和发展的亲历者，是中国知识产权学术研究的引领者和主导者，他们的加盟确保研究基地从一开始即在高水平线上成长和发展。

2. 研究方向的凝练

研究基地明确了两大研究方向 8 个子方向，这些学术方向都是国家发展和北京城市建设过程中需要重点研究和应对的问题。明确的方向有助于研究基地更好地扮演北京知识产权决策和咨询智库的角色。

3. 科研团队的组建

研究基地既有完整的专职学术队伍，也聘请了外部一些著名专家担任兼职研究员，有利于充分利用好校内和社会资源，发挥人才的聚集效应。

（三）研究基地在本领域学术地位的客观评价

1. 优势领域逐渐突出

研究基地在知识产权与技术转移体系方面的研究比国内其他兄弟院校涉足得更早，研究得更系统，论证得更深入，调查得更全面。

2. 决策咨询不断深入

研究基地以较强的科研实力，逐渐赢得中央部委和北京市相关部门的信赖，已经开始为行政决策提供重要的决策依据。

3. 信息平台日臻完善

研究基地建立了专门的网站和全面的数据库，有专门的办公系统和完善的运行机制。

4. 人才培养特色明显

研究基地每年培养150余名法学（知识产权）第二学士学位生，10余名知识产权法学硕士研究生，20余名工程硕士知识产权管理方向研究生，10余名工商管理硕士（MBA）知识产权管理方向研究生。

四、研究基地建设经费投入产出的绩效分析

（一）研究基地建设经费投入的作用

研究基地经费投入，北京市每年投入30万元，北京化工大学通过办公经费、中央基本科研业务经费、成果奖励等形式提供配套和支持。具体表现在：

（1）对科研项目的推动提供经费支持；

（2）对人才培养提供经费支持；

（3）对研究基地办公条件的改善提供日常保障；

(4)对科研助理的聘任提供人员和经费保障；
(5)对科研成果的奖励提供经费支持。

(二)经费投入对研究基地科研水平提升的效应

三年来，北京知识产权研究基地总共投入经费 186.315 万元，承担了 10 余个科研项目，举办了 10 场学术会议、9 场学术讲座、7 场师生沙龙，出版了 5 本专著、1 本教材，完成 2 份调研报告。这些科研成果既服务于政府决策的需求，又为师生和社会公众提供了学术交流的机缘，对北京建设创新型城市和世界城市提供了重要的理论支撑和对策支持。

五、研究基地的突出业绩与经验

北京知识产权研究基地依托北京化工大学强大的工科、精干的文科，以“跨学科、多方向、开放式”为主要特色，所有的成绩全部围绕“面向实际，服务北京决策”的主线而取得，正日益成长为北京市政府在知识产权决策和咨询方面的重要智库，在政策咨询、资源优化、教研融合、人才培养、国际交流、产学研结合等方面都做出了自己的特色，取得了良好的社会效应。具体而言，集中表现为以下几个方面：

(一)坚持“服务北京”的理念和宗旨

研究基地的发展以“立足北京、依托北京、情系北京、服务北京”为核心要旨，紧紧围绕北京的发展战略、发展需求和发展目标展开理论和对策研究，为北京建设创新型城市和世界城市的战略目标提供强大的理论支撑和对策支持。

(二)坚持“多元开放”的特色和风格

研究基地既充分融合了北京化工大学在工科方面的雄厚实力，又始终以开放和多元的心态注意外部力量的吸收与整合，不仅与中国人民大学等国内知识产权研究重镇，而且还与休斯敦大学等欧美知识产权重要研究基地建立起了紧密的学术联系。此外，研究基地在设立科研项目时，特别注重邀请北京市知识产权局、中关村科技园区等有关部门的领导、专家共同参与项目的论证、调研和研究活动，联合开展学术攻坚。

(三)坚持“知行合一”的路线和方法

研究基地不仅为北京市相关部门的知识产权决策积极提供理论上的依据和对策，而且十分注重理论与实践结合，特别是与北京市的发展经验相结合，积极推动知识产权与北京发展的全面融合。

(四)坚持“重教育才”的原则和方针

研究基地十分注重知识产权学术队伍的建设和培养，积极调动中青年教师和研究生的积极性、主动性和创造性，努力打造一支“政治强、思想新、专业精、作风正”的研究队伍。

六、研究基地建设中存在的问题与对策

(一)研究基地建设中存在的问题

研究基地建设的时间不长，在发展过程中也暴露出了一些问题，主要表现在：

(1)研究基地研究员都需要承担繁重的教学任务，导致从事科研的时间不足；

(2)研究基地科研成果的标注与研究员的职称评判标准有冲突；

(3)经费使用较严格，影响了项目开支的报账。

(二)解决问题的对策与方案

1. 有条件地减少对研究基地研究员的教学任务要求。

2. 完善研究基地项目的对外招标制度，积极鼓励校外人员申报研究基地项目并标注研究基地名称。

3. 积极加强与北京市教委、市社科规划办等上级部门的汇报和沟通，在上级部门的指导下做好成果转化工作。

七、研究基地未来建设的构想

（一）研究基地未来建设的目标

北京知识产权研究基地将继续坚持以“立足北京、依托北京、情系北京、服务北京”为核心，以决策咨询、理论研究、人才优化和平台建设为重点，在理论研究的基础之上支撑决策咨询，锻炼人才队伍，促进平台建设。研究基地要进一步倡导学术创新精神、学术民主思维、学术精品意识，面向社会，走向社会，深入社会，为北京市建设创新型城市和中国特色的世界城市做出新的更大的贡献。

（二）研究基地未来建设的重点

1. 加强基础理论研究

理论研究关系到知识产权决策的根本方针、战略方向等一系列重大问题。研究基地将更多地站在国家的立场和视角，基于中国的经验和问题，对知识产权基础理论问题进行全面系统的研究，以建构有中国特色的知识产权理论体系，并服务于中国特色社会主义事业的发展大局。

2. 扩大中国话语权

当今世界正处在大变革大发展大调整时期，世界知识产权制度的设计需要且也不能缺少来自中国的声音与研究成果。研究基地将树立崇高的学术追求，通过自身的不懈努力，更多地进入世界话语体系，使中国知识产权研究走向国际化，为世界知识产权理论的发展提供来自中国的知识增量。

3. 加强与产业企业界的联系

空谈误国，实干兴邦。知识产权不是空谈，它归根结底是个经济问题。研究基地将加强与北京经济界和社会各界的紧密合作，推动知识产权法学研究面向实践，深入实践，为北京经济社会发展的需求服务，推动知识产权成为促进北京经济增长的关键要素，努力实现知识产权与北京经济发展的全面融合。

首都高校党建研究基地一期建设报告

2010年下半年至2012年年底，是首都高校党建研究基地大发展的时期。2011年，中国共产党成立90周年，也是中央和北京市实施“十二五”规划的开局之年。2012年，党的十八大胜利召开，党建工作与党建理论得到进一步推动和创新，高校党的建设也继续谱写新篇章。面对新形势、新任务、新问题，党建研究理论必须顺应不断发展变化的世情、国情和党情的需要，深入研究实践中出现的新情况和新问题，才能指导实践的发展，才能永葆生机和活力。

首都高校党建研究基地(以下简称“研究基地”)是专门从事首都高校党建研究的哲学社会科学研究基地，是由北京市社科规划办、北京市委教育工委和北京市教委共同审批成立的研究基地。研究基地于2010年6月7日正式授牌，2010年9月3日正式揭牌。研究基地首席顾问为教育部党组副书记、副部长杜玉波，学术委员会主任为北京市委常委、市委教育工委书记、中关村管委会党组书记、市委秘书长赵凤桐，学术委员会副主任为北京市教工委常务副书记刘建，首席专家为北京航空航天大学党委书记胡凌云，负责人为北京航空航天大学党委副书记张维维。

一、研究基地建设的基本情况

(一)研究领域、研究方向和建设目标

1. 总体定位

首都高校党建研究基地围绕党在高校的使命和功能，通过聚焦研究领域和凝练研究方向，致力于建设在全国起引领、辐射和带动作用的高校党建研究方面的科研中心、咨询服务中心、人才培养中心、学术交流中心以及信息资料中心。

2. 研究领域和研究方向

目前，首都高校党建研究基地的研究领域主要有如下三个：高校党委领

导和高校党的建设规律研究；高校基层党组织建设与创新研究；高校惩治和预防腐败体系研究。最近三年，研究基地紧密结合首都高校党的建设方面的现状，具体凝练为四个主要研究方向：一是首都高校党建与科学发展观研究；二是首都高校基层党组织建设与战斗堡垒作用研究；三是首都高校惩治和预防腐败体系研究；四是社会主义核心价值体系建设的理论与实践研究。

3. 发展建设目标

在不断探索和建设中，研究基地紧紧抓住首都高校党的建设这一主题，以问题研究为导向，以解决实际问题为目标，围绕高校党委在高等学校中的职责和功能，通过聚焦研究领域，凝练研究问题，力争通过研究高校党的建设过程中出现的各类急需解决的重大问题、发展过程中遇到的关键问题以及未来发展中可能出现的潜在问题，提升首都高校乃至全国高校党的建设的科学化水平，在未来五年内将自身建设成为具有重大社会影响力和重要学术地位的知名研究基地，真正使首都高校党建研究基地成为科学研究和人才培养的大本营、孵化器、试验田和主阵地。

(二)组织机构、学术委员会及科研力量整合

1. 组织机构状况

首都高校党建研究基地领导指导单位是北京市哲学社会科学规划办公室、北京市委教育工委、北京市教委；负责单位是北航党委；协调单位是北航党委组织部；业务管理单位是北京市教委、北航实验室及设备管理处；实施单位是北航思想政治理论学院。研究基地在北航设有办公室，由办公室主任、副主任及专职管理人员负责研究基地日常运行及科研管理工作，同时配备会议室和资料室用于研究基地开展交流合作与学术科研活动。

2. 学术委员会作用发挥

学术委员会是首都高校党建研究基地的学术领导机构，对研究基地的长远发展和重大问题进行决策。研究基地必须根据学术委员会的决策，明确发展方向，开展各项活动。研究基地现有学术委员会委员 15 人，任期三年，均是北京教育系统内党建研究领域的知名专家、学者及研究人员，北京市委常委、市委教育工委书记、中关村管委会党组书记、市委秘书长赵凤桐担任学术委员会主任，北京市委教育工委常务副书记刘建担任学术委员会副主任。学术委员会每年召开一次全体会议，由主任或主任委托委员主持，至少半数

以上委员到会。会议召开时对研究基地的如下事宜做出表决：

(1)制定或修改学术委员会章程；

(2)审议研究基地的学术研究方向及中长期研究发展规划；

(3)参与重大项目和其他开放性研究课题的评审并决定资助金额；

(4)参与重大成果的评审鉴定工作；

(5)对研究基地招标及自设课题经费的合理使用提出建议并监督；

(6)协调本学科领域全市和全国性重大学术活动；

(7)聘任研究基地专兼职研究人员及办公室主任、副主任。

会议决议由学术委员会到会人数的过半数通过，决议内容均形成文字材料，记录在案，存档备查。会议决议由主任或指定委员负责监督执行，执行结果不定期向委员会报告。

3. 科研力量配备整合利用情况

研究基地研究人员实行岗位聘任制，由学术委员会决定聘任标准并拟定相关流程，具体聘任工作由研究基地办公室负责落实。目前，首都高校党建研究基地拥有由北航校内专家、学者和党务干部以及北京市教育系统党建研究相关人员组成的40余人的专兼职研究团队，其中拥有正高职称者占85%。在北航党委的高度重视和大力支持下，在合作单位及北航相关部处的通力协作下，正是依托这支一流的党建研究队伍，研究基地培养了一批高素质的学术带头人和中青年学术骨干，开展了诸多高水平的党建学术交流活动，为北京市相关部门提供了兼具理论性与实践性的意见和建议，为把研究基地建设成为首都高校党建研究中心和学术科研中心做出了重要贡献。

(三)研究基地承担各级各类项目情况

首都高校党建研究基地积极承担和参与多项党建研究相关课题的研究工作，成立至今，研究基地常驻研究人员共主持党建相关研究领域的国家社科基金项目1项，北京市哲学社会科学规划重点项目2项，北京市委教育工委首都大学生思想政治教育重点项目1项，省部级国家机关委托课题3项，中央社会主义学院委托课题2项，与企事业等单位合作的横向课题4项，工信部基本科研业务费课题4项，课题经费总计300余万元。这些课题研究不仅深刻分析了党建工作现状和存在的问题、充实了党建理论，而且为相关部门和企事业单位提出了切实可行的改进党建工作的对策和建议，具有较强的理论指导意义和实践意义。更为重要的是，通过党建课题的研究，基地研究人员深入国家政策规划、经济建设和社会发展的第一线，扩大了研究基地的学术影响力和辐射范围，对于吸引更多更优秀的研究人员、获取更丰富的科研学术资源产生了积极的影响。

（四）开展学术活动与学术交流情况

为将首都高校党建研究基地建设成为开放、合作的研究基地，形成“开放流动、内外联合、机制创新”的运行机制，研究基地广泛开展各类交流合作活动。

2010 年 3—5 月，首都高校党建研究基地筹建人员先后赴北京党建研究基地、北京能源发展研究基地等进行实地调研，并就科研课题招标管理、学术成果推广转化等研究基地建设相关问题展开深入研讨。

2010 年 11 月，研究基地派遣 6 名研究人员赴日本与日本执政党民主党进行交流，先后拜会日本民主党中央最高顾问、国会参议院前议长江田五月，及日本民主党中央总部宣传部副部长等数名众议院议员，就执政党的建设理念、组织建设、文化建设、廉政建设与监督体制、民主与权力制约体制等问题展开了深入研讨。

2010 年 11 月，研究基地派遣 2 名研究人员分别赴英国及加拿大进行短期访学，并于 2011 年 5 月邀请加拿大西安大略大学社会学家 David Mac Gregor 教授赴研究基地就马克思主义国家观、社会公共管理前沿问题进行学术交流。

2011 年 6 月、11 月及 2012 年 7 月，研究基地先后分三批共派遣 6 名研究人员赴新加坡考察执政党人民行动党的执政理念、党内民主机制、青年党员培养、廉政建设等问题，并与新加坡国立大学东亚研究所学者就执政党党建理论与实践展开交流研讨。

2011 年 6 月，研究基地与《北京教育》杂志社联合举办首都高校纪念中国共产党成立 90 周年研讨会。相关领导及高校研究人员 30 余人参加会议。与会者就首都高校党组织 90 年来的发展历程和先进经验进行了深入研讨。

2011 年 10 月 28 日，首都高校党建研究基地与北京党建研究基地联合举办“苏共亡党 20 年与中共辉煌 90 年”学术研讨会。出席会议的研究人员共同分析探讨苏共亡党的前因后果，以及当前我党在面临各项重大挑战的背景下如何加强执政能力建设等问题。

2012 年 6 月，研究基地 6 名研究人员赴台湾与台湾国立中山大学政治系研究人员共同就政党理论的前沿问题及两岸政治关系研究等展开交流与探讨。

2012 年 11 月，研究基地与布鲁塞尔自由大学政治学院院长 De Waele 教授及部分教师在北航举办的“布鲁塞尔自由大学日”系列学术交流活动中就执政党建设、苏联共产党亡党及东欧无产阶级政权相继覆灭的根源等问题展开深入全面的探讨。

2012年12月，研究基地再次与《北京教育》杂志社合作，召开“首都高校创先争优　先进基层党组织建设研讨会”，参会高校的党建研究人员和工作者结合本校实际情况，总结了各自学校在基层党组织建设中取得的成绩与尚待加强之处，还就如何在具体工作中深入贯彻落实中国共产党第十八次全国代表大会的精神等问题提出了各自的看法。

此外，研究基地就高校党建基础理论及前沿问题组织召开师生学术沙龙3次，并多次邀请北京市委教育工委、北京市社科规划办的领导、专家及高校党建研究领域的知名学者来研究基地做专题报告。

（五）科研队伍建设与人才培养情况

1. 科研队伍建设情况

首都高校党建研究基地采取国内外引进和研究基地自身培养相结合的方式，培养壮大专职研究队伍；不断聘请党政机关科研机构和各高校党建、思政、管理、哲学等相关专业领域的专家学者作为研究基地兼职研究人员，推动跨专业、跨领域研究；积极开展人员交流，派出研究基地相关人员进行基层考察调研与交流学习；主办学术会议，提供优质的交流平台。

研究基地现拥有由北京航空航天大学校内专家、学者和党务干部以及北京市教育系统党建研究相关人员组成的40余人的专兼职科研团队，思想政治理论学院教师也均作为研究基地研究人员参与各项学术研究工作。成立以来，实施单位思想政治理论学院积极招聘党建研究领域卓有成就的人才以充实科研队伍。2010年至今，共引进3名青年教师，他们均具备扎实的理论功底和卓越的科研潜力，入职以来积极承担研究基地的学术研究与管理服务工作，主持或参与多项党建研究相关课题并发表多篇高水平论文，成果突出；同时，北京航空航天大学于2012年批准设立首都高校党建研究基地专职管理岗，纳入学校行政事业编制，协助研究基地办公室主任开展研究基地科研管理及日常运行事务，具体招聘工作现已由思想政治理论学院落实。

2. 人才培养情况

高校党建工作是高校大学生思想政治教育中不可或缺的一环，它为新时期高层次人才培养提供着重要保障。思想政治理论学院自2011年9月起独立招收培养硕士研究生，目前在读研究生共7名，其中3名跟从导师做党建理论方向的研究与学习，且已有1名现已在学术期刊上公开发表党建研究类论文，2名毕业设计论文均为此研究方向。同时，作为首都高校党建研究基地研究队伍主要成员的思想政治理论学院教师，在面向全校本硕博所有类型学生的思想政治理论课课堂上，始终积极探索将党建研究的最新理论成果融入授课内容中去的方式方法，从而真正使理论教育、思想教育、政治教育、道德教育有的放矢，符合学生成长成才和全面发展的根本要求，服务于中国特色社会主义现代化建设。

(六)科研信息数据平台建设、网页建设情况

2010年5月，首都高校党建研究基地聘用信息技术人员制作了研究基地网站并于同年7月正式上线，网址为http：//ccpb. buaa. edu. cn。该网站集党建动态发布、研究基地自设课题管理、科研信息数据统计、党建研究理论交流等多种功能于一身，包括“新闻动态”、“党的建设”、“文件精神”、“党史长廊”、“关于基地”、“理论研究”、“时代先锋”、“北航新闻”八大板块。网站至今点击率已达万余次。

(七)研究基地的管理制度以及工作运行机制

在首都高校党建研究基地第一次学术委员会全体会议上，委员们讨论通过了研究基地办公室拟定的《首都高校党建研究基地管理办法》、《首都高校党建研究基地学术委员会章程》、《首都高校党建研究基地学术道德规范及管理办法》、《首都高校党建研究基地科研项目管理办法》、《首都高校党建研究基地人员管理办法》、《首都高校党建研究基地财务管理办法》等多项规章制度，委托相关委员督促执行，并将执行结果定期向委员会汇报。其后又补充制定了《首都高校党建研究基地办公用房及物品管理办法》和《首都高校党建研究基地安全管理条例》，构建了较为完善的规章制度体系，以确保研究基地的有序规范运行。

首都高校党建研究基地建设正是以科学制度做保障，强化科研体制改革，日常活动以研究基地办公室、会议室、信息资料室中心和研究基地网站四位一体的运作为载体，逐步形成了“开放流动、内外联合、机制创新”的运行机制，做好人员管理、项目管理、财务管理等方面的工作，并在此过程中将改革创新的精神转化为推进党建研究工作的新理念、新思路和新举措。

(八)研究基地合作单位的协作状况

首都高校党建研究基地现与教育部高等学校社会科学发展研究中心、中国教育电视台、中央党校党建研究部、北京大学、中国人民大学、北京师范大学、首都师范大学7家单位达成合作协议。在过去两年多的时间内，研究基地与7家单位通力协作，在如下方面做出了多项努力和探索，取得了卓有成效的进展。

1. 人员流动互聘

7家合作单位在首都高校党建理论研究领域均有多名具备较高学术影响力和社会知名度的专家，每个合作单位至少有一名学者被聘为研究基地学术委员会成员，不定期地为研究基地建设提出意见和建议，为课题审查、论文评审等提供咨询与服务，与研究基地其他科研人员展开合作和交流。其中一位学术委员会成员，中国教育电视台党委书记兼副台长黄百炼教授还受聘为北京航空航天大学兼职教授，在人才培养与思政课程建设方面也给予研究基地和北航诸多协助。同时，研究基地科研人员也多次短期受聘于合作单位，从事课题研究、报告讲座等学术交流活动。

2. 相互开放资源

研究基地与合作单位均具备较丰富的、开展党建研究所需的各类软硬件资源，包括纸质版及电子版图书期刊、信息资料、各类统计分析数据等，研究基地与合作单位在开展各类科研活动时最大限度地相互开放资源，不仅优化整合了学术资源，而且实现了研究成果共享。

3. 共同开展研究

围绕主要研究领域和近期研究方向，研究基地与合作单位的研究人员组建多支科研团队，共同申报各级各类党建研究领域的基金项目，实现了优势互补。同时团队中的成员在合作过程中相互学习借鉴，对于提高研究基地研究队伍的层次和水平，进一步完善研究队伍的人才结构产生了积极的影响。

(九)研究基地决策咨询与社会服务情况

1. 决策咨询情况

北京高等教育资源和教育地位在全国具有不可替代的唯一性和重要性，

高校党建也要以改革创新的精神切实加强和改进教育系统的党建工作，为首都教育现代化提供强有力的政治、组织和思想保证。首都高校党建研究基地以此为目标，始终以改革创新的精神，根据北京市委、市政府关于首都高校党建工作中长期建设规划的基本要求，主动发现和追踪高校党建工作中的重大问题、热点问题和难点问题，最大限度地聚集和整合全市各方力量，对首都高校党建工作中可能发生和应该防止的问题，展开前瞻性理论研究。两年多来，通过承接各级各类党建研究领域基金项目、委托课题或直接提交研究报告等形式，研究基地及时向政府部门、教育系统和其他组织机构提出有针对性的对策建议，发挥"智库"作用，使研究基地真正成为北京市委、市政府各级管理部门、教育系统、企事业单位在党建理论研究和党建工作决策中的得力助手，为全市的党建工作开展、高等教育发展以及社会经济繁荣提供策略见解与智力支撑。

2. 社会服务情况

研究基地积极为其他国家机关及企事业单位提供服务，为这些机构在基层党组织建设，防治腐败体系建设，以及企业文化与社会主义核心价值体系构建等方面的咨询提供意见和建议，先后与 7 家国家机关及企事业单位以横向课题或委托课题形式展开合作研究，为其党建及文化建设工作的开展提出合理化的分析论证与对策建议，均得到委托方的肯定。其中，2011 年上半年研究基地接受北京市委教育工委委托，承办了"北京高校纪念中国共产党建党 90 周年展览"系列活动。具体活动包括：大型主题展览、党建理论征文和党建理论研讨会。这一系列活动既体现和反映了由于独特的区位优势和密集的人才优势而走在全国党建工作前列的首都高校党建特色和成就，同时也体现了首都高校党建对全国高校党建工作的示范效应和辐射带动作用。

二、研究基地科研水平和科研能力情况

（一）科研创新及突出的研究成果

结合我国高等教育和党建研究发展现状，首都高校党建研究基地围绕既定研究领域和最新研究方向开展了深入研究与探索，并取得了较为丰富的科研成果。

1. 专著《首都高校建设马克思主义学习型党组织研究》

“高校基层党组织建设与创新研究”是研究基地建立之初确立的三大研究领域之一，由于成立之前研究基地研究人员在此领域即已进行过充足的前期研究，因此近两年在学术带头人的带领下，研究基地研究团队对基层党组织建设问题的研究有了更为深入的探索，取得了丰硕的成果：现已获批省部级课题4项，发表论文10篇，印制论文报告集1本，出版学术专著1本。其中，专著《首都高校建设马克思主义学习型党组织研究》是北京市社科规划重点项目“首都高校建设马克思主义学习型党组织研究”的研究成果。研究基地正是以该课题研究为契机，以团队合作的方式，以历史唯物主义方法论为指导，不仅梳理了马克思主义学习型政党建设的理论来源，而且还回顾了我们党思想建党以及重视学习建设的优良传统，结合时代特点和新形势高等教育事业发展的基本规律，概括总结了首都高校开展学习型党组织建设的鲜活经验，初步探讨了高校学习型党组织建设的独特内涵以及进一步推进首都高校建设学习型党组织的实践路径。全书由研究基地研究人员集体合作研究近两年，经过数次研讨而完成，总计20余万字。目前该书已由北京航空航天大学出版社出版，并于2013年年初正式发行。

2.《首都高校庆祝建党九十周年论文集》

为隆重纪念中国共产党成立90周年，全面总结并充分展示北京高校党建的历史与成就，进一步推进首都高校党建理论研究与实践工作的蓬勃发展，2011年，首都高校党建研究基地举办了“北京高校纪念中国共产党建党90周年”系列活动。此次系列活动体现了研究基地整合资源、凝心聚力、整体策划、协同攻关的能力。其中，研究基地和《北京教育》杂志社联合举办“纪念中国共产党成立90周年，推动首都高校党建理论研究工作发展”理论研讨征文，活动受到了北京乃至全国党建研究领域的热切关注，收到来自全国各地的稿件116篇。经专家审查评阅，遴选包括获奖论文在内的42篇论文结集出版，即《首都高校庆祝建党九十周年论文集》(内部发行)。这本论文集中的论文坚持了理论性与实践性、创新性与实用性、广泛性与针对性的统一，注重了理论探讨的前瞻性、指导工作的实用性、方式方法的借鉴性，宣传了新形势下高校加强和改进党的建设及不断推进党的建设科学化的生动实践，宣传了高校党建创新理论，宣传了建设学习型政党的新举措，宣传了创先争优活动中的好形象、好作风、好经验、好典型，具有较强的学术性、可读性、指导性和启示性。其后，研究基地与《北京教育》杂志社共同邀请北京党建研究领域多名专家学者及征文活动获奖作者，组织召开首都高校纪念中国共产党成立90周年研讨会，就首都高校党组织90年来发展历程和先进经验进行深入研讨。

3.《首都高校党建研究报告(2012)》

《首都高校党建研究报告(2012)》是2010—2011年度首都高校党建研究基地的一项重要研究成果。该报告是集体创作的结晶，历时半年，数易其稿，融理论性、实用性和文献性于一体，力求反映并传播首都高校党建的研究成果，系统总结自2010年下半年至2011年年底的理论和实践工作成果，从而为决策机关、首都高校、党建理论和实际工作者提供详实、有效的信息和资料。

(二)科研工作的深入性、拓展性、可持续性

首都高校党建研究基地在第一次学术委员会全体会议上明确三个主要研究领域后，在组建科研团队申报和开展课题研究、培育青年科研骨干、结合世情国情不断调整研究方向等方面做出多项努力与探索，以确保研究基地科研工作的深入性、拓展性和可持续性。

1. 组建科研团队，开展课题研究

目前，研究基地根据自身研究领域，利用优势、整合力量，主要形成了四支科研团队，即以张维维、谭振亚为负责人的高校党委领导与高校党建规律研究团队，以姚小玲为负责人的高校基层党组织建设研究团队，以周燕、高俊梅为负责人的高校预防和惩治腐败体系研究团队，以及以赵义良为负责人的社会主义核心价值体系建设研究团队。这四支队伍均由研究基地常驻科研人员组成，年龄结构与学科结构合理，不同年龄与学科背景的团队成员之间通过协作交流进一步激发科研灵感、启迪创新思维、拓宽研究思路和方法，并在共同申报项目与合作开展课题研究方面取得了重大突破。截至目前，由团队负责人带领，经过团队的共同努力，已获批了相关研究领域各级各类课题19项，经费总额300余万元。

2. 培育青年骨干，提升整体实力

研究基地青年研究人员一般均具有博士学位，接受过开展科学研究的系统训练与学习，他们思维活跃、精力充沛，是研究基地科研队伍中最具活力

的群体，其科研能力的高低对研究基地科研工作的持续发展至关重要。2010年至今，研究基地共引进3名青年教师，他们在首都高校党建理论与实践的研究工作中成果突出。目前，在所获批的党建研究领域课题中，由35岁以下青年科研骨干主持并独立承担的课题达3项。

3. 结合世情国情，不断调整研究方向

当今世界的经济全球化、思想多元化和信息网络化等现象正在对高校党建理论研究与实践工作的开展不断提出新的挑战。经济全球化使人们的竞争效益观念、民主法制思想和开拓创新意识增强，但也诱发了自由主义、拜金主义、享乐主义、利己主义；手机、互联网等新型传播媒介的普及和发展在迅速提高人们感知外部世界信息与知识的能力同时，也犹如一把“双刃剑”，其负面影响着人们的生活方式、价值取向和身心发展。高校师生是现实的和潜在的高层知识分子，掌握系统的现代科学技术知识，有强烈的独立意识、高度的政治热情，对世情、国情和党情的变化体察敏感，经常处于“个人本位”与“社会本位”的矛盾之中，同时又具有巨大社会影响力。所以高校党建研究必须体现出高校的特色，必须适应时代变化，发现新问题，研究新问题，提出新理论，指导新实践。

因此，首都高校党建研究基地在既有研究领域内，又明确了四个主要研究方向：一是首都高校党建与科学发展观研究；二是首都高校基层党组织建设与战斗堡垒作用研究；三是首都高校惩治和预防腐败体系研究；四是社会主义核心价值体系建设的理论与实践研究。四个研究方向的确立，对于十八大后深入系统地研究首都高校党建的理论和实践问题，改善高教领域党的自身建设和提高党的领导能力，对首都今后发展和全国高等教育事业的发展，都具有重要意义。

（三）科研成果转化、智力支持及科研成果的辐射性

1. 科研成果转化和智力支持情况

首都高校党建研究基地两年多来，通过承接各级各类党建研究领域基金项目、委托课题或直接提交研究报告等形式，及时向政府部门、教育系统和其他组织机构提出有针对性的对策建议，积极发挥“智库”作用，使研究基地真正成为北京市委、市政府各级管理部门、教育系统、企事业单位在党建理论研究和党建工作决策中的得力助手，为全市的党建工作开展、高等教育发

展以及社会经济繁荣提供决策咨询与智力支撑。

2. 科研成果的辐射性

研究基地不断整合全市的党建研究资源与科研力量，对当前首都高校党建研究领域的问题展开了深入细致的研究与探索，并取得了丰富的成果。研究基地研究人员的多篇高水平论文发表于党建研究领域排名前列的 CSSCI 期刊，并多次被其他报纸、期刊转载；于 2011 年和 2012 年举办的两次征文活动，受到了北京市乃至全国党建工作者及专家学者的关注，收到来自全国各地的投稿 100 余篇；委托研究基地开展合作研究的政府机关及各行业、各地区的企事业单位达 7 家，有力扩展了研究基地的学术影响力。同时，研究基地研究人员组成的科研团队申报和获批了多项国家级、省部级社科基金项目。

（四）对本领域内学术水平、学科建设、队伍建设与人才培养的影响和作用

1. 对本领域学术水平和学科建设的影响

党的十八大明确提出了“建设学习型、服务型、创新型的马克思主义执政党，确保党始终成为领导中国特色社会主义事业的坚强领导核心”这一党的建设新目标。研究基地不断整合全市党建研究资源与科研力量，对相关问题展开了深入细致的研究与探索，并取得了丰富的成果。研究基地科研人员在党建研究领域排名前列的 CSSCI 期刊上发表了多篇高水平论文，受到业界认可和专注，多次被其他报纸、期刊转载。举办的“北京高校纪念中国共产党建党 90 周年”系列活动，受到了北京市乃至全国党建工作者及专家学者的关注，收到投稿 100 余篇，结集出版了《首都高校庆祝建党九十周年论文集》，深刻总结、全面反映了我国高校党建理论研究和实践创新的经验做法，对推动高校党建理论研究和实践发展发挥了积极作用；接受多家单位委托开展横向课题研究，充分发挥了研究基地服务决策、服务社会的“智库”作用。

2. 对本领域队伍建设与人才培养的影响

为保障学术队伍建设，研究基地每年均研究制订较为详细的年度学术会议及交流计划；鼓励和支持研究基地研究人员参与国内外学术会议；形成学术交流固定机制；制定科研成果奖励制度；制定与相关学术机构和组织的人才交流制度。研究基地通过人才引进、自身培养、校外聘任等多种手段，现已形成了一支 40 余人的结构合理、年龄递补、学科齐全的高素质科研团队。

同时，研究基地还通过党建理论方向的研究培养、面向全校本硕博所有类型学生的思想政治理论课授课，积极探索将党建研究的最新理论成果融入人才培养当中，真正使理论教育、思想教育、政治教育、道德教育有的放矢。研究基地的成立对于依托单位北京航空航天大学的学科建设及人才培养均产生了重要影响。

（五）研究基地以科研为核心，为社会和企业服务的引领作用发挥情况

研究基地在做好教育部、北京市各级各类基金项目科研工作的同时，积极为社会、国家机关及企事业单位提供服务。2011 年上半年研究基地接受北京市委教育工委委托，承办了“北京高校纪念中国共产党建党 90 周年展览”系列活动。具体活动包括：大型主题展览、党建理论征文和党建理论研讨会。这一系列的活动既体现和反映了由于独特的区位优势和密集的人才优势而走在全国党建工作前列的首都高校党建特色和成就，同时也体现了首都高校党建对全国高校党建工作的示范效应和辐射带动作用。

同时，研究基地也为企事业单位在基层党组织建设、防治腐败体系建设，以及企业文化与社会主义核心价值体系构建等方面的咨询提供意见和建议，先后与 7 家国家机关及企事业单位以横向课题或委托课题形式展开 8 项合作研究，为其党建及文化建设工作的开展提出合理化的分析论证与对策建议，均得到委托方的肯定，主要项目信息如下：

（1）姚小玲：“企业文化与社会主义核心价值体系建设”，北京图科展览有限公司委托课题，2012 年；

（2）赵义良：“社会主义核心价值观研究的内涵凝练”，中央社会主义学院委托课题，2012 年；

（3）姚小玲：“北京高校纪念中国共产党建党 90 周年展览”系列活动，北京市委教育工作委员会委托课题，2011 年；

（4）姚小玲：“社会主义核心价值体系建设研究”，鞍山冠华能源股份有限公司委托课题，2010 年；

（5）赵义良：“中华文化传统伦理与社会主义核心价值体系建设研究”，中央社会主义学院委托课题，2010 年；

（6）赵义良：“企业社会主义核心价值体系构建”，航天三院委托课题，2010 年；

（7）高俊梅：“高校党务公开和党内监督问题研究”，北京市委教育工作委

员会、北京市教育委员会、北京教育科学研究院委托课题，2010 年；

(8)王丽："关于机关学习型党组织建设研究"，中国共产党中央机关委员会委托课题，2010 年。

三、以项目研究带动研究基地平台建设情况

(一)对研究基地定位和建设目标实现的自我评价分析

首都高校党建研究基地自成立以来，课题主要来自三个方面：第一，专兼职研究人员积极申请国家社科基金项目、北京市社科规划项目和其他基金课题、招标课题；第二，结合市委教育工委、市教委的工作重点和社会关注的热点问题，自主设立若干课题(部分课题公开招投标)；第三，鼓励有关研究人员带课题进研究基地。上述课题均由研究基地负责人与课题负责人签署协议，明确研究的目标、内容、时限、应取得的成果及其发表和利用的方式，以及研究基地提供的研究条件等。

研究基地积极承担和参与多项党建研究相关课题的研究工作，成立至今，研究基地常驻研究人员共主持党建相关研究领域的国家社科基金项目 1 项，北京市哲学社会科学规划重点项目 2 项，北京市委教育工委首都大学生思想政治教育重点课题 1 项，省部级国家机关委托课题 3 项，中央社会主义学院委托课题 2 项，与企事业等单位合作的横向课题 4 项，工信部基本科研业务费课题 4 项，课题经费总计 300 余万元。2011 年 5 月，研究基地围绕"纪念中国共产党建党 90 周年，推动首都高校党建研究"的主题，面向首都高校，开展首次课题招标活动。本次招标共设 28 个选题方向，收到 15 份招标书，经专家组评审通过 6 项，单项项目资助额度为人民币 3000—8000 元。目前，这批课题均已进入结题验收阶段，获批项目已有 7 篇相关论文发表或收到用稿通知书。

这些课题研究，扩大了研究基地的学术影响力和辐射范围，对吸引更多更优秀的研究人员、获取更丰富的科研学术资源产生了积极影响，基本达到了研究基地成立之初设立的短期目标及建设定位，即"三年内把研究基地建设成为首都高校党建研究中心、现代化的学术与信息交流平台和咨询服务中心，提升全市、全国高校党建工作和党建研究的水平"。

(二)对所在研究领域研究资源整合发挥作用情况的自我评价

经过两年多的努力，研究基地现与7家单位达成合作协议，在人员流动互聘、相互开放资源以及共同开展研究方面进行了多项合作，并和北京党建研究基地、北京能源发展研究基地等建立了密切合作关系，在课题研究与管理、成果推广与共享、学术交流与研讨、信息资源共享等方面达成了共识，在整合首都高校党建研究资源方面取得了卓有成效的进展。特别是不同合作单位及各研究基地研究人员的合作申报和开展课题研究，既能加速科研项目的完成和科研成果的产出，又能提高其完成率和产出率，并大幅提高了其产出成果的质量，同时还有利于合作成员间的相互学习与探讨，对于基地研究人员整体水平的提升产生了积极影响。而合作单位之间定期或不定期的学术沙龙或者交流研讨会，以及学术资源的相互开放，则在一定程度上促进了理论创新的产生，从而成为学科发展的源泉和动力。

(三)研究基地建设在本研究领域中地位作用的自我评价

经过两年多的建设与发展，首都高校党建研究基地逐步提升自身实力、不断扩大学术影响力，目前，已基本成为首都高校党建研究中心、首都高校党建工作和党建研究的学术与信息交流中心。

1. 首都高校党建研究中心

研究基地主要任务就是最大限度地聚集和整合全市各方力量，积极开展高校党建问题研究，主动发现和追踪研究高校党建工作中的重大问题、热点问题和难点问题，对首都高校党建工作中可能发生和应该防止的问题，展开前瞻性理论研究，积极发挥智库功能和作用。下一期建设中，研究基地将以建设成为高校党建理论研究方面具有国内领先水平的研究机构，为首都高校党建工作提供更多理论和智力支撑而努力，并通过逐年的探索和积累，使研究基地继续成为全国党建研究机构中特别是高校党建研究领域中最具影响力的机构。

2. 首都高校党建工作和党建理论的学术与信息交流中心

作为北京市最主要的高校党建研究的学术机构，研究基地担负着吸引、聚集北京市乃至全国高校党建工作和党建研究的各方力量和资源，为发现新问题、解决新问题提供一个学术和工作信息交流平台的重任。研究基地在建设和发展中，充分发挥依托单位北京航空航天大学的工科优势，利用计算机和新媒体技术，搭建具有权威性、专业性和前沿性的信息交流网站。该网站集党建动态发布、研究基地自设课题管理、科研信息数据统计、党建研究理论交流多种功能于一身，包括“新闻动态”、“党的建设”、“文件精神”、“党史长廊”、“关于基地”、“理论研究”、“时代先锋”、“北航新闻”八大板块。未来还将囊括电子交流信息平台、党员管理信息系统、电子资料库、电子公文处理系统和统战、团委等方面的数据库。此网站的建设将极大地推动研究基地高校党建管理工作模式和高校基层党建评估考核手段的创新，并使研究基地通过学术和信息交流，促进各方研究力量更好地开展党建科研工作，必将使研究基地在全国以至国际产生重大影响。

四、研究基地经费使用投入产出绩效分析

（一）研究基地平台条件建设经费投入对实际应用的作用发挥情况分析

自 2010 年 6 月研究基地建立以来，北京市教委共投入专项项目经费 51.41 万元，其中 2010 年拨付 19 万元，2011 年拨付 13.46 万元，2012 年拨付 18.95 万元。市社科规划办共投入专项项目经费 18 万元，其中 2010 年拨付 8 万元，2011 年拨付 10 万元。北京航空航天大学按照相关要求向研究基地拨付了配套建设经费 27 万元，其中 2010 年拨付 10.50 万元，2011 年拨付 4.50 万元，2012 年拨付 12 万元。这些经费用在研究基地平台条件建设经费的支出项目主要包括图书资料费、材料费、设备费、印刷制作费、网站建设维护费、出版及版面费、会议费。在经费使用过程中，研究基地严格遵守上级经费管理办法，以及《首都高校党建研究基地财务管理办法》，遵循研究基地财务管理“坚持制度、量入为出、勤俭节约、提高效益”的基本原则，在学校财务处单独建账，专款专用，并在基地安排专人进行财务管理等工作，进一步规范研究基地的财务行为。

在北京市社科规划办、北京市委教育工委和北京市教委以及北京航空航天大学党委的领导与关心下，上级部门拨付的用于研究基地平台条件建设的经费确保了研究基地建设的如期进行，促进了研究基地的快速发展。经过两年多的建设发展，研究基地现已建立起拥有图书 3000 余册、音像资料 100 余套、国内党建研究类期刊 20 余种的资料室；基础建设到位、设备齐全的研究

基地办公室和小型会议室；信息数据全面完善的信息资料库；集党建动态发布、研究基地自设课题管理、科研信息数据统计、党建研究理论交流多种功能于一身的研究基地网站；以及用于对外宣传及展示的展板、宣传栏等文化平台。

（二）研究基地科研经费投入和使用与研究基地科研成果产出的绩效分析

成立至今，研究基地研究人员通过团队协作、联合申报，现已获批党建研究领域的各级各类基金项目 11 项，经费总计 50 万元，其中国家社科基金项目 1 项，教育部人文社科基金项目 1 项，北京市社科规划项目 4 项，中宣部社会主义核心价值体系构建研究项目 1 项，工信部基本科研业务费项目 4 项，首都大学生思想政治教育研究课题重点项目 1 项。这些项目经费主要用于课题组成员开展课题调研，购买图书资料和耗材，印刷制作课题相关资料，支付成果出版的相关费用，以及课题组聘请的专家咨询费和外部人员劳务费等。依托这些基金项目，研究基地研究人员取得了丰硕成果，包括：发表高水平论文 27 篇，其中 11 篇发表于 CSSCI 期刊，13 篇发表于党建研究领域核心期刊，4 篇发表于北京市社科规划办社科成果选编文集；出版专著 4 部，论文集 3 册，首都高校党建研究报告 1 本；获省部级奖项 2 次；举办国际交流及国际学术会议 7 次、国内党建研究领域学术研讨会 4 次。

随着更多项目的获批及专项研究经费的划拨，对于促进基地良好学术研究氛围的形成、激励青年研究人员的成长成才、加强研究基地相关平台建设，起到了重要的推动作用。

（三）研究基地吸引社会资金投入科研所产生的效益情况分析

2010 年，受北京市委教育工委、北京市教委、北京教育科学研究院委托，研究基地开展“高校党务公开和党内监督问题研究”，委托方划拨经费 5.50 万元。历经一年的探索与研究，研究基地对北京教育系统党务公开及党内监督问题展开了深入分析，向教育主管部门提供了解决对策与建议，并最终呈送研究报告一份，发表高水平论文一篇，圆满完成研究任务。

2011 年上半年，研究基地又接受北京市委教育工委委托，承办了“北京高校纪念中国共产党建党 90 周年展览”系列活动。具体活动包括：大型主题展览、党建理论征文和党建理论研讨会，北京市委教育工委划拨 233.84 万元。活动获得了巨大成功，受到了北京教育及党务系统内的广泛好评。这一系列的活动既体现和反映了由于独特的区位优势和密集的人才优势而走在全国党建工作前列的首都高校党建特色和成就，同时也体现了首都高校党建对全国高校党建工作的示范效应和辐射带动作用。

同时，研究基地也为企事业单位在基层党组织建设、防治腐败体系建设以及企业文化与社会主义核心价值体系构建等方面的咨询提供意见和建议，先后与 7 家国家机关及企事业单位以横向课题或委托招标课题形式展开合作研究，经费共计 285.94 万元。研究基地为这些机构的文化建设及党建工作的开展提出了合理化的分析论证与对策建议，均得到委托方的肯定。

通过委托合作，研究基地与所服务的国家机关及企事业单位依托各自优势，相互结合，形成了良好的人才流动和使用机制，创建了有利于科研骨干和青年研究人员脱颖而出的良好氛围，极大地调动了研究基地研究人员的积极性，为取得更多成果打下基础。

五、研究基地取得的突出成绩与经验

(一)研究基地建设的特色和成绩

1.“北京高校纪念中国共产党建党 90 周年展览”系列活动

2011 年是中国共产党成立 90 周年，是国家“十二五”规划的开局之年，也是北京市高等教育事业科学发展的关键之年。为隆重纪念中国共产党成立 90 周年，全面总结并充分展示北京高校党建的历史与成就，进一步推进首都高校党建理论研究与实践工作的蓬勃发展，根据《中共中央关于中国共产党成立 90 周年纪念活动的通知》(中发[2010]18 号)精神的要求，2011 年，首都高校党建研究基地承办“北京高校纪念中国共产党建党 90 周年展览”系列活动。同年，还与北京党建研究基地联合举办学术研讨会。

(1)大型主题展览。2011 年 6 月 20 日—7 月 5 日，研究基地承办北京高校纪念中国共产党成立 90 周年“信仰与使命”大型主题展览，同时制作反映建党 90 周年以来卓越成果的精美画册和视频光盘，向北京市教育系统、部分高校师生及参观展览人员发放。展览得到了相关领导、高校师生及社会各界人士的高度评价，累计参观人数达万余人。展览结束后，研究基地继续整理展览筹备和展出阶段性相关图片、照片，设计制作了《北京高校纪念中国共产党成立 90 周年主题展览回顾》图册，向合作单位及部分高校进行发放。

(2)首都高校党建理论征文。2011 年 2—5 月，研究基地与《北京教育》杂志社联合开展“纪念中国共产党成立 90 周年，推动首都高校党建理论研究工作发展”理论研讨征文活动，面向全国发布征文通知，并组织有关专家学者对稿件进行评选。活动共收到投稿 116 篇，经评委会专家组审阅评出一等奖 4 篇，二等奖 7 篇，三等奖 13 篇；遴选包括获奖论文在内的 42 篇论文结集出版《首都高校庆祝建党九十周年论文集》。部分优秀论文刊登在《北京教育》(高教版)2011 年第 7—9 期。

(3)首都高校纪念建党 90 周年研讨会。2011 年 6 月 12 日，研究基地与《北京教育》杂志社联合举办首都高校纪念中国共产党成立 90 周年研讨会。相关领导及高校研究人员 30 余人参加会议。与会者就首都高校党组织 90 年来的发展历程和先进经验进行了深入研讨。

(4)“苏共亡党 20 年与中共辉煌 90 年”研讨会。2011 年 10 月 28 日，研究基地与北京党建研究基地联合举办“苏共亡党 20 年与中共辉煌 90 年”学术研讨会。《求是》杂志社研究员、红旗出版社原副总编黄苇町先生受邀出席。会议围绕苏共亡党的前因后果，以及当前我党在面临各项重大挑战的背景下如何加强执政能力建设问题进行了回顾与分析，并就“当前我党干部选拔机制”、“新形势下如何联系群众”、“苏联解体后俄罗斯的发展现状”等问题展开深入探讨。首都高校党建研究基地、北京党建研究基地、北京市委党校党建部和首都师范大学党的建设研究中心的研究人员等参加了研讨会。

2.“首都高校喜迎党的十八大召开”系列学术活动

2012 年是党的十八大召开之年，是实施“十二五”规划承前启后的重要一年，同时也是中国共产党加强队伍建设的“基层组织建设年”。为加强首都高校师生党员的理论学习，更好地促进高校基层党组织建设，推进高校全面发展，以实际行动迎接和庆祝党的十八大胜利召开，研究基地组织举办了“首都高校喜迎党的十八大召开”系列学术活动。活动包括征文与研讨会两部分。

(1)“争创先进基层党组织，喜迎党的十八大召开”征文活动。2012 年 4 月起，首都高校党建研究基地与《北京教育》杂志社联合开展“争创先进基层党组织，喜迎党的十八大召开”征文活动。此次征文活动历时半年，收到全国各地投稿百余篇，经专家审阅评定，遴选优秀文章在《北京教育》(高教版)上予以刊登，并结集出版。

(2)“首都高校创先争优　先进基层党组织建设”研讨会。为进一步加强和改进新形势下基层党组织建设，推动党的建设科学化的新思路、新举措在首都各高校之间交流经验、增进了解，2012 年 11 月 29 日，首都高校党建研究基地和《北京教育》杂志社联合举办了“首都高校创先争优 先进基层党组织建设”研讨会。征文活动的部分获奖论文作者、首都高校党建研究基地研究人员、《北京教育》杂志社部分领导、首都各高校从事党建研究的专家学者及部分组工人员参加了会议。与会人员结合实际情况，总结了各自学校在基层党组织建设中取得的成绩与尚待加强之处，并就如何在具体工作中深入贯彻落实十八大精神等问题，以及各自学校基层党组织在创先争优活动中采取的新做法、取得的好成效进行了交流。

（二）研究基地的典型经验

1. 结合理论研究热点，彰显首都高校党建活动的时代性

自 2010 年 9 月揭牌以来，首都高校党建研究基地始终以改革创新的精神面貌、思维方式、思想作风和工作方法，在探索首都高校党建研究的新思路、全面推进首都高校党建工作科学化方面取得了一定成绩。研究基地认真贯彻落实上级最新精神，组织广大专家学者围绕高校党建的热点、难点问题，开展调查研究，举办理论研讨会，进行学术交流，组织高校系统党建征文、经验交流等活动，积极为北京市委、市委教育工委、高校党委提供党建咨询服务，在促进北京高校党建工作经验交流、推进北京高校党建理论研究和实践创新等方面积极开展工作，为北京高校党建工作提供了有力的智力支持。

特别是 2011 年和 2012 年，研究基地高举中国特色社会主义伟大旗帜，深入贯彻落实科学发展观，以纪念中国共产党成立 90 周年和迎接党的十八大召开为契机，积极开展创先争优的理论研究及实践活动、承办中国共产党成立 90 周年系列活动、组织迎接党的十八大召开系列学术活动，努力提高北京高校党建工作科学化水平，在推进北京高校党建理论研究和实践创新等方面发挥了积极的作用，为首都高等教育事业科学发展提供了坚强的保障。

2. 依托首都区位优势，体现首都高校党建活动的独特性

首都高校是首都最具有人才优势的地方，凝聚了大量高层次、高素质人才，能够为促进首都建设和发展提供重要的精神动力和智力支持。首都高校的党建活动和理论研究也由于首都独特的区位优势而对全国高校党建活动和理论研究产生辐射和示范作用。首都高校党建研究基地整合首都高校的人才优势和区位优势，在组织开展党建活动和课题研究时，注重突出首都特色，体现北京高校党建活动的独特性。

3. 加强制度建设，实现研究基地发展的规范性

管理制度是研究基地科研工作正常开展的保障，为研究基地的建设与发展营造健康有序、公正平等的良好环境，促使研究基地的运行与管理步入科学、规范、有序的发展轨道。研究基地自成立以来，先后制定了《首都高校党建研究基地管理办法》、《首都高校党建研究基地学术委员会章程》、《首都高校党建研究基地学术道德规范及管理办法》、《首都高校党建研究基地科研项目管理办法》、《首都高校党建研究基地人员管理办法》、《首都高校党建研究基地财务管理办法》等多项规章制度，构建了较为完善的规章制度体系，以确保研究基地的有序规范运行。

4. 借鉴其他研究基地先进经验，寻求研究基地建设的规律性

为将首都高校党建研究基地建设成为开放、合作的研究基地，形成“开放流动、内外联合、机制创新”的运行机制，首都高校党建研究基地广泛开展同其他研究基地的交流合作活动，以借鉴其他研究基地建设的先进经验，寻求研究基地建设的规律性。

在研究基地成立之前及建设发展之初，基地办公室主任姚小玲及部分研究人员分赴北京能源发展研究基地和北京党建研究基地进行参观交流。两家研究基地均成立较早，聘请了中央和北京市委有关部门的负责人、首都重点高校的著名专家学者任顾问，聘请了首都一批优秀中青年专家任特约研究员。两家研究基地在建设管理和科研学术方面均有丰硕成果和丰富经验，这为刚刚成立的首都高校党建研究基地提供了参考和借鉴。在其后的建设中，首都高校党建研究基地科研与管理人员还多次与这两所研究基地的管理和研究人员就研究基地建设与管理、科研学术活动开展、国内外交流与合作、课题申报与成果推广等多方面问题展开交流与探讨。

六、研究基地建设存在的问题与解决办法

（一）目前研究基地科研平台建设中存在的主要问题

1. 主观问题

一是科研能力需要进一步加强。对重大基础理论问题关注不够，立足大局、立足长远的深入扎实的基础理论研究不足；与实际结合不够紧密，在准

确把握政府和社会关注的重点问题方面尚需努力。二是制度建设有待继续完善。目前研究基地已经制定了关于学术委员会、科研项目、学术道德、人员、财务、办公用房及物品、安全管理等多项管理办法，但随着研究基地规模的逐渐扩大和各类科研、管理活动的日益频繁，关于国际国内学术交流、学术会议以及与企事业单位合作开展研究等活动的管理制度尚需补充完善。

2. 客观问题

一是办公用房面积不足。目前，除办公室和信息中心外，其他办公用房基本与北京航空航天大学思想政治理论学院办公用房混用，缺少供研究基地专兼职人员开展科学研究、学术交流、会议研讨等活动的独立用房。这一问题在研究基地举办大型会议、承接重点项目(如2011年的“纪念中国共产党建党90周年系列活动”)时尤其突出。未来工作中，首都高校党建研究基地要成为开放的一流研究基地，就必须加强基本办公条件建设。

二是无专职研究人员编制。研究基地一般都以课题为纽带组建科研团队，而缺少专职研究人员编制，则只能聘用兼职研究人员，兼职研究人员基本是教育系统、各大高校的从事党建研究的教师或学者，因其还需顾及本职工作的职称、聘岗、授课、专业归属等问题，很难全身心投入到研究基地工作中。

(二)进一步搞好研究基地平台建设的设计和对策

面对过去建设和发展中遇到的问题，研究基地确立了下一个建设周期内的发展重点：一是提升党建研究的理论化、信息化和科学化水平。研究基地将积极按照北京市教工委要求，深入开展首都高校党建的信息统计、数据分析、文献整理和理论研究工作，整合资源，文理交叉，为首都高校党建工作的科学决策提供理论支撑。二是确立首都高校党建研究学术年会和专题研讨会制度。三是充分利用首都高校党建研究会的平台，发挥专家、学者的作用，从理论和实践层面提出建设性意见。四是立足于研究基地，整合资源，加强合作，扩大影响，促进成果转化。研究基地将立足于研究基地，整合首都高校党建研究人员的力量，继续强化与教育行政系统、各高校、各党建研究学术组织及社会企事业单位的合作，并继续开展与国内外同行间的交流合作，加强知识转化、传播与创新，努力拓展优秀科研成果的宣传推介渠道，为首都高校党建工作服务、献计献策。

具体而言，将做好如下工作：

(1)出版《首都高校党建研究年度报告》。该报告旨在突出理论性、实用性和文献性，内容涵盖研究基地自成立以来的首都高校党建理论研究综述、重要文献汇编、先进经验总结及高校党建大事记等。该报告目前已完成编写工作，共计 22 万字，现正报北京市委教育工委审核，预计近期出版。

(2)全面启动首都高校党员教师和学生的滚动性数据调查研究。目前研究基地已指定专门研究人员负责该项工作，研究需要的各项数据正在与北京市委教育工委沟通，确保研究工作顺利开展。

(3)加强与北京党建研究基地的学术交流合作。北京党建研究基地是依托北京市委党校建立的首批北京市哲学社会科学研究基地之一，以北京市党建为主要研究任务，在研究基地建设及学术科研工作开展方面积累了丰富的经验。

(4)继续做好研究基地自设课题招标评审工作。在总结 2011—2012 年度课题招标与评审工作基础上，进一步改进课题管理机制，扩大招标范围和学术影响力。预计明年上半年，研究基地将围绕“中共十八大高校党建理论研究”的主题，面向首都高校，开展课题招标活动。

(5)完善研究基地网站建设和后台信息管理工作。目前研究基地网站实时发布各类党建动态、课题信息，运转良好，管理到位。明年将升级网站管理软件和服务器等硬件设备，指定专人负责定期更新网站内容，不断规范后台信息管理工作。

(6)继续大力支持研究基地研究人员申报北京市社科规划办及其他各级各类党建研究课题。

同时，为保障学术队伍建设，研究基地每年均研究制订较为详细的年度学术会议及交流计划；鼓励和支持研究基地研究人员参与国内外学术会议；形成学术交流固定机制；制定科研成果奖励制度；制定与相关学术机构和组织的人才交流制度。

七、研究基地建设下一阶段的设想

(一)对研究基地作为科研平台作用的认识和把握

在第二期的三年建设里，首都高校党建研究基地在推进北京高校党建理论研究和实践创新等方面发挥了积极的作用，为首都高等教育事业科学发展提供了坚强的保障。未来建设发展中，我们将继续坚持对内发挥研究基地自身专家学者的学术实力，对外以招投标的方式，设计并实施重大科研课题的年度和长期规划，打造研究基地的学术实力；通过召开党建研究年度专题研讨会，主办全国高校党建研究高层年度论坛或双年论坛等活动，树立研究基地在全市和全国的威信，逐步把研究基地建设成为引领全国高校党建研究领域的发展方向、有重大学术影响力的科研—交流—咨政—培训平台，成为覆盖全国高校党建工作和党建研究各种力量、代表全国最高研究水平、在国际上有重大影响力的高校党建研究基地。

（二）研究基地继续建设的思路与目标

总结经验、开拓思路。目前，首都高校党建研究基地在未来发展中确定了“坚持一个目标”、“抓住二个领域”、“落实三个到位”、“保证四个重点”和“发挥五个作用”的建设目标。“坚持一个目标”就是研究基地要为首都高校党建研究、理论创新服务；“抓住二个领域”就是紧紧围绕理论研究和对策研究两个领域开展理论创新；“落实三个到位”就是研究基地的研究项目要到位、管理体制要到位、人才资源要到位；“保证四个重点”就是研究基地的管理体制要创新、研究成果要实效、交流合作要深入、信息平台要专业；“发挥五个作用”就是要发挥研究基地的研究中心、学术交流中心、人才培养中心、咨询服务中心和信息资料中心的重要作用。

在党建研究中，研究基地将继续发扬优良传统，秉承务实求真、开拓创新的精神，做到凝练研究方向，突出优势特色，发挥辐射影响作用；牢牢把握为首都经济社会发展服务这一主线，关注发展过程中可能碰到的、急需解决的重大问题，敢于正视改革、发展、稳定中遇到的关键问题，及时发现和主动追踪北京高校党建工作中的热点、难点问题，做到学以致用、研以致用。

根据首都高校党建工作的实际，研究基地近期要着力研究首都高校党建与科学发展、首都高校基层党组织建设与战斗堡垒作用、高校惩治和预防腐败体系、先进文化与和谐校园建设以及社会主义核心价值体系建设五个方面的重大问题。争取在下一个建设周期内，真正使首都高校党建研究基地成为科学研究和人才培养的大本营、孵化器、试验田和主阵地。

首都大学生思想政治教育研究基地一期建设报告

北京作为首都和全国的政治中心，思想政治教育工作一直受到北京市委、市政府和市委教育工委的高度重视，这也是建设人文北京乃至世界城市的重要内容。首都大学生思想政治教育研究基地(以下简称“研究基地”)是依托北京交通大学人文社会科学学院(马克思主义学院)建立的北京市哲学社会科学研究基地之一。自 2010 年 11 月 4 日该研究基地正式成立以来，不但有效整合了学校、学院内部和外部首都大学生思想政治教育专家的力量，而且有效地借助了相关政府部门和学校、学院的学科优势资源。通过三年建设，首先，研究基地加强对新形势下首都大学生思想政治教育前沿问题的研究，推动首都大学生思想政治教育理论创新，取得了丰硕的研究成果，为首都高校加强和改进大学生思想政治教育提供有力的理论支撑和实践模式，为首都经济社会发展提供理论支撑与思想保证；其次，研究基地有力地带动了科研课题的增加，对课题研究起到了孵化作用；最后，研究基地有力地推动了学科建设和人才队伍建设，促进了科研基础条件和支撑条件的改善。

一、研究基地建设的基本情况

(一)研究领域、研究方向和建设目标

1. 研究领域

研究基地成立初始，主要研究领域确定为两个：一是大学生思想政治教育理论问题研究；二是大学生思想政治教育实践问题研究。为更好地满足北京市经济社会发展的需要，又增加了社会主义核心价值观教育研究、意识形态研究、马克思主义理论一级学科建设与思想政治理论课课程建设、生态文明与生态伦理等领域的专项问题研究。

2. 研究方向

(1)大学生思想政治教育理论问题研究，其研究方向主要包括：

①社会主义核心价值体系教育与研究：研究社会主义核心价值观的教育、认同。

②大学生思想政治教育内容与方法创新问题研究：研究探索新的历史条件下大学生思想政治教育内容、方法和机制的创新问题。

③大学生思想政治教育实效性问题研究：研究探索新时期大学生思想政治教育的发展趋势，探究大学生思想政治教育领域发展、形态发展和功能转化的基本样态，提供相应的发展对策和发展战略。

④大学生思想政治教育效益评估问题研究：研究探索新时期大学生思想政治教育的效益构成、效益评价标准、效益评价指标体系等问题。

⑤大学生思想政治教育比较研究：分析国外思想政治教育的做法和经验，比较中外大学生思想政治教育的异同点，探索研究思想政治教育的普遍性规律。

(2)大学生思想政治教育实践问题研究方向主要包括：

①首都大学生政治信仰、政治态度研究：结合首都大学生实际，开展首都大学生政治信仰、政治态度现状调查与分析，研究其政治信仰的形成机制及将政治信仰教育融入大学生思想政治教育全过程的方式、方法和途径等。

②首都大学生志愿服务与个体道德培育研究：追踪调查、分析研究志愿服务作为思想政治教育新的实践载体的功能与作用，探讨志愿服务促进个体道德认知和高尚品质形成的内在机制。

③首都高校和谐校园建设研究：创新高校维护稳定的工作体制与运行机制、研究大学生心理健康和生命观教育模式、研究大学生就业与创业中的思想政治教育功能等。

④首都大学生网络思想政治教育研究：通过大学生网络思想政治教育现状分析，开展网络思想政治教育内容与接受、过程管理、网络传播“把关”及反馈、教育效果等问题的研究。

经过一期三年建设，形成了以颜吾佴教授和何玉芳教授为学术带头人的思想政治教育理论研究方向；以韩振峰教授为学术带头人的社会主义核心价值体系研究方向；以路日亮教授和刁志萍教授为学术带头人的生态文明与生态伦理研究方向；以林建成和刘秀萍教授为学术带头人的意识形态研究方向；以荆学民教授和施惠玲教授为学术带头人的政治信仰研究方向；以陈树文教授和刁志萍教授为学术带头人的消费价值观研究方向等研究力量。

3. 建设目标

通过3—5年的努力，精心搭建“五个平台”，着力推出一批有影响力、有突破的重大科研成果，培养和聚集一批有潜力、有实力的大学生思想政治教育人才，使研究基地成为首都大学生思想政治教育人才聚集中心、前沿问题研究中心、资料数据中心。

(1)构建科学研究平台。依托研究基地，汇聚、整合首都高校思想政治教育研究力量，合理制定科研规划，组建科研团队，积极进行高水平项目论证、申报及研究；瞄准思想政治教育理论与实践中的重点、难点、热点问题，开展课题攻关，取得有较大影响力的、具有时效性与实效性的研究成果。将研究基地打造成有队伍、有项目、有成果的科研平台，为首都大学生思想政治教育的持续稳定发展提供支持。

(2)搭建学术交流平台。有效加强首都大学生思想政治教育实践工作者和理论工作者两支队伍的交流协作、优势互补，定期举办首都高校德育论坛，就首都大学生思想政治教育前沿问题进行学术交流；通过对滚动调查报告的进一步研究，定期通报首都大学生思想政治教育实践中的热点、难点问题，为首都大学生思想政治教育学术交流提供条件。

(3)搭建人才培养平台。通过研究基地的科研、学术交流及培训等活动，培养有潜质、有影响力的大学生思想政治教育中青年学术骨干，为首都大学生思想政治教育的发展提供人才支持。

(4)建设咨询服务平台。积极跟踪思想政治教育领域的研究动态，努力贴近首都大学生思想政治教育实际，密切关注实际工作中的重点、难点和热点问题，定期就首都高校大学生的思想政治状况的滚动调查开展专题研究，为北京市委教育工委、市教委等党政机关决策提供服务，为相关院校提供咨询。

(5)建设基础数据和网络平台。充分利用现代化信息手段，对北京市高校思想政治教育资源数据进行收集整合和系统优化，形成北京市思想政治教育科研资源共享的基础性平台。建立首都大学生思想政治教育科研网，该网站将包括“研究动态”、“最新成果”、“理论前沿”、“文献资料”、“课题招标”、“学术论坛”等内容，为首都大学生思想政治教育科研人员获取信息、开展研究、进行学术交流提供帮助。

(二)研究基地组织机构、学术委员会的作用

首都大学生思想政治教育研究基地负责人为北京交通大学党委副书记、思想政治教育学科博士生导师颜吾佴教授；研究基地首席专家和学术委员会主任、研究基地常务副主任，马克思主义中国化学科博士生导师韩振峰教授；研究基地常务副主任为首都大学生思想政治教育研究中心副主任寇红江；研

究基地办公室主任为北京交通大学人文社会科学学院思想政治教育专业博士生导师何玉芳教授。

研究基地构建于北京交通大学人文社会科学学院 4 个实体教研室、1 个马克思主义理论一级学科、1 个马克思主义理论一级学科博士后流动站、1 个北京市思想政治教育重点学科、1 个首都大学生思想政治教育研究中心、1 个思想政治教育现代化研究所、2 个刊物(《北京交通大学学报(社会科学版)》、《北京教育(德育版)》)、2 个北京市级精品课程("思想道德修养与法律基础"、"马克思主义基本原理概论")等基础之上。为协调研究基地与各个教研室、所和中心之间的关系，研究基地目前有相对独立的科研办公室和图书资料室以及兼职人员。

研究基地设有专门学术委员会。学术委员会是首都大学生思想政治教育研究基地的最高学术机构，研究基地在学术委员会的组建上，坚持"中青年为主、多学科交叉"的原则，做到年龄结构、专业结构和知识结构合理，综合性强，在整体上具备雄厚的科研实力，富有创新意识和协作精神。其作用是：制定研究基地的中期和长期发展规划；把握研究基地的科研方向，对研究基地的研究项目立项、中期考核和终期研究成果做出学术鉴定；监督研究基地的学术活动；指导研究工作。

表 1　北京交通大学首都大学生思想政治教育研究基地学术委员会

学术委员会主任	韩振峰	所在单位	人文社会科学学院
职务、职称	教授	联系电话	51688664
有无学术委员会章程	有		
学术委员会成员基本情况			
姓名	职务、职称	所在单位	学术专长
王树荫	院长、教授	首都师范大学	思想政治教育
叶　龙	处长、教授	北京交通大学	
吴潜涛	教授	清华大学	思想政治教育
张瑞萍	教授	北京交通大学	
张雷声	教授	中国人民大学	马克思主义基本原理
狄　涛	处长	中共北京市委教育工作委员会	
林建成	教授	北京交通大学	马克思主义理论
祖嘉合	教授	北京大学	思想政治教育

续表

荆学民	院长、教授	中国传媒大学	政治信仰
韩振峰	院长、教授	北京交通大学	马克思主义中国化
颜吾佴	校党委副书记、教授	北京交通大学	思想政治教育

(三)研究基地承担项目情况

研究基地自2010—2012年一期建设以来，在研究基地这个研究平台上一共承担各类横向、纵向课题共93项，总经费560.05万元。在纵向课题中，国家级项目6项，经费总额为49万元；教育部等省部级项目22项，经费总额为159.20万元；北京市项目共29项，经费总额为232.55万元；研究基地自设项目12项，经费总额为16万元；中央高校基本科研业务费项目等研究项目17项，经费总额为50.30万元。横向课题5项，经费总额为62万元。

三年来，研究基地在项目级别和研究水平方面有新的突破，在为北京市委、市政府等党政机关以及有关国有企业提供决策参考、咨询服务方面也有新的突破。

1. 科学研究情况

依托研究基地，科研课题数量明显增加。研究基地对课题研究起了孵化作用，并在研究基地这个广泛合作的平台成功申报了较高级别的科研项目。

表2 承担国家级的研究项目 经费总额：49万元

序号	课题名称	课题来源	课题编号	起止时间	经费（万元）	负责人
1	生态文化与生态文明建设理论与实践研究	国家社科基金项目	L12N00010	2012.06—2014.12	15	路日亮
2	政治传播中中西核心价值观嬗变过程与趋势比较研究	国家社科基金子项目	11&ZD075	2011.10—2014.06	6	施惠玲
3	马克思主义大众化语境中的思想政治教育话语变革研究	国家社科基金青年项目	08JC710001	2010.07—2013.06	10	吴琼

续表

序号	课题名称	课题来源	课题编号	起止时间	经费（万元）	负责人
4	社会主义核心价值体系引领社会思潮的路径研究	国家社科基金项目		2007.10—2010.06	9	王建国
5	中国少数民族哲学史子课题之一：《赫哲族哲学思想史》	国家社科基金重大项目	10&ZD059	2010.12—2015.05	5	何玉芳
6	中国节日志子课题之一：《赫哲族乌日贡》	国家社科基金特别委托项目	09@ZH013	2009.05—2011.10	4	何玉芳

表3　承担教育部等部委研究项目　经费总额：159.2万元

序号	课题名称	课题来源	课题编号	起止时间	经费（万元）	负责人
1	基于网络舆情研判的高校群体性事件预警与网上应急处理	教育部重大项目	08WL1101	2009.01—2011.01	8	高福廷
2	十六大以来中国共产党的理论创新研究	教育部重大项目	2009JJD720018	2009.09—2012.09	20	张雷声
3	隐性思想政治教育视角下高校马克思主义大众化实现路径研究	教育部“专项任务”	11JD710040	2011.09—2012.07	2	陈树文
4	党的先进性建设的历史经验及时代要求	教育部“专项任务”	L10C1100030	2010.07—2011.05	2	韩振峰
5	社会主义核心价值体系科学性研究	教育部“专项任务”	10JDJNJD013	2010.08—2011.08	2	郝潞霞
6	科技风险引发的文化冲突问题及对策研究	教育部“专项任务”	L09C1100010	2009.07—2011.07	5	邬晓燕

续表

序号	课题名称	课题来源	课题编号	起止时间	经费（万元）	负责人
7	生态文化与生态文明建设研究	教育部规划	L09C700020	2009.05—2012.12	7	路日亮
8	当代中国社会主义意识形态话语发展研究	教育部规划	11YJA710011	2011.10—2014.12	8	郝潞霞
9	马克思与青年黑格尔派关系再考察——《神圣家族》文本学研究	教育部规划	11YJA720016	2011.10—2014.10	9	刘秀萍
10	高校网络舆情引导规律与措施研究	教育部	O10C00020	2010.07—2011.06	0.2	高艳
11	学生学业和职业生涯规划设计的研究与实践	教育部专项		2007.10—2010.10	1	蔡红建
12	人文关怀视阈下思想政治教育范式转换新探	教育部	L09C00010	2008.11—2010.11	5	吴琼
13	科学发展观视野下的高校宣传思想工作创新研究	教育部专项	L09C00050	2009.05—2010.05	3	林建成
14	大学生志愿服务活动长效机制建设研究	教育部		2009.11—2011.12	3	寇红江
15	人的生命价值研究	教育部人文社科“青年基金项目”	L11CQ00010	2010.11—2011.12	7	王定功
其他部委研究项目						
16	促进经济稳定发展立法	国家发改委		2009.07—2011.07	27	孔 琳
17	新进国家公务员胜任能力和素质研究（二）	国家公务员局		2009.01—2010.12	10	何玉芳

续表

序号	课题名称	课题来源	课题编号	起止时间	经费（万元）	负责人
18	历次科技革命经验借鉴研究	科技部“其他项目”		2011.04—2012.04	5	魏发辰
19	科技园区发展模式研究	科技部“其他项目”	L09B400010	2009.08—2011.07	7	刘建生
20	信息及产业发展趋势对经济增长的贡献	国务院经济普查办（一般）	L10I00020	2010.03—2010.09	8	刘建生
21	信息及相关产业民营企业发展状况及影响	国务院经济普查办（一般）	L10I00030	2010.03—2010.09	5	刘建生
22	我国地区科技指标体系与数据库设计	科技部委托项目	2012SE—0303	2012.08—2013.08	15	刘建生

表4　承担北京市社科规划办、市教工委、市教委研究项目

经费总额：232.55万元

序号	课题名称	课题来源	课题编号	起止时间	总经费（万元）	负责人
北京市社科规划办项目						
1	社会阶层分析与首都和谐社会建设	北京市社科规划办一般项目	O09HZ00010	2009.12—2011.07	5	颜吾佴
2	党的先进性与纯洁性建设的历史进程及基本经验研究	北京市社科规划办重点项目	12KDA007	2012.05—2014.06	8	纪淑云
3	北京精神与社会主义核心价值体系研究	北京市社科规划办一般项目	12KDB001	2012.05—2013.12	5	韩振峰
4	以社会主义先进文化为动力推进北京市学习型党组织建设研究	北京市社科规划办一般项目	12KDB027	2012.05—2014.06	5	陈树文

续表

序号	课题名称	课题来源	课题编号	起止时间	经费（万元）	负责人
5	当代青年政治态度与党的执政基础研究	北京市社科规划办一般项目	12KDB014	2012.05—2014.07	5	何玉芳
6	国际化与思想政治教育学科创新发展研究	北京市社科规划办一般项目	11KDB011	2011.10—2013.06	5	欧阳林
7	马克思与黑格尔、费尔巴哈关系再研究	北京市社科规划办一般项目	11ZXB003	2011.06—2014.05	5	刘秀萍
8	知识社会成果引入大学生思想政治教育领域研究	北京市社科规划办一般项目	11zyb004	2011.07—2013.07	5	林建成
9	消费社会对中国的影响及北京市民消费观念调查研究	北京市社科规划办一般项目	L11HZ0030	2010.09—2012.12	5	路日亮
10	社会主义核心价值体系问题研究	北京市社科规划办重点项目	L11HZ00010	2010.09—2012.05	8	韩振峰
11	建设世界城市背景下首都“90后”大学生消费观研究	北京市社科规划办重点项目	L11HZ00020	2010.09—2012.09	8	刁志萍
北京市委教工委						
12	思想政治教育学科建设的创新及实践研究	北京市委教工委	L09I00050	2009.04—2010.12	8	颜吾佴
13	思想政治理论课中社会思潮引领的基本原则、基本思路和方式方法研究	北京市委教工委	L11H200020	2011.03—2012.03	1.5	林建成

续表

序号	课题名称	课题来源	课题编号	起止时间	经费（万元）	负责人
14	马克思主义大众化网络传播路径研究	北京市委教工委	L11H200040	2011.03—2012.05	0.5	段海超
15	“90后”大学生政治价值观的特征及教育对策研究	北京市委教工委	L11H200010	2011.04—2012.03	0.5	郝潞霞
16	首都大学生思想状况跟踪调研	北京市委教工委	L11H200030	2011.03—2012.05	4	寇红江
17	思想政治教育网络传播实践中的困境与破解研究	北京市委教工委	L10H200010	2010.05—2011.05	1.5	欧阳林
18	首都大学生生命观状况调查研究	北京市委教工委		2010.06—2011.06	6	寇红江
19	日常思想政治教育视角下的马克思主义大众化传播研究	北京市委教工委	BJSZ2012YB16	2012.05—2013.04	1.5	陈树文
20	高校思想政治理论课教育目标实现过程多样化的学术思考	北京市委教工委	L10H200020	2010.04—2011.04	0.5	陈树文
北京市教委及共建项目						
21	思想政治教育学科建设的创新及实践研究	北京市教委	共建项目	2009.06—2011.12	8	颜吾佴
22	“05方案”实施以来思想政治理论课存在问题及对策研究	北京市教委	共建项目	2012.03—2012.12	10	韩振峰
23	提高大学生思想政治教育质量　促进人才培养一体化建设	2012年北京市教委	共建项目	2012.11—2013.05	47.55	高艳

续表

序号	课题名称	课题来源	课题编号	起止时间	经费（万元）	负责人
24	思想政治理论课实效性研究	2009年北京市教委共建项目	L09I00110	2009.11—2011.05	50	王建国
25	理工科大学马克思主义理论学科研究生培养的若干问题研究	北京市与交大共建产学研联合培养研究生基地	共建项目子课题	2011.07—2012.12	5	林建成
北京市委社工委等其他项目						
26	全面推进社会诚信建设研究	北京市委社工委		2012.05—2013.05	10	颜吾佴
27	高校思想政治理论课教育目标实现过程多样化的学术思考	北京市自然科学基金	L10H200020	2010.04—2011.04	1	陈树文
28	研究确定《北京市电力设施保护办法》(委托项目)	北京市发改委	L10I00010	2010.02—2010.07	8	张艳红
29	三河镇经济社会发展战略研究	国家发改委		2009.04—2010.04	5	施惠玲

表5　北京市及其他省市横向课题项目　　经费总额：62万元

序号	课题名称	课题类型	课题编号	起止时间	金额（万元）	负责人
1	落实科学发展观，实现以人为本，构建和谐社会在城乡规划中的运用研究	重庆市地方政府规划项目		2009.07—2010.12	10	陈树文
2	北京市电力公司电费法律风险防范救济体系建设研究	北京电力公司	LX11002	2009.03—2011.03	5	张艳红
3	宣武区土地利用潜力和策略研究(委托项目)	北京市原宣武区	L10I00040	2010.06—2011.06	5	朱晓菊

续表

序号	课题名称	课题来源	课题编号	起止时间	经费（万元）	负责人
4	华北地区电力行政许可督查员管理办法研究	华北电监局	KEL11025530	2011.06—2012.03	6	张艳红
5	北京市电力需求侧管理试点城市综合能力建设方案研究子课题	北京市节能环保中心	KEL12020530	2012.07—2013.05	27	张艳红

表6　研究基地自设项目　　经费总额：16万元

序号	课题名称	课题类型	课题编号	起止时间	金额（万元）	负责人
1	首都大学生生命价值观教育研究	基地自设重点项目	11SZA001	2011.05—2012.12	2	路日亮
2	知识社会学视角下的大学生思想政治教育研究	基地自设重点项目	11SZA003	2011.05—2012.12	2	林建成
3	面向风险社会的大学生科技伦理教育研究	基地自设一般项目	11SZB003	2011.05—2012.12	1	邬晓燕
4	儒家思想与创新理工科大学生思想政治教育	基地自设一般项目	11SZB004	2011.05—2012.12	1	孔德立
5	北京市大学生网络道德素养及其教育现状的实证研究	基地自设一般项目	11SZB005	2011.05—2012.12	1	李志强
6	大学生对于社会主义核心价值体系认同问题研究	基地自设一般项目	12SZB006	2012.03—2012.12	1	吴　琼
7	大学生生态价值观教育研究	基地自设重点项目	12SZA002	2012.03—2012.12	2	陈树文
8	首都高校青年教师队伍思想动态与行为趋向研究	基地自设重点项目	12SZA004	2012.03—2012.12	2	何玉芳

续表

序号	课题名称	课题来源	课题编号	起止时间	经费（万元）	负责人
9	思想政治教育视域下的道德与法律冲突研究	基地自设一般项目	12SZB001	2012.03—2012.12	1	杨德才
10	多元文化背景下大学生社会主义核心价值体系教育研究	基地自设一般项目	12SZB002	2012.03—2012.12	1	郝潞霞
11	“05方案”实施以来“中国近现代史纲要”课存在的问题及对策研究	基地自设一般项目	12SZB007	2012.03—2012.12	1	王玉萍
12	儒道人学的利弊与当代大学生的人格建构	基地自设一般项目	12SZB008	2012.03—2012.12	1	宋　颖

表 7　中央高校基本科研业务费项目等研究项目

经费总额：50.3 万元

序号	课题名称	课题来源	课题编号	起止时间	总经费（万元）	负责人
1	思想政治教育专业博士生培养模式研究	北京交通大学研究生院	教改项目	2009.08—2012.02	2	林建成
2	全球化背景下中国政治传播影响力研究	北京交通大学		2010.07—2013.05	10	荆学民
3	高校学生党建工作中贯彻社会主义核心价值体系的路径研究	北京交通大学党委组织部	DJ2009C03	2009.11—2010.10	0.5	郝潞霞
4	大学生志愿服务与思想道德建设课题研究报告	北京交通大学学生处		2010.06—2011.06	0.5	何玉芳
5	“90后”大学生政治价值观的特征及教育对策研究	北京交通大学学生处		2010.06—2011.06	0.5	郝潞霞

续表

序号	课题名称	课题来源	课题编号	起止时间	经费（万元）	负责人
6	多元文化背景下大学生社会主义核心价值体系教育研究	中央高校基本科研业务费项目	L10JB00020	2009.12—2011.12	2	郝潞霞
7	基于知识管理的企业学习型组织构建研究	中央高校基本科研业务费项目	L11L00020	2011.08—2013.08	15	段海超
8	北京交通大学人文素质教育平台建设研究	中央高校基本科研业务费项目	132461522	2012.01—2013.12	0.8	王玉萍
9	低碳经济发展模式下的能源消费伦理价值与实现战略研究	中央高校基本科研业务费项目		2010.05—2011.05	1	刘宽红
10	构建情感性德育模式的心理学基础研究	中央高校基本科研业务费项目		2010.05—2011.05	1	于维敏
11	制度创新与国家的现代化	中央高校基本科研业务费项目		2010.04—2011.04	1	胡育娟
12	中国近现代史与党的先进性建设	中央高校基本科研业务费项目		2011.04—2012.04	1	闫长丽
13	经济发展方式转变的就业效应研究	中央高校基本科研业务费项目		2011.04—2012.04	1	王宁西
14	当代中国价值论研究综述暨当代中国价值论的特点与问题	中央高校基本科研业务费项目		2011.04—2012.04	1	陶蕾韬
15	思想政治教育视阈下我国高校服务学习理论与实践探索	中央高校基本科研业务费项目		2011.04—2012.04	1	徐 帅
16	“90后”大学生思想政治教育问题研究	中央高校基本科研业务费项目		2011.04—2012.04	1	王 琳
17	现代思想政治教育的社会生态研究	中央高校基本科研业务费项目		2011.04—2012.04	1	王灵伦
18	社会主义核心价值体系深层次问题	北京交通大学人才基金	L11RC00010	2011.01—2012.12	10	韩振峰

2. 发表论文、出版著作情况

研究基地一期建设期间研究基地研究人员共发表论文224篇。其中发表CSSCI论文有119篇(包括高水平A类论文45篇);被《中国人民大学复印报刊资料》转载19篇,被新华文摘转载5篇;被引用163次。出版专著6部;出版研究基地年度建设报告2部,还有部分论文集;提交各类咨询报告3项。

(四)开展学术活动与学术交流情况

聘请国内专家讲学、交流12人次;参加国际国内学术会议35人次;出国做访问学者交流4人次;短期出国交流14人次。这些交流活动不仅引进了国内外大学生思想政治教育领域的智力资源,拓展了研究基地专兼职研究队伍的视野,而且输出了研究基地的部分研究成果,扩大了首都大学生思想政治教育研究基地和北京交通大学人文社会科学学院在国际上的影响力。

表8　2010—2012年研究基地专职研究人员学术交流情况表

项目	分项	一期建设情况		
		2010年	2011年	2012年
学术会议(人次)	全国性学术会议	7	10	15
	国际学术会议	1	1	1
人才交流(人次)	派出国外访问学者	2	1	1
	国内交流学者	1	1	1
短期访问(人次)	派出去	1	3	10
国内学者	请进来	4	7	1

表9　2010—2012年研究基地邀请专家讲学交流

时间	学者	单位	题目
2010年4月6日	梁柱	北京大学党委副书记,教授	坚定理想信念做真正的共产党人
2010年6月10日	吴飞	北京大学哲学系	英国宗教改革与宗教宽容
2010年10月15日	杨海蛟	中国社科院政治学研究所	中国政治学研究的挑战及前沿问题
2010年11月14日	韩冬雪	清华大学哲学系教授	公民建设的理论与实践

续表

时间	学者	单位	题目
2011 年 4 月 26 日	李刚	北京邮电大学经济管理学院教授	机遇与挑战：十字路口处的中国改革
2011 年 9 月 6 日	李朴民	国家发改委副秘书长	当前中国经济走势
2011 年 9 月 26 日	钮则诚	台湾辅仁大学哲学博士，教授	从生命教育谈安身立命
2011 年 9 月 29 日	冯刚	教育部社会科学研究中心主任	关于马克思主义中国化、时代化、大众化的几个基本问题
2011 年 11 月 29 日	李蓉	中央党校党史党建教研室	民族危难关头的中国共产党
2011 年 12 月 9 日	公方彬	中国军事科学院政治工作研究所副所长	思想文化领域的几个重大问题
2011 年 12 月 13 日	刘建军	中国人民大学马克思主义学院博导，教授	信仰与人生
2012 年 12 月 7 日	张国祚	中国文化软实力研究中心主任，教授	社会主义核心价值体系——十八大与文化强国战略

（五）学科建设、科研队伍建设与人才培养情况

在研究基地的一期三年建设周期内，研究基地充分发挥学科和科研优势，在学科建设方面取得了辉煌成绩。2011 年新增马克思主义理论一级学科博士点，2012 年新增马克思主义理论一级学科博士后流动站，促进了研究基地的可持续发展。

研究基地成立时有 36 位专兼职研究人员，通过合作承担高水平研究项目，不仅提高了团队的研究能力，培养出一批乐于奉献、精通专业、学术严谨，在国内外有一定影响力的中青年学术骨干，并初步形成了一个结构合理、团结协作、富有创新精神的研究队伍。

研究基地自成立以来在人才培养方面一直本着理论与实践相结合的培养模式，为社会培养专业人才。如思想政治教育博士生 40 人，硕士生 119 人。在已毕业的博士生、硕士生当中有的已经成为大学老师，有的已经成为单位青年骨干，有的在政府和高校、部队等相关部门担任部门领导，有的在基层做村官、做社会工作者。

表 10　2010—2012 年研究基地专职科研队伍与人才培养情况

项目	分项	一期建设情况		
		2010 年	2011 年	2012 年
队伍建设与人才培养	具有正高职称人数	9	10	11
	具有副高职称人数	16	17	18
	毕业博士	0	2	5
	在读博士	13	10	10
	毕业硕士	23	17	21
	在读硕士	21	19	18

（六）科研信息数据平台建设、网页建设情况

1. 研究基地信息数据平台建设

研究基地自成立以来，非常重视科研工作的条件平台建设，努力改善科研硬件环境。2010 年研究基地有办公面积 170 平方米，包括 5 间办公室和 1 间会议室，计算机 15 台，复印机 1 台，集多功能的打印机、传真机、扫描仪 1 部。2012 年 5 月搬入 9 号公寓楼后，仍共享人文社会科学学院 7 层所有会议室和教研室等公共活动空间。

研究基地图书资料构建在北京交通大学图书馆——人文社科类图书 35 万册，中外文期刊 173 种，例如有《中国社会科学》、《马克思主义研究》、《政治学研究》、《新华文摘》、《北京社会科学》等诸多国内外知名期刊。研究基地资料室购买、订阅与研究基地研究方向相关的国内外图书资料。研究基地的各种设备、资料由专人负责。

研究基地借助首都大学生思想政治教育研究中心之间的共建关系可以共享与首都大学生思想政治教育相关的数据库。

2. 网页建设

随着研究基地日常工作的正常展开，在网络化的信息时代，网站是研究基地对外宣传的重要窗口。为此研究基地积极组织网站建设，建立了研究基地网站 www.jinxiangbiao.net，研究基地网站于 2011 年 1 月投入正常运行，2012 年改版更新，实时发布研究基地的最新动态和最新研究成果。新版网站使研究基地的形象得到了更好的展示，功能更加齐全，使用更加简便，为研

究基地今后的发展奠定了基础，并与管理部门和相关研究部门实现了联网。

（七）研究基地的管理制度和运行情况

研究基地设立伊始就有专门的研究基地管理办公室和办公室主任，并制定了相应的规章制度保证各项工作的正常运转。

研究基地科研和学术制度建设方面，设有专门的学术委员会。学术委员会主要负责研究基地所有申请项目的前期审核和评估；对研究基地在研项目进行过程式管理，随时跟踪和指导项目研究；负责研究基地人才引进审核；负责研究基地人才培养方向工作；负责研究基地在研项目中期和终期考核、预评审等。

研究基地鼓励教学、科研人员积极参加各类项目尤其是北京市哲学社会科学规划项目的申报，研究成果须带“首都大学生思想政治教育研究基地”名称。研究基地成员如成功申报国家级、省部级项目，研究基地奖励 3000 元科研经费。研究基地研究人员在国内外发表与研究基地研究方向相关的优秀论文，A 类和 As 类论文均奖励 3000 元，CSSCI 类论文奖励 2000 元，专著和译著等给予 5000 元或不等的奖励。

（八）研究基地合作单位的协作状况

研究基地数据平台建设与首都大学生思想政治教育和舆情监控中心以及北京交通大学特思网站等有着长期的科研合作。此外研究基地与中宣部宣教局、中宣部思想政治工作研究会、中国人民大学、北京大学马克思主义学院、清华大学马克思主义学院、中国社会科学院马克思主义学院、北京师范大学马克思主义学院等单位和专家学者都有着长期的科研和人才培养合作关系。

（九）研究基地决策咨询与社会服务情况

研究基地自 2010 年 11 月成立以来，一个重要发展方向就是为北京市委、市政府，以及企事业单位进行决策咨询和服务。三年来承担北京市社科规划办、市委教工委、市教委等单位项目共 30 项，经费总额为 232.55 万元；研究基地 2011—2012 年两个年度共自设项目 12 项，经费总额为 16 万元；中央高校基本科研业务费项目等研究项目 17 项，经费总额为 31.30 万元。

二、研究基地科研水平和科研能力情况

(一)科研创新与代表性成果

1. 研究创新和主要省部级以上奖励情况

依托研究基地平台，2010—2012年共取得省部级以上奖励4次，其中2010年2次，2011年2次；研究基地编制内成员在核心期刊发表论文119篇，出版专著6部，提交各类咨询报告6项。

表11　2010—2012年研究基地专职科研队伍出版专著情况

序号	专著名称	出版社	出版时间	作者	作者排序
1	思想政治教育体系中的网络传播研究	光明日报出版社	2011年4月	元林	1
2	曼海姆的知识社会学	河南人民出版社	2011年12月	林建成	1
3	以人为本与中国特色社会主义建设	现代教育出版社	2011年6月	路日亮	1
4	再造市民社会——重新发现没有政治介入的福利	陕西人民出版社	2011年1月	邬晓燕	1
5	科学社会主义理论与实践创新论纲	北京交通大学出版社	2011年11月	魏发辰	1
6	我国国有企业人本管理研究	中国社会科学出版社	2012年7月	郝潞霞	1

表12　2010—2012年研究基地专兼职科研队伍获得奖励情况

序号	奖励名称	获奖项目名称	完成人	获奖年度	获奖等级
1	北京市第十一届哲学社会科学优秀成果奖	北京交通史	颜吾佴	2010年	二等奖
2	中国学位与研究生教育学会德育委员会第七届学术年会暨首届“研究生思想政治教育工作研究”征文特等奖	基于学风现状的研究生思想政治教育研究	屈晓婷	2010年	特等奖
3	第二届首都大学生思想政治教育工作交流展示暨实效奖	以学术成长与全人发展为目标系统构建研究生思想政治教育工作体系	屈晓婷	2011年	一等奖

续表

序号	奖励名称	获奖项目名称	完成人	获奖年度	获奖等级
4	北京市高等教育学会庆祝建党 90 周年优秀学术成果奖	论延安整风运动方法对建设学习型政党的启示	陈树文	2011 年	

2. 标志性研究成果

标志性研究成果主要体现在思想政治教育理论研究领域和交叉学科研究两个领域。具体表现在：

(1)北京市哲学社会科学规划重点项目“社会主义核心价值体系问题研究”。

该项目由研究基地首席专家韩振峰教授主持，历经三年精心研究，形成了一系列创新性成果。

此项目阶段成果以论文形式在国内外相关学术期刊发表达 12 篇，其中 2011 年 1 月 24 日在《光明日报》(理论版)上发表《社会主义核心价值体系与核心价值观是一回事吗》；2011 年 12 月 9 日在《人民日报》(理论版)上发表《社会主义核心价值体系是兴国之魂》；在 CSSCI 刊物发表论文 8 篇，包括：《社会主义核心价值体系的时代价值》、《试论社会主义核心价值体系的重要地位及其作用》、《社会主义核心价值体系在社会主义意识形态中的地位和作用》、《社会主义核心价值体系几个深层次问题探析》、《高校开展社会主义核心价值体系教育的基本途径》等论文，这些研究成果产生了广泛的学术和社会影响。韩振峰教授参与了 2012 年党的十八大报告前期课题“加强社会主义核心价值体系建设”的调研与起草工作，也得到了中央领导的充分肯定和高度赞扬；党的十八大胜利召开之后，又被中组部、中宣部等有关部门选调，为领导干部做十八大精神宣讲和培训。

成功申报了 2 个项目。在此研究基础上，韩振峰教授带领其研究团队于 2012 年成功申报了北京市哲学社会科学规划项目“北京精神与社会主义核心价值体系研究”(项目编号 12KDB001)，该项目从北京精神建设的视角切入，为进一步深入研究北京精神与社会主义核心价值体系基于精神/培育的关系提供一个整体性框架。基于此项目提出的《关于设立北京精神研究中心、展示和交流中心的建议》得到时任中央政治局委员、北京市委书记刘淇等领导同志的批示。

2013 年 2 月即将出版 1 部项目标注的专著《社会主义核心价值体系研究》，作为最终研究成果出版。

(2)专著《北京交通史》获得北京市哲学社会科学优秀成果奖二等奖。

研究基地主任颜吾佴教授主编的《北京交通史》由北京交通大学出版社于2008年出版。

该著作对北京古代、近代和现代的交通发展历史进行研究，较为全面地反映了北京有史以来的交通发展情况，内容丰富，考证详实，不仅填补了北京历史研究中交通专著的空白，而且将北京交通史的研究上推至距今四五十万年的“北京人”时代，为同类研究之仅见。

今天，北京作为中华人民共和国的政治和文化中心，作为国际大都市，其交通发展面临许多亟待解决的问题，因此研究北京交通史不仅具有很高的学术价值，而且有着重要的现实意义。

该项研究成果的主要贡献在于三个方面：第一，弥补了长期以来针对北京交通史研究的欠缺；第二，深入描述了北京道路交通、水路交通以及交通制度、交通工具、管理机构等发展演变过程；第三，从理论价值层面上揭示了北京交通变迁的基本动因。

《北京交通史》于2010年11月获得北京市第十一届哲学社会科学优秀成果奖二等奖。

(3) 国家哲学社会科学基金项目“生态文化与生态文明建设理论与实践研究”实现零的突破。

由路日亮教授带领的科研团队于2012年5月获得国家哲学社会科学基金委员会的资助批准(批准号：L12N00010)，这是人文社会科学学院和研究基地获得的第一个国家哲学社会科学基金项目。路日亮教授带领的科研团队是一支高水平专家团队，不仅包括研究基地相关研究方向的主要学术骨干，还吸纳了多名合作院校的教授，充分发挥了研究基地资源整合、协同攻关的作用。研究团队在生态文明与生态伦理理论研究与实践方面一直处于国内领先水平，这次哲学社会科学基金项目成功申请，允分反映了研究基地在这一新领域雄厚的科研实力和能力。该项目已于2012年7月初正式开题启动。

(4)《思想政治教育体系中的网络传播研究》——北京市思想政治教育重点学科的优秀成果。

元林教授编著的《思想政治教育体系中的网络传播研究》，于2011年4月由光明日报出版社出版，是研究基地一期建设标注的重大成果。

思想政治教育与传播学和网络传播学有着密不可分的联系，不论从形式上，还是在构成要素、功能和效果等方面都表现为极大的一致性。该项研究成果是思想政治教育与传播学交叉研究的成果，为思想政治教育体系的网络传播提供了极有价值的研究视角。元林教授以思想政治教育网络传播学论域研究为起点，对思想政治教育网络传播者、传播过程、传播大众、传播的反馈、传播效果、传播环境等问题进行了系统全面的探析。该项目的研究成果勾勒出科学研究思想政治教育网络传播学理论与实务的技术思路，而且能由此构建思想政治教育网络传播学科体系，是思想政治教育学与其他学科交叉研究的典范。

（二）科研工作的深入性、拓展性和可持续性

经过研究基地一期建设，研究基地不但形成了特色鲜明的三大研究领域，而且在一期建设过程中，这三大研究领域已经形成了以学术带头人为核心的、比较合理的研究方向和研究梯队。例如，目前研究基地已经逐渐形成了以韩振峰教授为首的社会主义核心价值体系研究方向；以颜吾佴和何玉芳教授为首的大学生思想政治教育研究方向；以施惠玲教授为首的政治信仰研究；以陈树文教授为首的学科建设研究方向，这些研究逐渐深化，取得较有影响力的成果。

研究基地近年来随着社会发展的需要，研究方向又有了拓展，如有以路日亮教授为首的生态文明与生态伦理研究方向；以林建成教授和刁志萍教授为首的意识形态和社会思潮研究方向；以刘秀萍教授为首的马克思的文本学研究方向。

未来研究基地在延续上述思路基础上，会着重培育和发展与思想政治教育交叉学科等经费充足和研究活力强的科研队伍。

（三）科研成果转化与社会辐射情况

1. 研究基地围绕国家和北京市思想政治教育及相关领域的重大理论和实践问题，在基础理论研究的同时积极承担国家发改委、科技部、文化部、国家公务员局、北京市及其他省部级相关部门委托的咨询项目，三年来共承担国家级项目2项、10项教育部咨询项目、10项北京市哲学社会科学规划项目、5项横向课题，其中3项来自电力公司项目。1项研究成果和政策建议得到国家部委领导和北京市领导的批示采用，为国家以及各地政府相关部门科学决策提供咨询建议，充分发挥了决策咨询思想库的作用。

代表性成果如下：

(1)韩振峰教授通过北京市社科规划办《成果要报》(2011年第28期)提交的《关于设立北京精神研究中心、展示和交流中心的建议》得到时任中央政治

局委员、北京市委书记刘淇等领导的亲笔批示，要求相关部门认真研究。

(2)中共中央宣传部向北京交通大学发来感谢信，感谢研究基地首席专家、人文社会科学学院院长韩振峰同志在“推进社会主义核心价值体系建设问题研究”课题中的出色工作。感谢信全文如下：

北京交通大学党委：

为贯彻落实中央领导同志重要指示精神，切实完成好中宣部承担的为党的十八大召开做准备的重点课题调研任务，宣教局于2011年12月至2012年3月，组织开展了“推进社会主义核心价值体系建设问题研究”。课题组经过共同努力，形成研究报告上报中央，得到中央领导同志充分肯定和高度评价。贵单位人文社会科学学院韩振峰同志，作为应邀参与的课题组专家，在研究报告初稿起草过程中，认真负责、兢兢业业、不辞劳苦，以严谨的治学态度和良好的学术水平，高质量地完成了工作任务。在此，谨向贵单位和该同志表示衷心的感谢！

专此函达。

中宣部宣教局

2012年10月30日

可见，韩振峰教授研究的“社会主义核心价值体系研究述评”等系列项目成果，使本研究基地及其所在的北京交通大学和人文社会科学学院在相关理论与政策研究领域，形成了风格独特且影响不断扩大的认知与主张，在业界内外和社会上获得了广泛好评。

2. 研究基地还积极承担企事业单位委托的咨询项目，面向社会各界开展咨询服务，为企业决策提供重要参考依据。三年来，研究基地共承担了5项横向课题，与研究基地研究方向道德与法律有关的横向研究项目共2项。

(1)北京市发改委委托项目：研究制定《北京市电力设施保护办法》属于省部级项目，张艳红主持。主要成果为《北京市电力设施保护条例》立法初稿，该初稿已被北京市发改委采纳，并被送交北京市政府作为立法审批稿，现该规章仍在立法审批中。

(2)北京市电力公司委托项目“北京市电力公司电费法律风险防范与救济体系建设”，张艳红主持。主要成果对北京市电力公司电费法律风险防范与救济体系进行了评估与论证，该课题的评估和咨询意见得到北京市电力公司的采纳，为北京市电力公司电费回收提供了新的法律催收和法律救济手段，较好地解决了电费回收难的问题。

(四)学术水平、学科建设、队伍建设与人才培养的影响

北京交通大学首都大学生思想政治教育研究基地从挂牌之初到目前，优势的研究领域如思想政治教育理论和社会主义核心价值体系等研究方面处于国内领先地位，在此基础上学科交叉、融合研究方向逐步拓展和延伸到生态文明建设、消费价值观等研究领域，以满足北京市经济社会转型发展的需要。

研究基地从挂牌之初有9家合作单位、36位专兼职研究人员，通过合作承担高水平研究项目，不仅提高了团队的研究能力，培养出一批乐于奉献、精通专业、学术严谨，在国内外有一定影响力的中青年学术骨干，并初步形成了一个结构合理、学科交叉、团结协作、富有创新精神的研究队伍。研究基地在一期建设过程中，通过合作研究等方式派出何玉芳、施惠玲、田立年、吴琼等中青年优秀人才，到美国波士顿大学、伊利诺伊州立大学和俄罗斯圣彼得堡国立大学进行学术访问交流。

三年来研究基地共培养了38名博士、119名硕士。其中已经毕业了7名博士和61名硕士。

(五)在社会和企业服务方面的引领作用

一期建设三年来，研究基地围绕国家和北京市经济社会发展的重大理论和现实问题，通过各类“调研”、“建议”、“学术专著”、“论文”、“纵横向课题”和“课题研究报告”等形式已经为中央、北京市政府部门、企事业单位等做了大量的研究和实践工作。

如党的十八大召开之前，研究基地首席专家韩振峰教授参与2012年党的十八大报告中关于“加强社会主义核心价值体系建设”和“科学发展观”的调研与起草工作；如针对“北京精神建设”方面提出的《关于设立北京精神研究中心、展示和交流中心的建议》得到时任中央政治局委员、北京市委书记刘淇等领导的批示。研究基地还组织四位青年教师为北京市610办公室编译国外学者论文英译中的任务，间接为首都社会安全稳定做了贡献。研究基地对首都经济社会发展中的重点、难点、热点问题进行研究。如研究基地主任颜吾佴教授承担的北京市委教工委项目“北京高校党内民主决策机制研究”，韩振峰承担的北京市社科规划项目“北京精神与社会主义核心价值体系研究”、“社会主义核心价值体系深层次问题研究”、“社会主义核心价值体系问题研究”，研究基地主要骨干郝潞霞副教授承担的教育部人文社会科学研究专项任务项目

“社会主义核心价值体系科学性研究”，研究基地学术委员会主要成员路日亮教授承担的北京市社科规划项目“消费社会对中国的影响及北京市民消费观念调查研究”，陈树文教授承担的“以社会主义先进文化为动力推进北京市学习型党组织建设研究”，刁志萍教授承担的“建设世界城市背景下首都‘90后’大学生消费观研究”，为北京市委、市政府等相关决策部门提供理论支撑和智力支持，对首都经济社会发展、北京精神及社会主义核心价值体系建设发挥引领和促进作用。

研究基地本着服务首都经济社会发展的宗旨，提高研究成果的转化和参与政府重大决策的能力。如研究基地研究人员朱晓菊副教授承担的项目“宣武区土地利用潜力和策略研究(二)”，张艳红讲师承担的北京市发改委委托项目“研究确定‘北京市电力设施保护办法’”，研究成果及政策建议被有关部门采用，为中央以及地方政府相关部门的科学决策提供咨询建议，充分发挥了决策咨询思想库的作用。

研究基地在上述课题和学术研究领域取得的一系列重要成果，先后在《人民日报》(理论版)、《光明日报》(理论版)、《政治学研究》、《哲学动态》、《教学研究》等权威学术报刊上发表。《新华文摘》和《中国人民大学复印报刊资料》多次转载基地研究人员的研究成果。这些成果受到学术界的重视，国内高校和学术机构的同行也经常就研究报告中提出的各种观点与课题组展开交流。

三、以研究项目带动研究基地平台建设情况

(一)研究基地项目实施情况

1. 研究基地总体定位的自我评价

经过一期三年的建设，研究基地虽然不能在所有层面上紧跟国内思想政治教育研究前沿，但已经在三大研究方向方面基本具备了紧跟思想政治教育研究前沿的水平。

从科研成果、研究队伍和科研经费等角度来看，研究基地已经基本进入了国内一流的思想政治教育理论和应用研究中心之列。

从马克思主义理论一级学科和思想政治教育二级学科建设成就，以及博士研究生、硕士研究生培养等方面来看，研究基地也已经进入了国内一流的思想政治教育专业研究人才培养和实践中心之列。

从研究基地成立三年来承担的北京市横纵向课题和研究方向的衍生发展

等角度来看，研究基地也基本能够进入首都高校尤其是理工科院校中一流的思想政治教育理论和实践研究之列。

与北京交通大学内部人文社科同类研究机构相比，研究基地无论从人才队伍、科研经费还是科研成果等方面都可以称得上是校内一流的社会科学类研究、发展策划咨询中心。

2. 研究基地建设目标的自我评价

三年来，研究基地不但基本完成而且很多方面还超额完成了设立之初提出的相关建设目标。

第一，研究基地经过三年建设已经成为国内思想政治教育理论与实践研究方面一支重要的科研力量，为北京市和国家各级地方提供了大量理论和实践研究服务。研究基地2010—2012年一期建设周期，在研究基地这个研究平台上一共承担各类横向、纵向课题共93项，总经费560.05万元；在横向、纵向课题中，国家级项目6项，经费总额为49万元；省部级项目23项，经费总额为169.20万元。北京市项目共30项，经费总额为232.55万元；研究基地自设项目12项，经费总额为16万元；中央高校基本科研业务费项目等研究项目17项，经费总额为31.30万元；横向课题5项，经费总额为62万元。

第二，三年来在研究基地平台上总共承担了93项横向、纵向课题，大大超过研究基地成立以前28项横向、纵向课题的水平。

第三，三年来在研究基地平台上共获得纵向科研经费560.05万元，大大超过研究基地成立以前所获得的270.23万元。

第四，三年来研究基地为北京服务方面，总共获得经费232.55万元，大大超过研究基地成立以前所获得的50.80万元。

第五，三年来在研究基地平台上共获得横向科研经费62万元，大大超过研究基地成立以前所获得的23万元。

第六，三年来在研究基地平台上获得省部级以上奖励5次，远远超过研究基地成立以前所获得2次的水平。

第七，三年来在研究基地平台上共出版专著6部，发表学术论文224篇，远远超过研究基地成立以前专著(含编著)3部和论文85篇的水平。

第八，三年来，研究基地已经形成了思想政治教育理论与实践研究、社会主义核心价值体系研究、意识形态研究、政治信仰和政治态度研究、志愿服务与个体道德研究、生态文明建设研究等方面老中青搭配、学科交叉，具备很强的科研联合、交叉攻关实力的研究团队。

(二)对整合研究资源情况的自我评价

正是有了首都大学生思想政治教育研究基地这个科研平台，北京交通大学人文社会科学学院马克思主义理论一级学科目前四个教研室的科研人员才得以有效的组织起来，各专业的交叉合作所激发的科研攻关能力已经充分体现在了人文学院逐年递增的科研经费上。

依托研究基地这个平台，人文社会科学学院还有效整合了首都大学生思想政治教育研究中心、马克思主义理论一级学科博士点、马克思主义理论一级学科博士后流动站、思想政治教育重点学科、思想政治教育现代化研究所和期刊《北京交通大学学报(社会科学版)》、《北京教育(德育)》等诸多资源。

(三)对研究基地在本研究领域中作用的自我评价

学术领域、决策咨询和研究生等人才培养处于国内领先水平。

信息平台建设虽然有了不少改善，但受制于经费和专职人员编制限制，未来还有待进一步加强。

四、研究基地经费使用投入产出绩效分析

(一)研究基地平台条件建设经费投入对实际应用的作用

研究基地平台一期条件建设投入对实际应用发展的作用主要有以下几点：

第一，通过研究基地这个工作平台，整合了人文社会科学学院实体教研室和各院、中心之间的诸多资源，为研究基地学科建设和学科交叉攻关研究做出了突出贡献。

第二，通过一期三年建设，已经使得研究基地形成了学科升级，如思想政治教育二级学科升格为马克思主义理论一级学科，以及社会主义核心价值体系、思想政治教育理论研究、思想政治教育实践研究、政治信仰研究和志愿服务与个体道德研究五个有一定影响力的研究方向和相对稳定的研究团队。

第三，在研究基地这个合作的平台上，三年来为中央、地方和企事业单位完成了大量研究任务，在理论与实践之间和不同专业方向之间开通了一条有效的通道。

（二）研究基地科研经费（研究项目经费）投入和使用与研究基地科研成果产出的绩效

三年来，研究基地得到北京市教委专项拨款 75 万元，学校配套经费 75 万元。市社科规划办、市教委、市委教工委等投入课题研究经费达 261.50 万元，大部分经费用于资助项目的基础研究和成果奖励。这些科研经费带来了明显成效，三年来，研究基地共获得纵向课题经费 237.50 万元，横向企业委托项目经费 62 万元。产出了一大批具有标志性的研究成果，这些成果具有鲜明的理论创新性，而且也对中央和北京市重大项目决策产生了重大影响。同时研究基地培养了研究队伍，研究能力和研究水平得到了社会的充分认可和高度评价。

（三）研究基地吸引社会资金投入科研所产生的效益情况分析

研究基地一期三年来，在研究基地 75 万元投入的基础上，一共吸引了各类课题经费 512.05 万元（其中包括为北京服务经费 261.50 万元），加上北京交通大学等配套经费 75 万元，由此所带来的科研成果和社会服务工作也是相对可观的。

五、研究基地取得的突出成绩与经验

（一）研究基地建设的特色、成绩

三年来，研究基地本着“开放、流动、联合、竞争”的原则，在上级领导的亲切关怀和研究团队的不懈努力下，在人才培养、科学研究、学术交流、辅助政府决策和为企业服务等方面取得了一些成果。

1. 突出社会主义核心价值体系引领特色，提高研究基地服务经济社会发展的能力

研究基地充分发挥工科院校马克思主义理论一级学科的优势和社会主义核心价值体系的研究特色，本着服务经济社会发展的宗旨，不断加强与中宣部、教育部、铁道部、北京市委宣传部、北京市委教工委、北京市教委及相关政府部门的合作，提高研究成果的转化和参与政府重大决策的能力。多项研究成果及政策建议得到领导批示，并被有关部门采用，为中央及地方政府相关部门的科学决策提供咨询建议，充分发挥了决策咨询思想库的作用。如研究基地首席专家韩振峰教授提出的《关于设立北京精神研究中心、展示和交流中心的建议》得到时任中央政治局委员、北京市委书记刘淇等领导的批示。他参与2012年党的十八大报告前期课题“加强社会主义核心价值体系建设”调研与起草工作，连续多年参加中宣部组织的《理论热点面对面》、《中国特色社会主义理论体系学习读本》等理论读物的撰写工作。研究基地还组织四位青年教师为北京市610办公室编译国外学者论文英译中的任务，间接为首都社会安全稳定做了贡献。研究基地对首都经济社会发展中的重点、难点、热点问题进行研究。如研究基地主任颜吾佴教授承担的北京市委教工委项目“北京高校党内民主决策机制研究”，韩振峰承担的北京市社科规划项目“北京精神与社会主义核心价值体系研究”、“社会主义核心价值体系深层次问题研究”、“社会主义核心价值体系问题研究”，研究基地主要骨干郝潞霞副教授承担的教育部人文社会科学研究专项任务项目“社会主义核心价值体系科学性研究”，研究基地学术委员会主要成员路日亮教授承担的北京市社科规划项目“消费社会对中国的影响及北京市民消费观念调查研究”，陈树文教授承担的“以社会主义先进文化为动力推进北京市学习型党组织建设研究”，刁志萍教授承担的“建设世界城市背景下首都‘90后’大学生消费观研究”，朱晓菊副教授承担的“宣武区土地利用潜力和策略研究（二）”等，这些应用型研究项目形成了一系列创新性成果，在《人民日报》、《光明日报》的理论版和相关学术期刊上发表论文30多篇，为北京市委、市政府等党政机关相关决策提供理论支撑和智力支持，对首都经济社会和北京精神及社会主义核心价值体系建设发挥引领和促进作用。

2. 凝练研究方向，突出问题意识，关注重大理论与现实问题，提升研究基地的学术影响力

学术研究既是研究基地的支撑性工作，又是研究基地发挥智囊作用的基础。研究基地倡导以问题为中心，追踪马克思主义理论和思想政治教育学术研究前沿，加大对重大理论问题的研究力度，承担国家、省部级重大研究项目，产生了一系列理论创新性强、影响力大的研究成果。

如研究基地在组建跨学科、跨部门、跨学校的研究团队过程中，注重主要成员研究方向之间的优势互补和融会贯通，积极进行高水平项目论证、申报。2011—2012年成功申报了2项国家社科基金项目，分别是：研究基地主要学术委员路日亮教授承担的“生态文化与生态文明建设理论与实践研究”，研究基地主要青年骨干吴琼副教授承担的“马克思主义大众化语境中的思想政治教育话语变革研究”，实现了历史性的突破。

同时研究基地依托思想政治教育重点学科的优势，成功申报了教育部和北京市哲学社会科学规划项目。如韩振峰教授主持的“党的先进性建设的历史经验及时代要求”、“马克思主义‘三化’与中国特色社会主义理论体系‘三进’关系研究”；刘秀萍教授主持的“马克思与黑格尔、费尔巴哈关系再研究”、“马克思与青年黑格尔派关系再考察——‘神圣家族’文本学研究”；何玉芳教授主持的“当代青年政治态度与党的执政基础研究”；陈树文教授主持的“隐性思想政治教育视角下高校马克思主义大众化实现路径研究”等。

研究基地针对高校大学生思想政治工作中的重点、难点和热点问题，高校思想政治理论课课程建设中的现实问题以及思想政治工作决策咨询问题，进一步转化提炼为有价值的学术问题开展学术层面的研究探索。如韩振峰教授主持的北京市教委“‘05方案’实施以来思想政治理论课存在问题及对策研究”；林建成教授主持的“思想政治理论课中社会思潮引领的基本原则、基本思路和方式方法研究”；陈树文教授主持的“高校思想政治理论课教育目标实现过程多样化的学术思考”；欧阳林教授主持的“思想政治教育网络传播实践中的困境与破解研究”；郝潞霞副教授主持的“‘90后’大学生政治价值观的特征及教育对策研究”等。

研究基地承担的这些重大理论和实践需求项目，如国家生态文明建设、社会主义核心价值体系建设、党建、科学发展观、马克思主义中国化、思想政治教育、国家文化软实力等，一方面为研究基地的发展指明了方向，另一方面也实现了现实问题研究和理论学术研究的互动支持，切实提高研究基地理论研究服务于现实需要的能力。发表了45篇高水平的论文，提高了研究基地的学术影响力。

3. 发挥“五位一体”资源优势，实现人才培养与学科建设互相促进，提升研究基地自我发展的能力

研究基地建设需要相应的人、财、物特别是学科等资源的支持。在改革发展过程中，研究思想道德领域中的许多重点、热点、难点问题具有一定的长期性、复杂性和艰巨性，仅靠研究基地自身的研究力量是远远不够的。

研究基地利用所依托的北京交通大学和人文社会科学学院现有的首都大学生思想政治教育研究中心、马克思主义理论一级学科博士点、马克思主义理论一级学科博士后流动站、思想政治教育北京市重点学科，《北京交通大学学报(社会科学版)》,《北京教育(德育)》两个刊物等得天独厚的资源优势，立足于首都经济社会发展需求，围绕中国特色社会主义理论、社会主义核心价值观建设、北京精神的弘扬、实施理论的阐释、社会调研、学术交流、学科建设、决策咨询、信息服务与人才培养等一体化工程，取得了显著的建设成效。如研究基地鼓励并资助教授、青年骨干教师"走出去"，参加国际、国内高水平的学术会议和论坛等。2010—2012年三年间共派出4位教师到世界一流的研究型大学做访问学者；2011—2012年组织学科带头人和中青年骨干教师共14人到美国进行有关"通识教育"方面的交流访问，其中也传播中国尤其是北京市高校在爱国主义教育、道德教育等方面的经验，促进了学科发展。研究基地还通过组建学术委员会的方式会聚了首都高校以及政府部门高水平的创新人才组建创新研究团队，以招收研究生、博士生、博士后等途径培养哲学社会科学创新人才。2011—2012年研究基地还自设12项课题以招标的方式面向青年教师，推动青年教师成为马克思主义理论和思想政治教育研究领域中的中坚力量。

(二)研究基地的典型经验

研究基地建设以来所取得的典型经验在于对研究基地这个合作交流的平台的建设理念、建设周期和建设措施有鲜明的把握。

(1)研究基地在建设理念上坚持吸收各方面的有效资源为研究基地所用，坚持高起点、高标准、高竞争力的研究基地建设方向。充分考虑研究基地建设的中长期规划，整合、发挥"五位一体"的资源优势，形成自己鲜明特色的研究方向。

(2)依托研究基地4个平台形成了学科交叉、专业搭配合理的研究团队，并由此全面提升了各自的研究水平特别是理论联系实践的水平，发表了大量高水平的论文成果，部分成果还进一步孵化出更高级别的研究项目。

(3)研究基地在宣传阵地建设方面与《北京教育(德育)》、《北京交通大学学报(哲学社会科学版)》等杂志社达成协议，定期在杂志上发表研究基地研究成果，特别是与北京相关的研究成果。

(4)研究基地立足于高校，服务于社会，实现了研究基地理论研究和实践需要的结合。为此与北京市的相关协会、企业进行了紧密合作，完成了一批具有行业政策指导性的研究成果，部分成果被相关部门采用。

(5)建设措施方面则已经逐步构建起了研究基地的规章制度等软环境体系，例如研究基地承担项目的奖惩制度、学术委员会全程监控机制和项目负责人负责制等。

六、研究基地建设存在的问题与解决办法

(一)目前研究基地科研平台建设中存在的主要问题

1. 当前研究基地客观上存在的主要问题在于北京方面的研究成果很难得到有效发表，毕竟能够专门发表有关北京方面的研究期刊除《北京社会科学》外还比较少。

2. 主观方面，研究基地一期建设过程中，由于缺乏经验、宣传不到位，专著出版、论文成果发表等的标注、标示方面做得还不是很到位。

(二)进一步搞好研究基地平台建设的设计和对策

北京交通大学首都大学生思想政治教育研究基地将进一步发展：

(1)要不断突出和发展一期建设期间所形成的研究方向和研究团队，最终形成以研究基地特有的研究方向和团队为核心，拓展其他研究方向；培养以青年研究团队为支撑的科研平台。

(2)进一步完善各项制度，特别是奖惩制度。进一步加强研究基地网站等软硬件建设，优化研究基地的科研条件。

(3)依托研究基地平台集中各方面资源的力量，展开重大项目的联合攻关研究。

七、研究基地建设下一阶段的设想

(一)对研究基地作为科研平台作用的认识和把握

研究基地一期建设之所以能取得一点成绩是和北京市、北京交通大学和人文社会科学学院等各级领导的关心、支持和帮助分不开的。

研究基地平台上各个研究团队各司其职，尽心尽力，才能把研究基地各项事业做大做强。

(二)研究基地继续建设的思路与目标

经过一期建设，研究基地已经逐渐形成了以韩振峰教授为首的社会主义

核心价值体系研究方向，以颜吾佴教授和何玉芳教授为首的思想政治教育理论研究方向，以路日亮教授和刁志萍教授为首的生态文明与生态伦理研究方向，以林建成和刘秀萍教授为首的意识形态研究方向；以荆学民教授和施惠玲教授为首的政治信仰研究方向，以陈树文教授和刁志萍教授为首的消费价值观研究方向等研究力量。

未来研究基地在延续上述思路之上，将重点落实党的十八大精神，继续关注国家和北京市经济社会发展过程中所面临的重大理论和现实问题，充分发挥自身特色学科优势、资源优势，争取在“十二五”期间成为国内思想政治教育前沿理论和实践研究方面一支一流的研究力量，成为培育思想政治素质高、创新能力强的人才培养基地，更加有效地推动北京市经济社会的发展。

具体而言，研究基地在未来五年，有下述发展目标。

第一，依托国家社科基金、北京市社科规划办和学校的支持，紧紧围绕党的十八大提出的社会主义核心价值观、中国特色社会主义理论和社会诚信建设方面的重大理论和现实问题开展纵向研究至少 130 项，拓展横向研究项目至少 15 项。

第二，提高学术创新水平，力争推出具有标志性的学术专著 5 部和发表高水平的论文 100 篇，进一步拓展年度调研报告的深度和广度，提高研究基地的学术影响力和社会影响力。

第三，重视研究基地研究成果的宣传和转化，与政府部门建立成果共享机制，加强优秀成果的宣传和报送，为政府决策提供更多、更具针对性、更为及时的理论支撑和智力支持。

第四，继续坚持以研究基地为平台、以项目为龙头，吸引北京市中青年学术骨干参与研究基地的应用型课题研究，建立一支老中青结合、学科优势互补的稳定科研队伍，形成研究成果不断、人才流通的长效机制。

第五，积极调动依托单位统招的硕士生、博士生和博士后参与研究基地课题调研和撰写工作，有效培养研究基地的新生力量，增强学生的自主研究能力、创新能力。

第六，扩大对内、对外学术交流、开阔研究视野。即依托研究基地开展国内外大型研讨会各一次，中小型研讨会若干。派遣青年骨干参加国际学术会议。邀请国外著名学者到研究基地讲学和交流，扩大研究基地和人文社会科学学院在国内外的影响。

第七，发挥研究基地科研平台的中心作用，建立“首都大学生思想政治教育研究基地管理系统”，完成数据库的全面改造，管理系统包括科研项目管理平台、图书期刊资料管理平台和日常管理平台。